湖南省民委重大委托项目"沅水民族文化研究"

三峡大学学科建设资助项目

沅水文库

刘冰清／主编

村落文化
系列丛书

非苗非汉：

湖南沅陵明中村的人类学考察

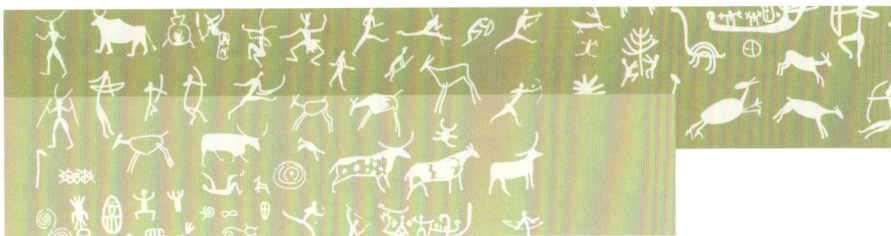

刘冰清 ——— 著
石　甜

厦门大学出版社
XIAMEN UNIVERSITY PRESS

国家一级出版社
全国百佳图书出版单位

图书在版编目(CIP)数据

非苗非汉:湖南沅陵明中村的人类学考察/刘冰清,石甜著.—厦门:厦门大学出版社,2019.12

(沅水文库·村落文化系列丛书)

ISBN 978-7-5615-6641-1

Ⅰ.①非… Ⅱ.①刘…②石… Ⅲ.①农村调查—沅陵县 Ⅳ.①C912.82

中国版本图书馆 CIP 数据核字(2018)第 022931 号

出 版 人	郑文礼
责任编辑	薛鹏志

出版发行 厦门大学出版社

社 址	厦门市软件园二期望海路 39 号
邮政编码	361008
总 机	0592-2181111 0592-2181406(传真)
营销中心	0592-2184458 0592-2181365
网 址	http://www.xmupress.com
邮 箱	xmup@xmupress.com
印 刷	厦门市明亮彩印有限公司

开本	720 mm×1 000 mm 1/16
印张	19.75
插页	2
字数	330 千字
印数	1～1 200 册
版次	2019 年 12 月第 1 版
印次	2019 年 12 月第 1 次印刷
定价	72.00 元

厦门大学出版社
微信二维码

厦门大学出版社
微博二维码

总　序

　　我出生在湖南沅陵县的一个小乡镇——麻溪铺。金庸在他的小说《连城诀》里就提到麻溪铺这个地名。前几年还有一部《血色湘西》的电视连续剧，很火，故事描述的主要发生地就在麻溪铺，惹得很多人想去麻溪铺一游。而我就出生在麻溪铺的一条老街窨子屋里，在麻溪铺生活了十三年。麻溪铺除了美丽的自然风光外，这里历来是沅水支流荔溪、舒溪、杨溪"三溪"的政治、经济、文化中心，也是滇黔古驿道的要地，其镇名就来源于古驿道所设的驿、塘、铺中的铺，尤为值得一提的，这里还是湖南"乡话人"的核心聚居区。民国《沅陵县志》上说："乡话，聱牙佶屈，不知其所自始，大约当时土人所遗传至于今者也。"

一

　　沅陵的历史十分悠久，文化底蕴非常深厚，夸父山、黔中郡遗址、二酉藏书洞、壶头山、龙兴讲寺等，说明从先秦开始，这里就比较有文化内涵。但"文化需要不断地被发现"，当一个人走出自己生长的文化氛围，跳出固有的文化藩篱束缚时，才可能具备一种包含有深邃洞察力的"他者的眼光"。确实，虽然我生长在沅水边，也在那里工作多年，对她的感情很深，也曾无数次感受她的美丽和壮阔，领略她的博大与精深，但真正走进这条出现在屈原、王昌龄、刘禹锡的诗歌里，出现在沈从文的散文和黄永玉的画作里，有着数千年文明的古老河流，并开始探寻她丰厚的历史文化内涵，还是在 2000 年以后。

　　我于 1996 年调进怀化师专（现在的怀化学院），之前在中学工作虽然很辛苦，却没有什么"科研"压力。之后，最压头的莫过于"科研"了，不知"科研"从何做起。1999 年，有机会到我母校湖南师范大学师从郭汉民先生学习，经郭先生的点拨，我对科研终于有了些许感悟，可还是迷惘没有明确的研究方向。直到 2000 年秋，一位高中挚友和我津津有味地聊起家乡的"还傩愿"以及上刀山、下火海、踩火犁、下油锅、滚刺床等神功绝技，建议我做些这方面研究，对外推介家乡的民间文化。就这样，我开始关注家乡的巫傩文化，并着手进行一些田野调查，搜集相关研究资料。接下来，我先后完成了湖南省教育厅立项资助的"沅陵傩文化的旅游开发战略研究"、湖南省科技厅批准的"大湘西傩文化的旅游经济开发研究"和湖南省社科联立项的"沅陵盘古文化研究"，并在《广西民族学院学报》、《贵州民族研究》、《求索》、《湖南社会科学》、《船山学刊》等刊物上发表了一系列有关傩与盘古文化方面的论文，逐渐形成了研究沅水文化的学术追求。

二

我对沅水文化有一个认识的过程。湖南境内沅水流域的几个高校，吉首大学、怀化学院还有湖南文理学院等，都在关注沅水文化的相关研究，成果挺多的，提得最多的是"五溪文化"。而"五溪"实际上是沅水的五条主要支流：有雄溪（今巫水）、横溪（今渠水）、潕溪（今潕水）、酉溪（今酉水）、辰溪（今辰水）之说；亦有酉溪、辰溪、巫溪（今巫水）、武溪（武水）、潕溪（潕水）之说。吉首大学在 2000—2003 年还推出了一套"五溪文化丛书"。我在怀化学院工作时，同样也没有"沅水文化"这种意识。2007 年，我调到三峡大学武陵民族研究院之后，对武陵民族地区的几条主要河流乌江、清江、澧水、沅水进行了一些考察，特别是在对乌江、清江、澧水的文化事象有了比较多的了解和认识后，反观沅水，更感到这条自古以来就滚动着这块土地的人流、智流、物流和商流，记录着这里的兴衰、沉浮和希望的河流，其文化底蕴之深厚，文化事象之多彩，文化互动、磨合、整合和融合之突出，是一个完整的文化载体。所以，我觉得应该立足于沅水这个大动脉而不是她的支流，需要对整个沅水流域的文化进行全面系统的调查与研究，梳理、分析整个沅水流域的文化特征，在对沅水文化有一个整体认知的基础上，再对沅水文化在武陵山片区乃至中华民族文化中的定位进行认真的考量，这样才有利于发挥文化在当下社会的"软实力"，推动整个沅水流域的经济发展与社会进步。而我，对于生于斯长于斯的沅水总有一种迷恋，始终有一种割舍不掉的眷念，自己有责任，有义务去发掘和弘扬沅水文化。

三

沅水又称沅江,有南、北二源。南源龙头江发源于贵州贵定县的苗岭斗篷山南麓,北源重安江发源于贵州麻江县平越间大山。两源在凯里市旁海镇岔口汇合后称清水江,至鲞山入湖南省芷江县,东流至洪江市托口镇与渠水会合后始称沅水。沅水有大小支流1400多条,主要支流有渠水、潕水、巫水、溆水、辰水、武水、酉水等,干流自河源至注入洞庭湖全长1033公里,流域南北长而东西窄,略呈自西南斜向东北的矩形,总流域面积89163平方公里,其中湖南省占57.3%,贵州省占34.1%,重庆和湖北共占8.6%。流域覆盖湘黔鄂渝4省60个县(市、区),即湖南省怀化市、湘西土家族苗族自治州和常德市的汉寿县、鼎城区、武陵区以及邵阳市的城步苗族自治县、绥宁县,湖北省恩施土家族苗族自治州的宣恩县、来凤县、咸丰县,重庆市的酉阳县、秀山县,黔东南苗族侗族自治州,黔南布依族苗族自治州的福泉市、贵定县和都匀市。沅水流域是一个以汉族、苗族、侗族、土家族为主体,瑶族、布依族、白族、水族、回族、维吾尔族等30多个民族聚居的多民族地区。据2010年第六次全国人口普查统计数据,沅水流域总人口约2132万人,少数民族人口约1062.39万人,除常德市沅水片和怀化市外,沅水流域其他地区的少数民族人口均占该地区50%以上。

从历史上看,沅水流域历为“武陵蛮”、“五溪蛮”等众多族群的活动之地,自古就是各种文化的交汇点;从战略地位看,这里是进入大西南的通道,历来就是政治家、军事家争夺的战略要地;从现实看,这里是中西结合部的衔接地带,处于西部大开发的最前沿和中部崛起的西沿,沅水流域的大部分县(市、区)都被纳入2011年11月国家批准的“武陵山片区区域发展与扶贫攻坚试点”范围。那么,聚焦于沅水流域的民族文化的系统调查、梳理和研究,显然是具有重要的现实意义和学术价值的。

首先,有助于我们正确认识沅水流域民族文化在中华民族文化体系中的地位和作用。沅水是费孝通先生提出的“武陵民族走廊”中的一条极其重要的民族通道。1991年费孝通先生考察武陵山区之后,在他的《武陵行》考察报告中指出:“这个山区在历史巨浪不断冲击下,实际上早已不再是个偏僻的世外桃源了,已成为从云贵高原向江汉平原开放的通道。这条多民族接触交流的走廊,一方面由于特殊的地貌还保持了各时期积淀的居民和他们原来的民族特点,另一方面又由于人口流动和融合,成了不同时期入山定居移民的一个民族熔炉。"以沅水、澧水、乌江、清江等大河辅以数千计的溪流为通道网络的武陵民族走廊，在民族迁徙、融合过程中的作用非常明显，也因此积淀了丰富多彩的民族文化，是我国少有的文化沉积带，也是我国多元文化互动最具典型性的地方之一。而沅水恰恰是武陵民族走廊的腹心通道，因为在历史上，由中原进入大西南，或从洞庭湖沿沅水及其支流溯源而上，或从长江及其支流清江、乌江进入。与乌江和清江相比，沅水及其支流，因其自身的地理区位，更是秦汉两千多年以来民族通道的枢纽、东西南北族群的交汇点。这里自古活动着三苗、百濮、百越、巴人等许多族群，至今仍然生活着土家、苗、侗、瑶、白、回、汉等多个民族。众多族群在这条通道上停留、迁徙，繁衍生息，创造了悠久的历史和丰富多彩的民族文化。这里是"文化的磨坊"，文化互动、磨合、整合和融合十分突出，是中华民族多元一体文化最具典型的地带之一。所以，沅水民族文化是中华民族文化非常重要的组成部分，在秦汉以来中华民族从多元走向一体的过程中，沅水民族文化占有重要的地位。

其次，有助于全面了解、把握沅水民族文化的内容、生成机制和文化特征等，也有利于在大力弘扬沅水优秀传统文化的过程中，赋予民族文化新的时代内涵，在和谐社会的构建中实现其应有的社会价值和功能。沅水流域民族文化资源十分丰富，文化结构相当复杂，"多样、多彩、多元"是其典型特征，但学术界对其定性以及在中华民族文化中的定位明显存在不足。因此在摸清家底的基础上，对沅水民族文化的特质进行一些理性探讨，有助于我们以高度的文化自觉、文化自信投入到中国正在展开的文化大建设、大发展、大繁荣之中。

再次，在挖掘、抢救、保护沅水流域民族民间文化的过程，对于保护沅水流域民族文化的多样性，保护和传承各种非物质文化遗产，提高沅水流域各民族人民的素质，具有重要的现实意义。沅水流域历史悠久，是一个集汉、侗、苗、土家、瑶、白、维吾尔族等多民族交汇错居之地，各民族在这里创造并保存了丰富多彩的文化，是民族民间文化最为富集的地方。对该区域民族民间文化的挖掘和抢救、保护和传承、开发与利用，可进一步推动民族民间文化在经济社会发展中发挥的积极作用。

最后，有利于更好地对外宣传沅水流域的民族文化，为当地经济社会发展和决策提供相应的智力支持。民族文化资源是区域经济建设和社会发展的深层资源，而且是可持续的可再开发资源。沅水流域由于历史和自然的原因,长期处于滞后的发展状态,系统梳理沅水民族文化事象,深入挖掘沅水民族文化底蕴,不仅可为沅水区域社会经济发展战略目标的制定提供一定的参考,而且可以提升沅水区域社会经济的"软实力",从而为推进武陵山片区区域发展与扶贫攻坚试点提供支撑。

四

沅水流域文化的厚集性、多元性、多样性,已引起诸多高校学者的关注,聚集了一大批热心于民族文化遗产挖掘、抢救与保护的本土学者,他们对于沅水流域的和平文化、巫傩文化、盘古文化、槃瓠文化以及土家族、侗族、苗族、瑶族、维吾尔族等少数民族文化进行了大量资料的搜集整理和相关研究,形成了较为丰硕的成果。然而,对于沅水文化,却极少从整体性加以关注。对于交错杂居、共同生活在沅水流域的苗族、土家族、侗族等民族来说,一方面是族群认同的"边界"比较鲜明,在文化上你有你的,我有我的;另一方面更多的是长期互相交往,相互影响,我中有你,你中有我,形成了诸多相似的共同特征。尤其是现代社会,信息非常开放,交通非常发达,造成民族之间的交流、融合更甚,很多现象很多东西还能不能简单归属于哪一个单一民族呢?显然,硬是要把文化切割成这个民族,那个民族的,把文化标签任意贴在某个民族上,那是相当困难的,从某种程度上讲,研究的科学性也存在一定问题。而如果从流域来研究的话,却更能反映文化的一种整体性,它的科学性就更强。

整体性原则是人类学当中最基本的一个理论。对于流域文化研究,同样需要从整体论出发,立足于沅水这个大动脉,对沅水文化有一个整体认知基础,再来考量沅水文化在武陵山片区乃至中华民族文化中的定位。正如著名学者徐杰舜先生所说:"对于流域文化研究,我不太赞成碎片化的研究,分裂式、段落式的研究,没有整体观,这样很难把握学术的脉络、学术的价值。不要仅仅站在沅水文化的层面去看沅水文化的价值,而是要跳出来,要从中华民族的层面去研究。它的意义就不是一般的意义,它是中华民族多元一体格局的个案,一个范例。"那么,如何凸现沅水文化研究价值的学术主线呢?徐杰舜先生曾与我有过探讨,我们认为对沅水文化的研究,主要应从三个维度,即国家建构的维度、原始住民开发的维度和移民传播的维度去思考,也就是把握国家、原始住民、移民这三条线。

第一条线就是国家这条线,从历史的纵深去看,中国的历史是一个不断深发展的历史，而中国的国家建构的历史是没有中断的，这个建构的过程就是历代的中央王朝、历代的统治者是如何不断扩大疆域的，这条线在沅水最早可以追溯到楚国。楚国不断向南扩张，开地五千米，在沅水设立了黔中郡。秦始皇还没有统一中国时就有黔中郡，那就说明国家的手已经伸到这里来了。在中国历史的构建过程当中，沅水很早就进入了中国统一的版图当中。对国家这只手仔细分析，可以看到国家这只手是怎么在湘西，怎么在沅水不断扩大自己的力量的，国家机器如何伸到南方，如何向南方发展，向西南发展的。沅水，对于巩固西南边疆和开通具有重大的作用。但是为什么它长期以来还是处于边缘地带？这是值得反思的一个问题。

第二条线就是原始住民，沅水流域的原始住民是怎么样在这里开发的。沅水流域有各式各样的生产生活方式，有多姿多彩的文化生态样本，"多样、多彩、多元"是其典型特征。原始住民在沅水的生存机制、生态策略以及对沅水的开发与贡献，很值得大书特书。

第三条线就是移民，不仅有汉族的移民还有其他少数民族的移民，如白族、维吾尔族等。特别是这个地方的汉族移民是比较复杂的。在这个过程中，沅水这个通道非常重要，从楚国庄蹻沿沅水入云贵开始，沅水就是内地汉民进入大西南的主要通道。我们现在在贵州还可以看到因大量的屯兵留下来的汉族住民，如"屯堡人"、"隆里人"。随着汉族的大量移入，汉族与其他民族数百年在文化上的相互借鉴、相互学习、相互交流、相互影响，促进了民族间的融合，也造就了丰富多彩的文化事象。从这点出发，我们研究少数民族需要同时考察他们与汉族之间的关系互动。

五

河流是人类文明的摇篮。沅水，是长江第三大支流，也是洞庭湖水系中最长的河流，这条从贵州大山发源的大河，一路向东奔腾不息，穿越雪峰山脉和武陵山脉，入洞庭，汇长江。从行政区划来看，沅水流域地处现代的湖南西部、贵州东南部及重庆东南和湖北西南的一小部分，这里又是苗族、侗族、土家族、瑶族等多民族的摇篮，各族先民在这里繁衍生息，共同创造了光辉灿烂的文明。

所以，对沅水这样一个范围广泛、跨省域的文化进行研究，是一项长期而艰巨的系统工程，既要把握整体性问题，有一个整体研究架构，也要考虑它的现实操作性问题，得有计划分步骤来实施，需要多方共同参与。湖南省民委一直高度重视民族文化研究和建设,将沅水流域民族文化研究纳入其民族研究工作的重要内容,并予以立项支持。三峡大学、怀化学院、吉首大学、湖南文理学院、凯里学院、邵阳学院、铜仁学院等高校学者以及许多本土学者,也都积极投身于搜集、整理与研究沅水文化工作中来。我们相信,以中华民族认同和中华文化认同为主题,广泛发动沅水流域各方力量,从历史、现实与未来相统一的整体论出发,梳理沅水流域多姿多彩的民族文化,挖掘沅水民族文化深厚的历史底蕴,推出一批在研究和宣传沅水民族文化方面的系列成果,将推动沅水文化走出湘西,走出湖南,走向中国,走向世界,从而夯实武陵山片区经济社会发展的软实力,为凝聚中华民族精神,弘扬中华民族文化,增进中华民族认同,振兴中华民族做出贡献。

刘冰清

2018 年 3 月 9 日

目 录

- -

第一章

绪　论

　　1000多年前,唐代大诗人李白在《荆州贼平临洞庭言怀作》中写道:"水穷三苗国,地窄三湘道。岁晏天峥嵘,时危人枯槁。思归阴丧乱,去国伤怀抱。郢路方丘墟,章华亦倾倒。"在当时人们的想象中,苗疆就是一片瘴气迷茫、荒野凄凉的不毛之地,而居住在这片土地上的人也自然而然是"苗蛮"之人了。可这苗疆又是从何时开始进入中原人士的视野中的呢? 苗疆的"边界"究竟在哪里? 从相关史书记载中可以得知,今天的云南、贵州、广西西北部、湖南西部等地区即为历史上所说的苗疆,《百苗图》《黔蛮图说》等,主要是描绘这些区域的少数民族支系。但是对于苗疆与"中原正统"交界地的人们却描述甚少,而本书所进行田野调查的地方,正是属于苗疆与"中原"交接的区域,这里的人们在民族识别中被识别为苗族,但是他们坚持认为自己不是苗族,也不是汉族,而是"瓦乡人"。

一、谁是"苗族"?

　　苗族,是中国55个少数民族之一。许多研究苗族的学者无不为"苗族本身"感到困惑,苗族是不是有一个整体? 持认同建构论的学者认为"苗族"一词的出现是被建构出来的。在中华人民共和国成立以前,没有哪个支系的自称是"苗",甚至连"苗人/苗子"的词语本身就是外界对该群体的蔑称。加上民族识别过程中的一些人为因素,更使得"苗族认同"显得是一个"想象的共同体"。但是族群建构论之于苗族而言,忽略了族群成员的自我认知。对于族群关联而言,有一样对得上,就是全部。对于渝东南的苗族而言,字辈是全部;对于湘桂黔交界的三省坡及其附近山地上的草苗来说,迁徙记忆是全部;对于居于台江、凯里一带的革一支系来说,大歌、祭祀、祖先信仰是全部。所以要找的不是个体的差异，而是这些作为一个计量单位的寨子与其他寨子之间的连接。

苗族支系之间也存在互相比较，湘西山江的苗族认为贵州的"苗族"更像苗族一些。换句话说，就算是各个支系，他们在对于谁更是"典型苗族"的排序中是不一样的。"典型苗族"比较多地指向贵州西江革一支系。但是这并不意味着其他支系觉得自己不"苗"了。黎平等地的苗族，更像是当地侗族的风格，从服饰到语言，都和典型苗族支系有区别。但是他们一再强调他们是苗族，是什么时候从什么地点迁到这里来的？同样情景还有湘西等地的"熟苗"。经过几百年的"汉化"，他们早已熟练地使用西南官话，在改土归流的时候，被强迫脱去裙装，改成裤装，但是这些在朝廷眼中的熟苗，倒是一直秉持着苗族的认同，姓氏、族谱、关于迁徙的口头传说，成为他们坚持民族身份的核心力量。还有国外的苗族，这又会扯到苗族的英文到底是 Miao 还是 Hmong，"苗"这个字到底是什么意思。总的说来，建构论等只能部分解释某个支系的现象，而不能囊括整个苗族的族群认同问题。

二、瓦乡人的认同

瓦乡人主要居住在湖南省境内，湖南省怀化市的沅陵县、辰溪县、溆浦县，湘西土家族苗族自治州的泸溪县、古丈县、永顺县，张家界市与沅陵县交界地，邵阳市城步苗族自治县南山一带等都有聚居区。重庆市酉阳土家族苗族自治县以及广西壮族自治区龙胜各族自治县境内也有少量瓦乡人聚居。总人口约在 50 万。① 瓦乡人自称为"讲乡（话）的"，指的是会说他们土话的人。他们日常使用的语言称为瓦乡话，至今语言学家仍把瓦乡话单列，它不同于苗语，也不同于汉语（西南官话），而是一种有自己特色的语言。目前的事实是，自称瓦乡人的那部分人却被划分为不同的民族成分，一部分被认定为汉族，一部分被认定为苗族，或瑶族，或黎族，或土家族。② 一些瓦乡

---

① 根据 2010 年第六次全国人口普查资料的不完全统计，沅陵县有 30 多万人，辰溪县约 7 万人，溆浦县约 1 万人，泸溪县约 5 万人，古丈县约 3 万人，其他地区 3 万多人。

② 湘西的"瓦乡人"，又写作"哇乡人"或"挖乡人"。20 世纪 50 年代，湖南省民委认定为汉族，后来在沅陵县被认定恢复为苗族，迁往四川（今重庆）酉阳的被认定为土家族，迁往广西龙胜和湖南城步的认定为黎族，迁往保靖县的认定为瑶族，迁往桑植县的又成为土家族。参见黄光学、施联朱主编：《中国的民族识别》，北京：民族出版社，1995 年，第 184 页。

人拒绝被认定为苗族,理由是他们说的话,不是苗话,而是乡话。但是他们身份证上的民族成分一直为苗族,只是一些学者在网络和生活中采取种种方式宣布他们应该是瓦乡族,而不是苗族。据村民说,在 20 世纪 80 年代的时候,当地有人去普查过,识别过他们的语言到底是汉化版的苗语,还是苗化版的古汉语。最后给他们的鉴定结果是苗族。认为除了语言的较大差异外,事实上哭嫁的时候,瓦乡姑娘所穿的服饰和银饰,依然和湘西嘎雄支系类似。

"瓦乡人"这个称谓,是被一些学者制造出来的。在乡话里,"我"的发音是"u^{25}/u^{53}"(古丈、沅陵、泸溪和辰溪的乡话略有区别),"是"的发音是"侧"(ts^he^{51})。如果问对方你是汉族吗?乡话的回答是"我是讲乡的",意思是"我是讲乡话的"(以对应区别讲客话的),这句话用乡话说出来就是"u^{25} ts^he^{51} $kaŋ^{35}$ $ɕiaŋ^{33}$"("讲"的发音是"港/$kaŋ^{35}$")。第一个以"瓦乡人"身份写了关于"乡话"论文的学者把这句话提取出来,创造出一个"瓦乡人"或"佤乡人"的词语。"佤乡人"这个词,在使用过程中又被淘汰掉了,因为容易被混淆成"佤族"的支系。后来的一系列关于这个族群的论文,继续使用"瓦乡人"这个词,虽然当地的村民根本就不知道这个词是什么意思。对他们来说,就是讲乡话还是讲客话的区别。

事实上,根据我们的田野调查表明,瓦乡人的文化是一种融合苗族与汉族文化的结晶,不能完全说是苗族的文化,亦不能完全与汉族文化进行切割,而是沅水中游居民在与苗疆汉地的长期互动中所形成的一种地方文化,"非苗"亦"非汉"。

三、调查方法

我们的田野调查时间集中在 2011 年 7—8 月,后来又分别在 2011 年 9 月的中秋节以及 2012 年大年初三日至元宵节期间,2015 年 8 月中下旬进行补充调查。田野点在湖南省沅陵县荔溪乡明中村。该村是一个行政村,我们主要选择平地的自然村——戴家组作为考察重点对象,但也在田野调查期间往来于山上的其他自然村。选择该自然村是基于交通便利、住宿环境和社会交往等原因,该村在沅陵县至荔溪乡政府所在地的公路边,来往于其他乡镇和县城都很方便,村里有一户人家的子女都在外地工作,两位老人在家,有空闲的房子给我们借住。田野调查期间,我们借住在这两位老人家中,两位老人不仅热情地接待我们,每天为我们做饭,还不时解答我们提出的各种问题，介绍我们认识村里的村民，可以说是我们田野调查的"把门人"。

在集中调查的时间段里，我们主要是以参与观察和半结构访谈的方式，了解该村的历史以及基本人口数据，观察村民们的日常饮食起居和休闲生活。明中村以同姓"院子"的宗族聚落方式聚居，山下的院子以青砖建筑为主，山上的院子以木结构建筑为主。由于交通便利，有流动商贩开着面包车来山下的院子兜售时蔬商品，山上的村民则下山采购日常用品。农闲时，老人们聚在一起打牌，妇女们在一起聊天，小孩子则到处追赶嬉戏。

补充调查阶段则侧重观察有关婚丧嫁娶等仪式的活动。特别是春节期间，我们正好赶上了村主任亲戚嫁女儿，村民们除了欢迎我们与他们一起准备婚嫁事宜以外，还给我们出示了一些有关婚嫁的光碟，让我们看到了婚俗的变迁模式和内容。尤其是在光碟里，我们看到了前几年都还有的"哭全村"的"哭嫁"习俗。

参与观察和半结构访谈是我们采用的主要田野调查方法。在参与观察的时候，我们主要是用相机拍下所看到的情景，晚上回到房东家以后再记录一天的行程和内容。半结构访谈时，我们现场记录对方的回答，同时做一些标记，进行追问。大部分情况下，用得最多的是相机和纸笔，偶尔使用录音笔。虽然我们没有使用过焦点小组，但每次在公共场所向老人们询问时，都会逐渐引起其他村民的注意，围过来告诉我们信息，最后往往都会变成焦点小组的模式了。在焦点小组的时候，我们会使用纸笔现场记录村民们所提供的信息。

瓦乡人没有文字，在历史文献中被记载的相关资料相当少，几乎为零，没有将其与其他少数民族进行区分。其文化、历史等都是通过言传身教、口耳相传、耳濡目染的方式进行传承。有关医疗卫生、乡约村规以及习惯法等内容的调查以结构访谈和资料查阅为主，荔溪乡政府为我们提供了大量有关的资料和数据。涉及经济活动方面，我们还走访了附近乡镇，包括麻溪铺在内的乡镇，观察村民们的普通生活世界。

瓦乡人使用"乡话"，并且以此作为划分族群认同的重要依据。乡话与西南官话的区别非常大，我们使用西南官话和普通话交替着与当地村民交流，使用普通话对嫁入明中村的外来媳妇进行访谈。虽然村民们非常有耐心地教我们说"乡话"，但我们掌握的"乡话"水平仅仅是日常交流、问候用语，远达不到进行访谈的水平。

我们参考了学者们对古丈县瓦乡人的语言调查①,但发现沅陵县瓦乡人的语言和文化都呈现出一些变化,无论是因为与当地汉族同胞的交往,还是历史迁徙所带来的影响,都使得沅陵县瓦乡人的文化有独特的一面。我们通过人类学的田野调查方法对其进行整理和解读,也注意了这种差异带来的灵活性。但由于时间原因和语言障碍,我们的田野调查有很大局限性,只能为学术研究提供一些参考,希望以后的调查能够更深入一些。

---

① 伍云姬、沈瑞清著:《湘西古丈瓦乡话调查报告》,上海:上海教育出版社,2010 年。

第二章

环　境

　　明中村属沅陵县荔溪乡所辖的一个行政村,沅陵县位于沅水中游,处武陵山与雪峰山交汇处,自古以来是沅水水运的核心城市,也是武陵山区少数民族的聚居地。公路尚未修通之前,当地人撑船沿沅水而下,直抵洞庭湖畔。四通八达的公路网络将大山里的村民与外界紧密地联系在一起,当地人外出打工都是搭乘汽车等交通工具到广东、浙江等沿海地带。明中村的每一个自然村落呈卫星状分布在山岭之上,以乡村聚落团状村为聚落形态,当地人称之为"院子",一个院子往往只有一个姓氏宗族的成员居住。村落四周有寺庙等公共建筑作为区分,而土地庙往往以某一个宗族为界,即一个土地庙只管一个姓氏宗族的范围。

一、方位边界

　　明中村属于沅陵县荔溪乡所管辖,距沅陵县城 30 公里。沅陵县位于湖南省西北部,怀化地区北端,沅水中游,地处武陵山东南麓与雪峰山东北尾端交汇处,地理坐标为东经 11°05′31″～111°06′27″,北纬 28°04′48″～29°02′26″,东与桃源县、安化相连,南与溆浦、辰溪接壤,西与泸溪、古丈、永顺毗邻,北与张家界交界,其地理位置"上扼云贵,下蔽湖湘",素有"湘西门户"、"南天锁钥"之称。沅陵县境南北袤 106.6 公里,东西广 90.5 公里,总面积5850.21 平方公里,是湖南省地域面积最大的县,占湖南省总面积的2.86％。境内沅酉二水纵贯全境,溪河纵横,山峦重叠,山地面积大,分布广,是一个典型的山区大县。

　　从沅陵县城出发,搭乘中巴车经麻溪铺镇到荔溪乡(由麻溪铺镇沿麻荔公路进去依次是原池坪、坳坪和竹园三个乡,简称池坳竹,2005 年撤区并乡,

图 2-1　Google 地图上所显示的明中村地理方位图

合并为荔溪乡)驻地坳坪村,需要 1 个多小时的时间。麻溪铺镇位于沅陵西南部,距县城 22 公里,319 国道和常吉高速公路从北至南贯穿全境,麻(溪铺)—竹(园)公路与 319 国道交汇于此。麻溪铺自古就是滇黔古驿道的要地,来源于古驿道所设的驿、塘、铺中的铺而得名。对于麻溪铺这个地名,武侠小说家金庸在《连诚诀》第一章乡人进城云:"……那是在湘西沅陵南郊的麻溪乡下,三间小屋之前,晒谷场上,一对青年男女手持木剑,正在比试。"也是《血色湘西》电视剧描述的故事发生地。麻溪铺的集市历史悠久,据《沅陵县志》(1993)记载,清代全县圩场 16 个,规模大小不一,每场有万人以上的大场有 5 个,三五千人的中场有 5 个,千人的小场 6 个。麻溪铺即是大场之一。至民国期间,麻溪铺成为荔溪、舒溪、杨溪物资集散中心地,每逢二、七场期,远近群众纷至,百货齐备,尤以秋末冬初赶场者为多。至今赶场习俗一直沿袭下来,现仍是沅陵县乡镇最大的圩场之一,每场 2 万余人,最盛时可达 3 万~4 万元人,每场成交额近 200 万元。每逢场日,四面八方商客小贩云集于此,辐射沅陵县的筲箕湾乡、荔溪乡、盘古乡以及泸溪县的浦市、辰溪县的船溪驿等地。

　　从麻溪铺镇往荔溪方向十余里地,连绵不绝、狭窄曲折的盘山公路从山下一直绕到山顶，继而又盘旋至山下。据戴书记介绍，这条公路就是1972年兴修至1975年竣工的麻—竹线，从麻溪铺起，止于竹园，全长27公里。现在改叫麻荔线，全线路面宽4～5.6米，原是泥结碎石结构，后来才改为柏油路。明中村就在荔溪乡池坪集镇与坳坪集镇的中间段，虎啸山和龙吟山之间，离小有名气的睡佛山（远看似一尊睡着的卧佛）很近。明中村原属池坪乡，距池坪集镇约有5里的路程（村民走路一般40～50分钟），距沅荔县道大约0.5公里。在陈家河村的公路边有一岔路，沿岔路直走就到了明中村的戴家组。石甜在田野笔记中对初次去明中村的情形，是这样写的：

  在县城吃过早餐，荔溪乡党委书记戴德伟便开车来接刘老师和我去荔溪乡的明中村。荔溪乡距县城约45公里，南与箐箕湾镇接壤，西临麻溪铺镇。从沅陵县城出发，沿G319国道往麻溪铺方向行走，一路上并没有让我十分心动的风景。当车子经过麻溪铺集镇时，正逢这里的赶场日，男女老幼，手提肩负，顶踵相接，人声鼎沸，交通一时拥堵。

  在公路两旁摊子前有许多人在吆喝买卖。我突然发现在讨价还价、做生意买卖的人群中，不少妇女都戴着方帕围成的头巾，还有年迈的妇女身穿带有银质盘扣的斜襟蓝布上衣和深蓝色的布鞋。她们都很自然地用乡话在与小贩们进行买卖生意，我十分激动，在便笺纸上写着：进入瓦乡人的"地盘"了！车子堵了十几分钟，从麻溪铺的老供销社对面往里拐，便是蜿蜒的盘山公路。路面损坏较为严重，坑坑洼洼，有的弯道很大，一路颠簸，头晕自不用说，当车行至山顶，右侧就是让你脚软的悬崖。经过酷肖卧佛的"睡佛山"，不久，我们就到了公路边的陈家河村，从这里拐进一岔道，岔道尽头就是我们的田野点——明中村戴家组。我们的车停在村口的小坪场，村落格外醒目的是方正庞大的窨子屋，封火墙上钉着的省级文保单位铭牌在阳光下熠熠生辉。

图 2-2　睡佛山(唐世兴摄)

图 2-3　睡佛山(唐世兴摄)

明中村戴家组的 GPS 坐标为北纬 28°16′59.0″,东经 110°26′28.6″,现属荔溪乡所辖。荔溪乡地处沅陵县西南部,2005 年由原池坪、坳坪、竹园三乡合并组建而成,沅水五大支流之一的荔溪穿境而过,并因此而得名。荔溪乡东与溆浦交界,南与筲箕湾接壤,西与麻溪铺相依,北与凉水井毗邻,总面积298 平方公里。耕地面积 33130 亩,其中稻田 18035.97 亩,林地 35.48 万亩。辖 16 个行政村,276 个村民小组,8207 户,3.5 万人,生活有汉、苗、土家等民族,其中少数民族占 85%以上。乡政府驻地坳坪村,距县城 45 公里,也是该乡最繁华的集镇。每逢赶集的日子,周围的村民便会背着自家生产的各种农副产品到街上售卖,买回家中所需物品,热闹非凡。

明中村戴家组是一个在平地上的自然村落,但是明中村的其他几个组,都零星分布在山上各处。明中村与周边邻村的地界,是在 20 世纪 80 年代时勘定的。平地院子的土地主要以农作物种植为主,山上也零星种植一些农作物,但以林木为主。距离戴家组比较近的一个山上院子,走上去需要花两个小时,即使从山上返回也需要半个多小时。明中村的自然村落之间,没有明显的以山梁为界或者山沟为界,而是有层次地分布在重峦叠嶂之中。各个院子之间的明显地界是房屋所在地,每个院子都有自己的土地庙。

在同一个院子里,村民家之间的界限则以屋檐阳沟为界,超出之外的部分属于公共部分,例如村里的石阶道路,即使从各个村民房屋之间穿过,它也属于公共的。山下的院落,牛栏都是以石砌为主,较少有开放空间。山腰和山上的院子,很多村民都直接用几根木头钉在一起做成牛栏和猪栏,大部分是开放的空间。山上和山下的院子,很多村民家都养了土狗看家。

二、自然环境

明中村是沅陵县荔溪乡下辖的行政村。沅陵县处武陵山脉与雪峰山脉之间,沅水以北属武陵山系,沅水以南属雪峰山系。雪峰山脉南起于湘桂边境的大南山,尾翼倾伏于洞庭湖区,绵亘 300 余公里,横跨 80～120 公里,呈弧线状。山体主脊海拔在 1000～1500 米,主峰罗翁八面山苏宝顶海拔 1934米。雪峰山脉西坡较缓,东坡较陡,成为湖南东西两半部自然的天然分界线,也是资水与沅水的分水岭。武陵山脉处于渝鄂湘黔四省市边界,属云贵高原云雾山分支的东延部分,山系呈北东向延伸,弧顶突向北西,是乌江、沅江、澧水的分水岭,面积约 10 万平方公里,海拔多在 1000 米以上,长度约

图 2-4　群山环绕的明中村(唐世兴摄)

420 公里,最高峰凤凰山海拔 2572 米,山脉主体位于湖南省西北部。武陵山脉自北向南分为三支,北支分布于湘渝鄂边界的有八面山、八大公山、青龙山、东山峰、壶瓶山等,中支沿澧水干流之北有天星山、红星山、朝天关、张家界、白云山等,南支从贵州省境内延伸过来,进入湖南省内有腊尔山、羊峰山、天门山、大龙山、六台山等。

沅水从沅陵县城贯穿而过,江面宽阔。沅水又称沅江,是湖南省第二大河流,有南、北二源。南源龙头江发源于贵州贵定县的苗岭斗篷山南麓,北源重安江发源于贵州麻江县平越间大山。两源汇合后称清水江,至銮山入湖南省芷江县,东流至洪江市托口镇,与渠水会合后始称沅水。多年平均径流量 393.3 亿立方米,水资源相当丰富。沅水有渠水、溆水等大小支流 1400 多条,干流自河源至注入洞庭湖全长 1033 公里,总流域面积 89163 平方公里,其中湖南省占 57.3%(境内流域面积 51066 平方公里)。流域覆盖湖南省怀化市、湘西州全部和邵阳、常德部分地区以及贵州黔东、渝东与鄂西部分地区等 54 个县市区。沅水流域是一个以汉、苗、侗、土家为主体,瑶、布衣、白、水、回、维吾尔等 30 多个民族聚居的多民族地区。据 2010 年统计,沅水流域总人口 2070.97 万人,少数民族人口约占 55.3%,其中湖南境内沅水流域总人口约 1095.45 万人,少数民族人口 430 多万人,约占 39.8%。

　　荔溪乡境内的荔溪,属沅水主要支流。沅水在沅陵境内纳大小溪河共910条,属一级支流78条,二级支流219条,三级支流134条,四级支流30条,五级支流5条,地表径流总量为54.4亿立方米。荔溪原名麻溪,又称梨溪,发源于竹园乡桥头村九龙山脉的大坳东坡,流经桥头、楠坪、芦洞、荣芋坪、竹园、坳坪、筒车、底坪、池坪、文家坪、李家村、麻溪铺等17个行政村,再经盘古乡荔溪口村注入沅水。全长68公里,流域面积334.5平方公里,溪流坡降为3.5‰,年均流量为9.0立方米/秒。沿溪中下游两岸多良田,有较大的冲积盆地。20世纪50年代以前,荔溪沿岸山洪暴发,水灾年有发生。环明中村的明溪则是荔溪的主要支流,源于原池坪乡扶持村,流域面积19.2平方公里。

图 2-5　荔溪风光(唐世兴摄)

　　我们初次来这里,正是夏季,可以明显地感受到亚热带湿润气候给人们生产生活带来的影响。沅陵县属中亚热带季风湿润气候,阳光充足,雨量充沛,四季分明,年平均气温16.7℃。一般以8月为最高,1月为最低。年均降雨量为1400毫米,常有局部的暴雨出现,夏季降雨量占全年雨量的40%,全年无霜期约为270天。

表 2-1 气候状况表

月　份	气候状况
一月	一月为全年最冷月，月平均气温在 4.5℃～5.3℃，日平均气温几乎在 0℃以上，即使各地出现≤0℃的年份，其日数也在 5 天以下，持续时间很短，但冬季结冰现象年年皆有。极端最低气温一般为－5℃
二月	月初是 6～－1℃，有时升至 9℃。通常低于 10℃
三月	进入春季，月平均气温为 10.5℃，月总雨量为 87.2 毫米，日照时数约 60 小时。上旬后期至中旬中期，降水偏少，气温回升快；下旬冷空气活动频繁，出现倒春寒气候
四月	平均气温 16.5℃，平均降水 175.9 毫米，降水最多的为 382.4 毫米（1977年），最少的为 38.3 毫米（1988 年）。月平均日照数为 97.4 小时
五月	降水正常略偏少，为 180 毫米，月雨日 17 天。气温正常略偏高为 21.2℃，日照时数正常为 125 小时
六月	数据不详
七月	平均气温为 27.6℃。月平均降水为 191.9 毫米，降水最多的为 488.4 毫米，最少的为 31.8 毫米，月平均日照时数为 219.8 小时
八月	8 月下旬的十天中，前五天与后五天，历年分别是 26.9℃、26.6℃
九月	9 月上旬历年平均气温是 25.3℃
十月	数据不详
十一月	数据不详
十二月	气温 7～4℃

资料来源：沅陵县气象局 2009 年、2010 年公布数据，http://www.hhylagri.gov.cn/news/news_show.asp? id＝112 2011/12/21.

　　沅陵县处于云贵高原向江南丘陵过渡地带，气候温和，雨量充沛，境内土壤类型多样。40.8％的山地土壤由板页岩风化而成，自然肥力较高，酸碱度适中，含有机质较多，保水保肥力较强。山地面积占全县总面积的72.7％。全县有大面积可利用山地、农林隙地草场，理论载畜量可达 41.7万个单位，适宜各种植物的生长和禽畜的饲养，为该县发展林业、农牧业提供了良好的条件。

沅陵县海拔 400～600 米的山地面积大,发展林业条件优越。树种繁多,有乔、灌、木质藤本植物 111 科,310 属 1004 种森林植物种群。全县拥有松脂资源 2000 多吨/年,栓皮栎、芳香油类、木本野生药材等林副产品丰富。有各种野生动物 100 多种。森林覆盖率 44.4%,高于全省和全国平均水平,有天然林国之称。盛产"辰杉",是南方商品材的主要供应基地。全县有林地 400 万亩,草场 300 万亩,水面 30 万亩。主要经济作物有茶叶、板栗、桐油、晒烟、花生等。驰名中外的"碣滩茶"、"官庄毛尖"久享盛名。沅陵县是湖南省四个林业基本建设重点县之一,森林覆盖率达 71.2%,活立木蓄积量为 1506 万立方米,年商品材采伐量在 10 万立方米以上。除松、杉优势外,还有樟、梓、楠、稠、柏、银杏等百种珍稀树种,楠竹储量在 500 万根以上。沅陵有各种药材 1968 种,初具经营规模的有黄姜、白术、茯苓、玄湖、天麻、杜仲、黄柏、银杏、五倍子、山苍子等百余种。

沅陵县水能资源丰富。境内沅水、酉水交汇,全县可利用水面达上万公顷,水产品 5000 余吨,水能蕴藏量达 300 万千瓦,五强溪水电站修建在该县境内,国家、省先后在此修建五强溪、凤滩、高滩等大中型水电站 3 座,总装机容量近 200 万千瓦。

沅陵县还是湖南省重点矿区,境内矿藏已探明的有煤、硫铁矿、重晶石、铅、锌、金、铜、锑、锰、金刚石等 20 余种,其中硫铁矿属大型矿床。金、铅、锌、钨等有色金属储量居全省第一,百年老矿湘西金矿(现为辰州矿业)就在境内。[①]

明中村所在的荔溪乡,年均气温 16.6℃,年均降雨量 1441 毫米,资源丰富。截至 2009 年,荔溪乡种植双低油菜 19200 亩,杂交玉米 5050 亩。养殖业方面,全乡牲猪饲养 24300 余头,出栏 17500 头;牛饲养 8000 余头,出栏 1200 余头;鸡鸭鹅等 10 万余羽;水库、池塘养鱼虾 330 亩,产量 30 吨。林木材蓄积量达 33 万立方米,是全县的林业大乡。矿产资源丰富,境内已探明储量的有硫铁、铅锌、锑、锰、钒、黄金、辉绿石、银、铜、石灰石等 10 余种,其中铅、锌、锰、钒、磷矿等储量居全县首位,特别是铅锌、锑矿已探明储量达 140 万吨以上。在荔溪乡发展的规模矿山企业多达 7 家。为了更好地发展荔溪的工业经济,2006 年成立了荔溪乡工业发展办公室,主要负责制定全乡

---

① 参见沅陵县地方志编纂委员会编:《沅陵县志》,北京:中国社会出版社,1993 年,第 73～102 页。

工业发展规划,为各矿产企业提供融资、政策、发展环境等方面的支持。

山下的村民小组周围,几乎都是良田。但走过明溪上游,山上树林茂密,高耸入云。山上院子的村民说,因为交通不便,树木砍伐后运到山下或者外面的话,成本很高。这也一定程度上保护了当地的自然环境。山下有一家木材加工厂,加工板材后运到外面销售。

三、聚落形态

明中村戴家组的聚落形态属于乡村聚落聚集型团状村,占地面积近 40 亩,拥有房屋 53 栋。上百户人家基本上住在戴家组明清古建筑周围,呈 U 形。牲畜棚圈搭建在房屋旁,石板铺成的道路将房屋连在一起,石板下是水渠,通向村外的明中溪。明中村戴家组尚无诊所、学校和邮局等服务设施。此次田野调查考虑了居住情况,按照居所位置抽样进行访谈。

明中村戴家二组的海拔为 170 米,在四面环山的一个小盆地中,前后虎叫山、龙吟山之间,西北角是两山之间的开阔地,北面 20 米处是一条呈东西向的小溪,东、北两面全为村民的农耕地。进入村子的公路沿着小溪的流向而修建,左侧有庵堂等祭祀建筑。

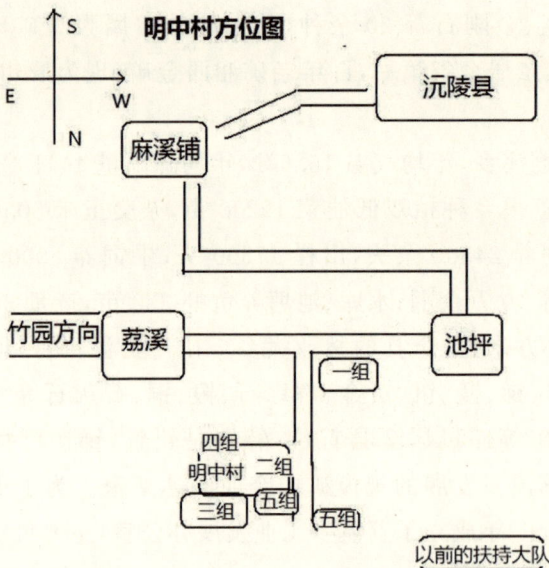

图 2-6 明中村方位图

和山下的戴家二组不同，山上的院子，居高临下。先用石块砌平，然后再在石基上建木屋。木屋一字排开，面对开阔地带或池塘。木屋是瓦屋，木屋旁边有的还搭了一个小的偏间。用木柴扎成篱笆，大的木材做成障栏，在院子的最外侧。整个院子是从低到高，依次砌了堡坎再建房。堡坎也成为院子的道路，房屋与房屋之间的过道。

从池坪至竹园乡的公路左侧陈家河村的位置，拐进一条水泥路，前行 2.5 公里，即到明中村戴家组。村子整个民居建筑依山而建，坐南朝北，村内环境优美，有古银杏树、古柏树十余株。

图 2-7　村中古银杏树(唐世兴摄)

图 2-8　沅陵明中古村落

戴家组的村前有一条小溪，村前是一大块空地，每天傍晚和农闲的时候，村民们三三两两坐在村口聊天，孩子们在空地上玩耍。

明清古民居建筑群是戴家组的标志性建筑，站在进村的马路对面就能

15

看到飞檐翘角、大气雄浑又不失精致的古建筑。灰色的外壁阻挡了外界的进入，以前一直是被视为保护家族宗亲的好屏障。厚厚的墙壁内，是一个长方形的空间，被两个天井划分成"目"字形。院子里的四周房间全都住了家户，中间的空地是大家使用的公共场地，阳光直接洒落在天井里。夏天再热，古居里依然凉风习习，因而有不少村民习惯坐在古居门口打发一下午炎热的时光。

四、公共设施

山上的村子，大多有一个公共的水塘。水塘是预防防火灾所设，平时几乎不会用到水塘的水，但无形中水塘前后成为当地人表达方位和坐标的一个方式。

图 2-9　烧香求神的妇女

戴家组背靠的山腰上有一座全村的公共祭拜场所。在上山的石板路边，有一块戴氏祖先的牌位，每逢节假日，村民也要带上大红公鸡来拜祭。逢年过节，村里的成年男人到这里来拜祭祖先。继续沿石板路而上，有一座土地公庙,里面供奉了一尊土地公的神像。在神像下方的神案上,满是暗红色的血迹,为村民来拜祭时现场杀鸡祭祀所遗留。

　　离明中村戴家组 2~3 里处有一个小的土地龛,土地龛对面的山腰上有一间观音庵堂。庵堂是近两年才修建的,庵堂里面只摆放了一些巴掌大的菩萨泥塑。经常去庵堂的一位师娘①和邻近村的妇女说,庵堂正在筹款修建大型的菩萨雕塑。每逢观音菩萨生日的时候,附近村落的妇女都会到庵堂烧香拜佛,祈求菩萨保佑。观音庵的斜对面还有一座玉皇殿,但村民说,玉皇殿不属于戴家二组。

　　除此之外,明中村几乎每个自然村落周围都有大小不等的公共祭祀场所,通常祭拜的是该姓氏的祖宗牌位和土地公。也有村落修建了较大的关公庙,逢年过节以及家中有事的时候,村民带上香、纸和烛前去祭拜神灵。

---

① 师娘,当地对女巫的俗称。

第三章

人　口

　　明中村共 640 户 2882 人，其中戴家二组有 123 户，总人口 527 人。整体来看，明中村村民所受教育程度普遍不高，只有少数人读完了高中。村里青壮年大批外出务工，常年在家的村民仅三四百人，村落出现较为明显的"空巢化"现象。

一、人口历史

　　明中村的村名是因为该村处于小明溪的中间位置而得名。据村里老人说，这条小溪以前叫石家溪，明中村以前是姓石的人聚居的地方，但是后来戴家搬到这里来定居，石姓家族逐渐搬走，于是就改名叫明中村，石家溪也改名为小明溪。

　　整个明中村，除了平地的几个组以外，山上还有不少自然村。以蔡家为例，山上的两个相隔比较近的院子，各有 20 多户，一共有 200 多人。当地把自然村落称为"院子"，依山而建，呈弧形，中间是水塘，或者面向山下，居高临下。平地的村子也被称为院子，呈"U"字形或者圆形，散布在山脚下。

　　明中村村民属于讲乡话的群体，有学者将其称为"瓦乡人"。关于瓦乡人的族源历史，张永家、侯自佳根据在泸溪县所搜集的调查材料总结说：瓦乡人的来历有三种传说。一是槃瓠子孙说，传说昔高辛氏有辛女配槃瓠，生有六男六女，穿的衣服花花绿绿，说的话也听不懂。槃瓠死后，六男六女自己配成夫妻，高辛帝就送给大山广泽，让他们繁衍子孙。从此，子子孙孙，皆称自己是"果熊"，是高氏的辛后代。泸、沅、辰三县接址处，至今还留有辛女、槃瓠的形迹。如辛女岩（传说高辛氏女化成）、辛女溪、辛女桥、辛女潭、辛女祠等。

　　另一是戎氏阿娘、戎氏阿㛮相配说。一天涨齐天大洪水，把天下人淹死了。戎氏姐弟二人，因为跑得快，急忙钻进了自家一个水缸里，随水涨到金花山顶。大水退后，天下一片荒凉，没有人烟，没有耕耘。天宫玉皇派观音娘娘做媒，要戎氏姐与弟相配成婚。戎氏姐与弟怎么也不肯，观音娘娘说："这金花山的对面是银花山，弟在金花山上栽蓬瓜，姐去银花山上栽蓬瓜。两蓬瓜藤互相缠，你姐弟就成婚。"果真两蓬瓜藤缠藤。姐说："不行！"弟说："不能！"观音娘娘又说："你姐弟俩各在一个山头烧蓬烟，烟柱冲上天，两股烟子搅在一起了，你姐弟就成婚。"姐弟俩一烧，果真见两股浓烟搅成了绳。弟说："不行！"姐说："不能！"观音娘娘只好又说："那你姐弟就滚磨盘。弟拿块阳磨盘站在金花山顶，姐拿块阴磨盘站在银花山顶。我叫'滚'，你俩就将磨盘滚下峪里去，若两块磨盘紧相合，你们俩就一定要成婚。"戎氏姐与戎氏弟想：瓜藤、烟柱搅缠，那是得地利、天时，这磨盘拿在我手里，就难"人和（合）"，她叫"滚"，我迟一点滚下去，让对方先滚下去，就不会在峪里相会相合的。于是二人答道："就这一次为定！"观音娘娘待两人拿磨盘站好后，大叫一声"滚"。戎氏姐想："我慢滚一个时辰，让他先滚下峪里。"戎氏弟想："我等一刻再滚，让她先滚下峪里。"双方都放慢了一个时辰，两块磨盘还是同时滚到了峪里。观音娘娘这时叫戎氏姐弟一齐去峪里验看，阳盘果然重合在阴盘上。戎氏姐想到"人和（合）"，红了脸；戎氏弟想到"人和（合）"，低下了头。观音娘娘叫声"恭喜"就回天宫去了。三年过后，戎氏夫妻生下一个肉球。戎氏夫妻就把肉球砍成细小的块块，每砍一块就封它一姓，用两片瓦盖起放在大水过后的大地上，放在岩边的就姓石，放在杨树边上的就姓杨，放在水边的就姓江，放在路边的就姓侯。也不知封了多少姓，最后剩下一坨，戎氏夫妻举刀劈成两块，甩向天边，说："一姓张，一姓李，两边都一样。"第二天早晨，戎氏夫妻站在金花山顶往四面八方一望，昨晚盖着的两皮瓦，都成了一幢幢的房子，炊烟缭绕。天边姓张姓李的人家，房屋栉比鳞次，炊烟滚滚。所以瓦乡人除姓张姓李的较其他姓氏的人居多外，至今仍然流传着"张李是一家人"、"张李都一样"的谚语。旧时，张李两家人是不结亲的，自到清末，张李才开始互通婚姻。天下人是由戎氏夫妻而始，后来人就把自己的始祖称为戎氏阿娘、戎氏阿㛮，并雕刻菩萨进行祭祀。

　　再一是由苗人分化出来的传说。瓦乡老人说，伏波马王（汉朝马援）带兵打到湘西五溪地方，经过反复征战，征服了戎氏娘娘这班蛮人以后，又继续攻打"南海"。"南海"就是在古代湘西南与广西毗邻的地方。伏波的军队人生地不熟，遭到南海官兵的伏击和火攻，几乎全军覆灭。伏波马王带着残兵败将落荒而逃，到一座庙里，正碰上戎氏娘娘在求神。伏波马王战战兢兢地说"娘娘在上，请娘娘救命"！戎氏娘娘心慈，见他怪可怜的，就叫他们几个人躲到神像背后，自己出庙门到瓦背上，显出神通，把南海追赶的官兵劝走了。知伏波马王不甘心失败，等到南海官兵走后，他要驱使戎娘娘的人马为他去卖命，继续攻打南海。戎氏娘娘想："南海是我的近亲邻居，是万万不能伤害他们的！但是若不走一趟，又会得罪伏波和朝廷而遭致祸害！"因此，戎氏娘娘不得不装出要出兵攻打南海的态势，加强训练军队，秘密传授互相联络和劝说南海官兵逃跑或降服的信号，这种军事行动信号，汉人听不懂，其军队以外的人也不能识破，这种信号就是瓦乡人的语言，叫作"果熊渣"，瓦乡人以外的人把它叫作"瓦乡话"。戎氏娘娘一切准备就绪，就把军队开到南海地方，南海官兵听到戎氏娘娘军队发出的信号，大部逃遁，小部投入了娘娘的军队，南海平服。戎氏娘娘旗开得胜的时节，正是秋末冬初古历十月。人们为庆祝戎氏娘娘平南的胜利，慰劳参战将士的功绩，立丰登殿举行跳香舞会，做香豆腐、香糍子分发给参战将士。"瓦乡人"每年的跳香节来源于此。从此以后，人们就把参加过平南海的人及他们的后代，称为"熟苗"、"乡苗"或"省民"。"熟苗"，以示与"红苗"、"真苗"相区别。所以瓦乡老人总是教育自己的子孙不要骂"苗人"是"苗子"，原来他们是从"苗熊"来的，也是"苗子"。[①]

但是我们在村里进行访谈，并没有采录到以上相关的族源传说，村民们甚至表示没有听说过上述三种传说故事。同时与上述两位学者所搜集的婚嫁丧葬等习俗对比来看，与我们所在的田野点的种种文化现象也有较大的区别。不过，鉴于两位学者主要是在邻县瓦乡人聚居地做田野调查，也可以将其归结为区域差异，或者是其他缘由造成的差异。

虽然根据村民的记忆和族谱，明中村的历史大约700年，但是沅陵县境的这一片区域早就有人类活动的踪迹。出土文物表明，新石器时期，境内已有先民居住，捕鱼狩猎以维持生存。秦朝时设置黔中郡，故城在今太常乡窑头村。汉高祖五年（前202年）置沅陵县，属武陵郡，以沅江及周边的高地（陵）命名。高后元年（前187年），朝廷封长沙王子吴阳为沅陵顷侯，加强对

---

① 张永家、侯自佳：《关于"瓦乡人"的调查报告》，《吉首大学学报（社会科学版）》1984年第1期，第109～110页。

沅陵的统治。东汉时,沅陵县属荆州武陵郡。三国时,沅陵县随武陵郡,先
属蜀,后属吴。齐置武陵都尉府于沅陵。南朝陈天嘉元年(560 年),沅陵县
改属沅州通宁郡。太建七年(575 年),改通宁郡为沅陵郡,治沅陵,沅陵县属
沅州沅陵郡。隋开皇九年(589 年),改置辰州,治沅陵。大业二年(606 年),
复改辰州为沅陵郡,隶荆州。

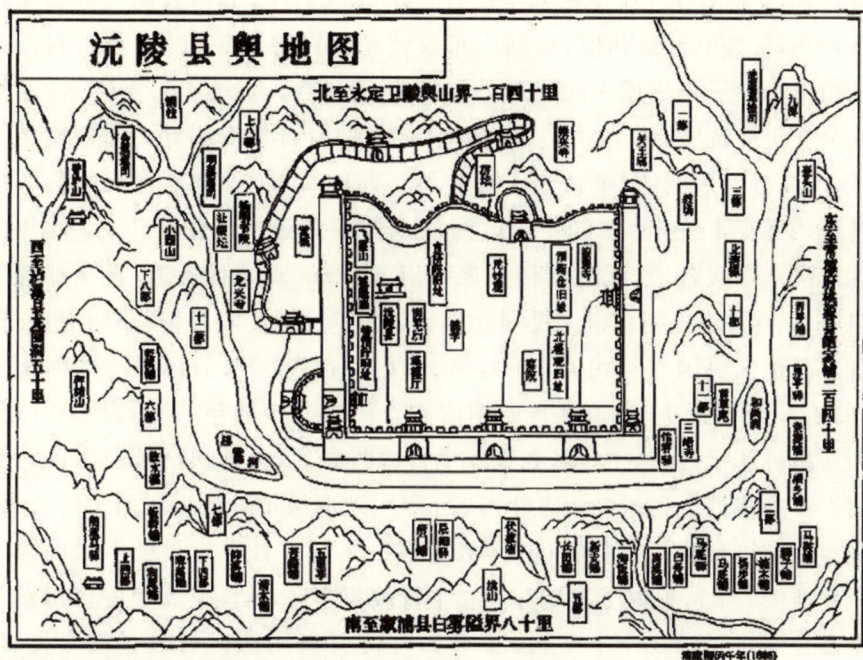

图 3-1 沅陵县域地图

资料来源:沅陵县地方志编纂委员会编:《沅陵县志》,北京:中国社会出版社,1993
年,第 51 页。

隋朝以降,沅陵、辰溪和泸溪三县,一直经历了分分合合的变更。唐武
德二年(619 年),萧铣部将董景珍以沅陵郡降唐,改为辰州,沅陵县属辰州。
贞观元年(627 年),分天下为十道,沅陵县属辰州,隶江南道。唐景云二年
(711 年),置都督府于辰州。开元二十一年(733 年)分天下为十五道,沅陵
县隶黔中道。天宝元年(742 年),改辰州为泸溪郡,县属泸溪郡。乾元元年
(758 年),改泸溪郡为辰州,沅陵县属辰州。后梁开平元年(907 年),马殷据
湖南,受封楚王,县、州地随属马楚,历后唐、后晋、后汉无变。后周广顺元年
(951 年),南唐灭马楚。广顺三年(953 年),沅陵县地隶武平军节度使(治武

陵），先后为刘言、王进逵、周行逢所据。北宋乾德元年（963 年），辰、锦、叙等
州归顺，立辰州泸溪郡军事，治沅陵，隶荆湖北路。元至元十二年（1275 年）
五月，宋知辰州吕文兴降元，改辰州为辰州路，治沅陵，属江南湖北道肃政廉
访司，隶湖广行中书省。至正二十四年（1364 年），朱元璋遣徐达克辰州路，
改辰州路为辰州府，治沅陵。明洪武五年（1372 年）设辰州卫，洪武十年
（1377 年）设辰阳驿。明洪武九年（1376 年）革元行中书省，置湖广等处承宣
布政使司，沅陵县属辰州府，隶湖广布政使司。宣德八年（1433 年），封辽简
王朱植第十七子朱贵谥为沅陵王，传 122 年无子除。嘉靖十二年（1533 年），
湖北分守道驻沅陵，历 134 年。清康熙三年（1664 年），分设湖南布政使司于
长沙，沅陵县属辰州府，隶湖南布政使司。雍正八年（1730 年），沅陵县属辰
永靖道。雍正十三年（1735 年），改为辰永靖兵备道。乾隆元年（1736 年），
改称辰沅永靖兵备道，沅陵县仍属辰州府，隶辰沅永靖兵备道，直至宣统三
年（1911 年）封建王朝结束。民国元年（1912 年），废沅陵县，存辰州府，府仅
辖沅陵县地。民国三年（1914 年），恢复设立沅陵县，属辰沅道。民国十年
（1921 年），废辰沅道，沅陵县直属湖南省。民国二十四年（1935 年）7 月，设
湘西绥靖处于沅陵，辖 19 县，划为 5 个行政督察区，县地属沅泸辰溆区行政
督察专员办事处。民国二十五年（1936 年），湘西绥靖处改为湘西绥靖公署，
增辖至 25 县，分置 4 个督察区，县地属第一区行政督察专员公署。民国二
十六年（1937 年），湖南全省划分为 9 个行政督察区，沅陵县属第三区行政督
察专员公署。民国二十七年（1938 年），沅陵县属第四区行政督察专员署。
民国二十九年（1940 年），湖南全省划分为 10 个行政督察区，沅陵县属第九
区行政督察专员公署。民国三十一年（1942 年），置省府湘西行署于沅陵，辖
第八（驻永顺）、第九（驻沅陵）、第十（驻洪江）3 个督察区。抗日战争胜利后，
撤销湘西行署。1949 年 9 月 8 日，沅陵县人民政府成立。1950 年 1 月 1 日，
湖南省临时人民政府在沅陵设置湘西行政公署，辖沅陵、会同、永顺 3 个专
区，县地属沅陵专区。1952 年 8 月，撤销湘西行政公署及其所辖 3 个专区，
沅陵县改属芷江专区。12 月，芷江专区迁驻黔阳县安江镇，改名黔阳专区，
沅陵县属黔阳专区。1968 年，黔阳专区改称黔阳地区。1981 年，黔阳地区
改称怀化地区行政公署，沅陵县属怀化地区行政公署。1997 年，沅陵县改属

怀化市。①

　　无论历史如何变迁,这块土地依然是史书中所记载的"五溪蛮"的活动区域,是中原王朝与苗疆众部落的纷争之地。五溪蛮,又称为"武陵蛮",是东汉至宋时对分布于沅水上游若干少数民族的统称,据《南史·夷貊传》记载:"居武陵者有雄溪、樠溪、辰溪、酉溪、武溪,谓之五溪蛮。"自古以来,这片土地不断有少数民族部落起义,反抗封建王朝的南进步伐。《后汉书·南蛮传》载:"光武中兴,武陵蛮夷特盛。建武二十三年(公元47年),精夫相单程等据其险隘,大寇郡县。"《三国志·吴书·黄盖传》载:赤壁之战后,"武陵蛮夷反乱,攻守城邑,乃以盖领太守。时郡兵才五百人,自以不敌。因开城门,贼半入,乃击之,斩首数百,余皆奔走,尽归邑落。诛讨魁帅,附从者赦之。自春讫夏,寇乱尽平"。纵然历史沧海桑田的变化,五溪蛮的后人依然在这片土地上繁衍生息。但是对于五溪蛮到底对应今天的哪一个少数民族,却众说纷纭。应该说五溪蛮是今天湘西及黔、川、鄂三省交界的土家、苗、瑶、侗、亿佬等族的祖先。

　　历史上,沅水中上游区域的人口不断地在"因战乱减少—外来人口迁入—人口总数增加"的循环中往复生息。据《明史》载,明洪武元年(1368年)至成化二十三年(1487年)间,朝廷鼓励且组织移民,移民的原则是"狭乡之民听迁之宽乡,欲地无遗利,人无失业也",且给移民提供田地、牛、车、种子、粮食便利,使其安居乐业,"三年不征其税"并鼓励种植经济作物,额外"益种棉花,率蠲其税"。成化年初,百万荆襄难民流徙湖广,明宪宗下旨招抚入当地籍。明英宗(1436年)实行"三丁拨一"办法(三个兄弟要移民一个),迫迁江西人入湖南。相传,诸多姓氏祖辈为此时自江西移入辰州。荔溪乡明中村的各个姓氏都将自己的祖源追溯到明代初年的人口迁徙,说自己是移民的后代。而即便大批移民迁徙入境,沅陵县内历代人口仍相对稀少。明万历四十三年(1615年)《辰州府志》载:"辰郡生齿稀阔,独沅陵称最。"清代,沅陵全县总面积约8075平方公里,嘉庆二十一年(1816年),人口密度为每平方公里46.4人。民国二十一年(1932年),全县总面积为6280平方公里,总人口35.8826万人,人口密度为57人,比全省每平方公里少82人。及至1949年中华人民共和国建立后,沅陵县内人口方逐年递增,密度加大。1952

---

① 参见沅陵县地方志编纂委员会编:《沅陵县志》,北京:中国社会出版社,1993年,第49~52页。

年，全县总人口 36.47 万人。1982 年，全县总人口 55 万人，每平方公里 94 人。①

明中村所在的荔溪乡，元代以前，区划无考。明代以后，境内为都图甲制。清康熙三年（1664 年），全县辖 12 都，境内为第四都，辖 10 图，一、五、七图在荔溪。据《辰州乡土志》载，清光绪三十年（1904 年），沅陵县划为荔溪、杨溪、舒溪及东南西北七大乡。荔溪乡辖岩底村、麻溪铺、刘家坝、狗子潭、豆溪、瞿家坡、长坡、竹园、鹅溪、马家村、寺庄坪、佘溪村、池坪村、黄土坳、李家溪、陈家河、岩几头、傍山村、坳坪等地。民国以后，改为区乡保甲制。民国元年（1912 年），全县划为 25 乡区，境内属安平乡区。民国二十四年（1935 年），沅陵县辖 7 区，设 48 乡镇，境内属第三区安吉乡、安福乡。民国二十九年（1940 年），沅陵县辖 12 区，境内属第五区安平乡。1949 年 10 月，沅陵县设七大区，境内属麻溪铺区（下辖 6 个乡：麻溪铺乡、筲箕湾乡、池坪乡、坳坪乡、竹园乡、用坪乡）。至 2005 年 4 月，沅陵县撤区并乡，原池坪、坳坪、竹园合并为荔溪乡至今。

荔溪乡所在的境内人口，民国二十六年（1937 年）始有确切人口数据记载，时永隆、永固、安吉、安福四乡共有人口 28319 人。民国三十一年（1942 年），安平乡有 2680 户 16500 人，人口密度为每平方公里 56 人。民国三十七年（1948 年），安平乡人口 11567 人，人口密度为每平方公里 73 人。1959 年，麻溪铺区共有 11794 户 45809 人。1987 年，全区人口达 692071 人。2005 年撤区并乡，荔溪乡计有人口 7500 户 31404 万人。②

从历史上看，明中村属于祖居村，在生计方式上，明中村是农业村落，以农业种植为主要生计模式；从居住状态来看，明中村是密集型，每一户都聚集在古民居周围，几乎将古民居包围了。

目前明中村有戴、马、夏、彭、蔡、陈、颜、张等姓，多同姓人聚族而居，为一自然村落，居地相对稳定。如戴家除 2 户颜姓外，都姓戴。黄土坡、麻阳塔为蔡姓，岩脚、大园、屋场坪为马姓，彭家为彭姓，苦子冲、羊湖田为夏姓，陈家河为陈姓，人口相对较少的颜姓、熊姓、张姓和宋姓则散居于这些大姓

① 参见沅陵县地方志编纂委员会编：《沅陵县志》，北京：中国社会出版社，1993 年，第 105～107 页。

② 参见黄辛主编：《沅陵县麻溪铺区志》，北京：中国文史出版社，2011 年，第 45～50 页、第 463～467 页。

之中。

表 3-1　姓氏分布表

姓氏	分布地点
戴姓	聚居于戴家,散居于黄泥田、陈家河
马姓	聚居于岩脚、大园、屋场坪、长岭界,散居于溪里、六公塔
夏姓	聚居于苦子冲、羊湖田、溪里
彭姓	聚居于彭家
蔡姓	聚居于麻阳塔、黄土坡,散居于黄泥田
陈姓	聚居于陈家河
颜姓	散居于黄泥田、六公塔、长岭界、陈家河、戴家
张姓	散居于黄泥田
宋姓	散居于六公塔
熊姓	散居于六公塔

资料来源:由明中村戴德超和戴世勇提供。

　　族谱是我们研究人口源流的最有价值的资料之一。据村民手中的族谱显示,最先搬到明中村定居,繁衍后人的是戴氏祖先。在明中村,戴家组目前保存有三份族谱,分别是老谱、旧谱和新谱。老谱写于百余年前,序言部分已经残损很多;旧谱是 20 世纪 90 年代重修的版本;新谱是 21 世纪初当地族人到浙江去寻宗亲时带回来的族谱。据老谱序文记载,谓来自江西,原文摘录如下:

　　　　江西三十三代始祖戴仟胜,大宗根基,四大婆生九子,在江西严里西门兼圳上,王婆零上立坟碑。元丰八年,离故土移居湖南安化县芭蕉溪。戴庚一、高氏生敏公,又叫戴云治。亭氏生戴仟胜,四大婆生九子。张氏生二子:戴远一、戴远二;罗氏生二子:戴远三、戴远四;欧阳氏生子戴远六、戴远智;何氏生三子:戴远龙、戴远会、戴远昌。戴远昌,又叫戴镐公,移居辰州府戴家巷落业。戴远昌、汤氏生四子:戴文敏、戴文旺、戴文深、戴文甫。有三公无放(房)正。戴文旺、陈氏生四子:戴继翁、戴继蕃、戴继□、戴继芳。戴继翁移居溆浦县水洞乡黑岩村落业。继翁生戴钦寿,钦寿生戴寿成。

　　据此,戴氏自言原籍江西,戴氏家族系北宋神宗元丰八年(1085 年)由江西迁入湖南安化后，再历二代迁入沅陵，继之分散移居到各个乡镇。

据明中村的蔡姓人说，蔡氏家族是在明初定居沅陵县麻溪铺神天坨（今神仙坨）的。开枝散叶后，播迁到今溆浦、沅陵、泸溪等地。泸溪县潭溪镇的蔡氏就是从神仙坨迁移去的，其族谱记载：

> 打那以后，我太公就在潭溪口定居，成了家。太婆李氏，生了五个儿子：文、武、经、纬、发。一直到现在，我们潭溪蔡氏发到第九班了，现有一百三十多人。我们的班派是"正大光明德泽长，传遗经典健书香，克效教友崇家祥，定注芳声绍洛阳"。

明中村的大姓马氏家族，则是明朝洪武年间从沅陵县县城附近迁到明中村居住的。散居于明中村各处的颜姓，也称其原籍江西丰城县。元至元年间（1264—1294年），颜君镇、颜君楚兄弟宦辰致仕，留居沅陵城。子孙自辰州四眼井移居麻溪铺、荔溪岩底、舒溪小岩底等地，入境七百余年。

显然，从能见到的明中村各姓的族谱来看，各姓均宣称是明代初年从江西搬到湖南，再辗转到沅水上游定居的。明初，朱元璋称帝后，不断带兵攻打云贵，以江西为基地，布置军需给养。为了招揽移民耕垦，朱元璋在湖南、湖北实行放宽赋税的政策，致使江西等地人口积极迁往湖南定居。据曹树基研究，在长沙、常德以南及以西的地区，洪武时期的移民一般占当地人口的20％～25％。[①] 随着移民的大量涌入，沅江上游及中游西岸地区的汉化程度不断加深。明薛瑄《秋日登辰州郡城》咏辰州诗云："边氓已久渐华俗，远客频应望帝乡。地气如今同北土，早秋时节雨生凉。"明代辰州府治沅陵，主要管辖沅江中游地区，最初领沅陵、溆浦、辰溪、泸溪四县，洪武九年（1376年）后又领沅州及其下辖的黔阳、麻阳两县。高岱《鸿猷录》卷十六《平湖贵苗》指出，湖南西南部与贵州交界处的苗民不少"有户籍，稍输赋，与广西徭僮不同，其属镇溪者半，与泸溪编民杂处"。尽管当地少数民族人口很多，但已经开始接触并受到汉文化的影响。

二、人口现况

沅陵在远古即有人类居住。其后，经历代开发，逐渐成为多民族地区。至1987年，全县计有汉族53.193万人（含瓦乡人23万人），苗族36715人，

---

① 曹树基：《中国人口史》第四卷，上海：复旦大学出版社，2000年，第263页。

土家族 23879 人,另有白族、回族、侗族、瑶族、蒙古族、水族、藏族、布依族、维吾尔族、彝族、壮族、满族等少数民族人口。① 2004 年,沅陵县辖 8 个镇 31 个乡 3 个民族乡。2006 年,沅陵县全面完成区乡镇行政区划调整工作,辖 23 个乡镇。据 2010 年第六次全国人口普查统计,沅陵县共有人口 582582 人。

明中村的人口情况,据现任的村支书戴士勇介绍,目前明中村作为行政村,下辖 14 个村民小组,分别由原老明中村的陈家(现 1 组)、戴家二组、戴家三组、戴家四组(现 2 组)、大园(现 3 组)、杉坪、溪里(现 4 组)、松包头(现 5 组)、杨湖田(现 5 组)、苦子冲(现 6 组)、八斗里、屋场坪(现 7 组)、黄土坡(现 8 组)、长岭界(现 9 组)和老扶持大队的彭家(现 10 组)、岩脚(现 11 组)、麻阳塔(现 12 组)、黄泥田(现 13 组)、六公塔(现 14 组)合并而成。全村共 640 户 2882 人。

由于在明中村原戴家二组的村落里,实际上还有其他村民小组的村民也住在一起,所以作为一个自然聚落的明中村戴家组,据我们走访统计有 123 户,总人口 527 人,年纪最大的 87 岁,80 岁以上的村民有 7 位。其中 20 岁以下男性 32 人,60 岁以上男性 18 人;20 岁以下女性 26 人,60 岁以上女性 15 人。目前为止,30 岁以上的未婚男性有 9 人,几乎都是智力有问题;30 岁以上的未婚女性有 1 人,也是智力有问题。离婚有 1 人。

根据乡政府提供的 2011 年统计,荔溪乡有九年制学校 3 所,在校学生 3000 余人,教职工 226 人,其中大学专科及以上学历 115 人,中学高级职称 12 人,适龄儿童入学率 96%。明中村里有一所小学,建立于 1950 年。目前只有一至三年级,学生人数 57 人,教师 2 人。3 年级虽开设了外语课,但没有外语老师。学校没有电脑。村里的小孩子上学必须去池坪镇上的幼儿园以及原扶持大队的小学。幼儿园每天早上派一辆面包车准时在村口的水泥地上接小孩子,而每天早上 7 点 55 分,村民们也准时带着小孩子在村口等着。面包车出现后,爷爷、奶奶把孩子送上车,看着车子开出村子,直到转弯处看不见了为止,老人们才三三两两地各自回屋做事情。

在成年村民中,有高中(或中专)文化者 6 人,其中男性有 5 人,女性有 1 人;专科、本科及以上文化 1 人,是一位考上浙江美术学院的男生,于 2011

---

① 沅陵县地方志编纂委员会编:《沅陵县志》,北京:中国社会出版社,1993 年,第 103 页。

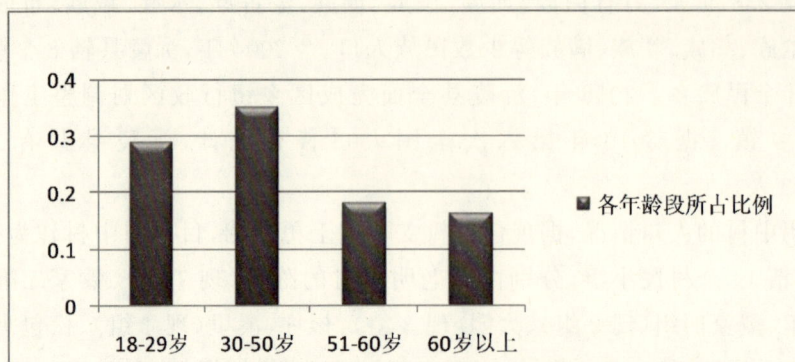

图 3-2　明中村原戴家二组各年龄段所占比例示意图

年毕业。从 1950 年至 1999 年 12 月,正式外出参加工作的 12 人;2000 年后,考取国家公务员或参加工作的有 1 人。

山上的教育状况不容乐观,山上村子的孩子要送到山下村委会那里,幼儿园的面包车到那里来接孩子到池坪幼儿园。小学生也是到山下明中小学读书,学校只有一至三年级,四年级就要到池坪住宿读书,一周回来一次。山上目前在读小学以下的孩子有八九个。蔡家院子有两个大学生,一个在中国矿业大学读机械专业,另外一个在长沙读工科。

明中村党支部现有党员 60 人,预备党员 1 人,其中女党员 10 人。35 岁以下党员 4 人,60 岁以上党员 37 人,平均年龄 56 岁,年龄最大的党员 87 岁。有 5 名村民曾经参加过抗日战争,都已经去世了。村里还有 5 名参加过抗美援朝的村民,其中有 3 名已经逝世。村民中,从 20 世纪 60 年代计算起,共有 32 人当过兵,其中 2 人已经去世,有 1 位村民参加 1979 年对越自卫反击战,转业后被分配在麻溪铺供销社任职。

明中村的周围很静谧,几乎没有什么噪声,使用测分贝的软件测出的噪声为 35～40 分贝,属于居家的适宜环境。由于处在一个四面环山的盆地,地理环境和气候比较适合种水稻。因此,村民主要依靠种植水稻谋生。这里的自然生存条件,按村民的说法是"有福没得贵",意思是"糊口容易,发达就很难"。明中村常年以粮食种植的有 123 户,年亩产大约在 1000 斤。村里既没有以经济作物种植、畜牧养殖为主的专业(或大)户,也没有常年以经商为业的农户,更没有村办集体企业,只有 1～2 户搞副业的,经济发展滞后。即便是种植为主的家庭,也有 1～2 名家庭成员外出打工,或者做生意。对于明中村的现状,村民们认为当前该村存在的主要问题是"山里人现实主义多,眼光浅,早上做事晚上拿钱。除了种水稻、包谷外,没有想到别的什么可以致富的门路"。自从2013年习近平总书记在湖南湘西十八洞村提出精准扶贫重要思想以来,形成了全社会广泛参与脱贫攻坚格局。根据省委、省政府安排部署,怀化学院驻村帮扶工作队于2015年4月正式进驻明中村。

据怀化学院驻村帮扶工作队统计,明中村全村640户2882人,其中贫困户就有331户1399人。在贫困户中,享受农村低保人口187人。残疾人102人,孤寡老人33人,无房(危房)户5户,缺乏劳动力农户140户567人,长期患病致贫户65户261人。而据我们2011年的走访,明中村戴家二组的贫困户有6户,每一户的贫困致贫原因不同,或乏劳力或患病或智障。其中有1户极端贫困户家中有5口人,主要是缺乏劳力,家中又有病患者;有2户村民家中分别是2口人,因病致贫。还有1户是单人家庭,他本人智力有问题,另外还有1户也是单人家庭,是已年满60岁的男

图3-3 引山泉水(唐世兴摄)

性,村里安排他打扫卫生,每年由村委会想办法给他一些谷子,让他养活自己。还有1位智力有问题的村民在村口卖冰棍,村民们也并无歧视的行为,小孩子有时跟大人要了1～2元钱,跑去买冰棍吃。村子里有9人享受国家低保,有3户属于"五保户"。自2002年起,村民全部参与农村合作医疗,2011年每人每年交费15元。2007年1月至2009年12月31日,外出打工104人,主要在广州、浙江、上海等地打工。年轻人外出打工,不仅带来家庭经济收入的提高,还促使了乡村社会组织、社会结构的变迁。

全村的生活水平相比邻村来看,不高也不低。村里有16户人家购买了摩托车,还有1户人家购买了一辆农用车。电视的普及率相当高,大多数家家户户有电视机;家家户户有手机(电话),并且畅通电信以及无线通信信

号,联通的要差一些,移动的信号好。全村有8～9户购买了冰箱,仅有1户购买了电脑。

村子从1982年起就已经家家户户通电了,很多人家做饭炒菜都是用电,但是还没有完成农网改造。2003年,村支书在外面筹集了一些资金,村民们按每户200块钱凑钱建了一座水窖从山上引山泉水,这样村里2、3、4组都用上了自来水,只是陈家一组还没有完全通自来水,搬到陈家一组去的4户戴姓人家,其中3户都没有通自来水。①

据乡政府提供的资料,2009年,荔溪乡的幸福村、修溪村、竹园集镇、茱芋坪村安全饮水工程均已完成,受益村民558户2736人,还新修沼气池50口,改造了30户危房。

---

① 据访谈录音整理,访谈时间:2011年7月。被访谈人:戴姓村民。

第四章

乡 话

　　乡话,是当地人区分自己群体与外界群体的主要标志。乡话主要分布在沅陵西南以及溆浦、辰溪、泸溪、古丈、永顺、张家界等与沅陵交界的地区,其他零星分布,如邵阳城步南山和与之临近的广西壮族自治区龙胜各族自治县的交界带、重庆市酉阳土家族苗族自治县的大坂营等地。目前所能见到的有关乡话的史料主要有清乾隆二十年(1755 年)顾光奎修、李湧纂的《泸溪县志》,乾隆三十年(1765 年)席绍葆修,谢鸣谦、鸣盛月纂的《辰州府志》,同治十二年(1873 年)守忠等纂修的《沅陵县志》,民国十九年(1930 年)修承浩主编的《沅陵县志》等志书。如乾隆《泸溪县志》描述:"五方之风土不齐,言语亦异。……沅泸相隔不远,其乡谈谜语,语曲聱牙,令人不可晓,泸人亦有能言之者。兹不聱载。泸音浊而促,不审字义,不辨平仄,或因古语,或本土音,转而之为谬,失其本意,其所从来久矣。"乾隆《辰州府志》则采用汉字注音的方法记录乡话的常用词语,如呼祖父曰阿谱,呼祖母曰阿么,呼母曰阿娘,呼哭曰业,呼吸烟曰货烟……而民国十九年《沅陵县志》更是对乡话在沅陵的分布、特点、来源以及乡话的内部差异等情况进行了记录:"县南如舒溪、杨溪、荔溪,县西如石岗界、棋坪、芦坪,县北如深溪、袍木堡一带,各有一种乡话,聱牙佶屈,不知其所自始,大约当时土人所遗传至于今者也。""乡话之中,亦有分别,大抵发音清浊之差耳。俗谓舒、杨、荔三溪之话为乡话。生长其地者,操其土音,反以说官话为难。塾师之授蒙,除本文读官音外,其讲说皆用乡话训释。此种乡话自成一种名词,初无意义可寻……"列表记录了与官话对应的荔溪乡话,石岗界、芦坪乡话和枹木堡坪乡话的一些词语,如荔溪乡话言落雨为锄(上声)袜(上声),吃饭为柔莽(平声),吸烟为唉也(平声),挑水为断主,犁田为你(平声)勒,读书为庐居等。乡话特殊的语言现象,早已引起人们的关注,历史文献中的记载,为我们提供了宝贵的资料。

从 20 世纪 50 年代开始,伴随着乡话区人民的民族归属问题的争议,乡话的语言归属问题便也引起更多的关注。对于乡话的归属,主要有古代汉语遗存和东部苗语两种说法,前者以王辅世、鲍厚星、伍云姬等为代表,后者以石如金、张永家、侯自佳等为代表。①

在《中国语言地图集》里,乡话和畲话、儋州话、韶关土话、湘南土话等被一起列为汉语方言中未分区的非官话。② 我们在田野调查中发现乡话中确有大量的汉语借词,而它更像是苗语东部方言与古汉语之间经过长时间段共同融合而形成的一种混合体。关于这一点,美国加州大学(伯克利)学者张琨先生在他的《汉语方言中的几种音韵现象》一文中也认为"(瓦)乡话中方言混合的现象非常明显,不但有不同的汉语方言的成分,甚至于有汉语和非汉语的纠缠,湘西一带正是苗族聚居之区。(瓦)乡话不是官话,沅陵泸溪城区的方言属于官话系统。(瓦)乡话是在官话没有进展到这个地区之前的土话"③。在当地人的分类体系里,并没有将这种语言作为"汉族还是苗族"的区分,而是作为区分自己群体(讲乡话)和外界群体(讲客话)的区别。

---

① 中国社会科学院王辅世先生在他 1956 年湖南泸溪县红土溪实地调查的基础上,于《语言研究》1982 年第 1 期发表了《湖南泸溪瓦乡话语音》一文,认为瓦乡话是汉语的一种方言。湖南师范大学的鲍厚星、伍云姬二位先生于 1985 年在《湖南师范大学学报》增刊上发表了《沅陵乡话记略》,得到的结论与王辅世先生一致:沅陵乡话"实际上是汉语的一种方言"。乡话人身份的张永家、侯自佳在《吉首大学学报(哲社版)》1984 年第 1 期发表了《关于"瓦乡人"的调查报告》,主张瓦乡话是一种少数民族语言,认为瓦乡话中和汉语相同的词不过是借词而已。1985 年,中央民族大学的石如金先生在沅陵、泸溪瓦乡人聚居区做了一个多月调查,写出《"果熊"话语音调查报告》一文,将 1424 个"非汉语"词语与瓦乡人住地周围的少数民族语言及广西、贵州等地苗瑶语进行了对比,得出的比较结果是:乡话与湖南通道马龙侗语、湖南龙山靛坊土家语、贵州凯里苗语、广西全州瑶语标敏土语有相同和对应关系的词分别占 1.75%、3.08%、8.91%、8.77%,而与湖南花垣的苗语比较,相同和有对应关系的则有 368 个词,占总词数的 25.84%。认为乡话属于汉藏语系苗瑶语的苗语支,是苗语的一种方言。1985 年 9 月 10 日,中南民族学院的语言学家严学窘在给湖南省民委和中共沅陵县委统战部的信中表明瓦乡人的族属仅仅纠缠于语言的性质无济于事,世界上不同民族说相同语言是正常现象,瓦乡话和汉语是两种不同的语言,瓦乡话之所以借用众多汉语词语是异源聚合发展的结果。

② 中国社会科学院、澳大利亚人文科学院合编:《中国语言地图集》,香港:朗文(远东)出版有限公司,1989 年。

③ 张琨:《汉语方言中的几种音韵现象》,《中国语文》1992 年第 4 期。

那么瓦乡人到底是汉族还是少数民族？中华人民共和国成立初期,民族事务管理部门派人到沅陵县召开座谈会,做过调查,但瓦乡人不敢承认自己是少数民族,因此被视为汉族的一个支系。1957年,有瓦乡人提出要求恢复少数民族成分,但未经深入调查研究,瓦乡人的正当要求就被简单地否定了。20世纪80年代初,瓦乡人代表人物写信给国家民委,提出瓦乡人应属少数民族之后,引起了各级人民政府的重视。1985年1月,经湖南省民委批准,组成省、地、县成立联合调查组在沅陵县进行调查,历时半年有余。根据对瓦乡人的历史、语言、经济、文化、民族意愿等方面的调查,初步认定瓦乡人是苗族众多支系中最为独特的一支。1985年10月3日,沅陵县委、县政府研究决定以沅陵县人民政府沅政报(1985)37号《关于沅陵县瓦乡人要求恢复和改正民族成分的报告》,要求恢复23万瓦乡人为苗族成分,呈报湖南省民族事务委员会,抄报湖南省人大常委会、省人民政府、省政协办公厅、省委统战部、省民政厅,抄送怀化行署办公室、地民委、地委统战部、地民政局。1987年11月15日,沅陵县民族工作领导小组以《关于沅陵县的瓦乡人要求恢复苗族成分的报告》,呈报国家民族事务委员会。1993年5月,湖南省民委再次组建省、地联合调查组,对沅陵县土家族、白族聚居区的七甲坪、蚕忙、洞溪、七甲溪、大合坪、明溪口等地及乡话人聚居的麻溪铺、筲箕湾、舒溪口、丑溪口等乡镇进行详细的调查后,湖南省人民政府和省民委分别出台《省长办公会议(1994)18号纪要》、湘族(1994)27号《关于沅陵县民族成分遗留问题的批复》,认定沅陵县及乡话人地区的民族成分属历史遗留问题。至此,沅陵县22.3万瓦乡人的民族成分的遗留问题得以解决,他们被恢复为苗族。1994年,沅陵县境内的瓦乡人采取自愿原则,沅陵县乡话人的身份证上大部分民族成分为"苗族",一部分人恢复为土家族,部分仍然保留为汉族。因此,明中村村民对自己是苗族并没有多少异议。在外工作的一些村民表示知道曾经有乡话人提出"单一民族"诉求未果的事情,但对乡话到底是苗语还是汉语,村民们并没有表达太多的关注。

一、乡话交流

据1993年《沅陵县志》记载,沅陵县内有两种方言,一种是以县城话为代表的西南官话,另一种就是乡话。县城的西南官话又被称作客话,各地语音差异较大,大体可分为五个方言片,即东南部片(以恰溪话为代表)、南部片(俗称"死客子")、西南部片(以舒溪话为代表)、西北部片(以深溪话为代表）、东北部片（以洞庭溪话为代表）。乡话是乡话区内使用的语言，他们把自己的土话叫"乡话"或"瓦乡话"。所谓"瓦乡话"，实际上是"话乡话"（第一个"话"字是动词，第二个"话"字是名词），即"讲乡话"的意思。称自己为"讲乡的"，把不会说乡话的人称为"讲客的"。

沅陵境内乡话主要分布在县西南酉溪、丑溪、舒溪、杨溪、荔溪流域，即今麻溪铺镇、荔溪乡、筲箕湾镇、盘古乡、二酉苗族乡以及凉水井和沅陵镇的部分村组。杨蔚研究认为沅陵、辰溪、溆浦、泸溪、古丈五县乡话区在地域上连成一片，以沅陵为中心，在地图上呈弓形分布。乡话区处在西南官话湖南省内吉永片、湘语辰溆片、苗语、土家语的包围之中，与汉语北方方言西南官话、湘语的区别很大，以至不能相互通话，附近操苗语的苗族和操土家话的土家族也都听不懂。[①] 但分布于各地的乡话，总的来看，却是可以相互通话，不难听懂的，当然内部会存在一定的差异。我们将杨蔚的《沅陵乡话研究》与伍云姬的《湘西古丈瓦乡话调查报告》对比了一下，差异较为明显。如在词语方面，沅陵瓦乡话和古丈瓦乡话对词义的表达不同，如沅陵瓦乡话说吃饭是"$z_ə u^{13} mo^{55}$"，古丈瓦乡话说吃饭是"$z_iəw^{13} moŋ^{55}$"。受到汉语和当地方言的影响，一些词义也发生了改变。如沅陵瓦乡话说柴火是"$ɕi^{55} ka^{53}$"，古丈瓦乡话说柴火是"$ɕiɛ^{33}$"。语法方面，沅陵瓦乡话和古丈瓦乡话在否定词用法上存在差异。在沅陵瓦乡话里有三个否定词[pa^{53}]、[pa^{13}]、[pu^{22}]，而古丈瓦乡话里表否定的三个动词，分别为不[pa^{13}]、不[pu^{13}]、莫[mo^{25}]。例如古丈瓦乡话"$ɕi^{55} ta$ $ɤa^{13}$ $ts^hɛ^{13}$ pu^{22} su^{55} fu^{13}"（心里还是不舒服），沅陵瓦乡话"$u^{25} kaŋ^{25} pa^{13}/pu^{13} xau^{25} tɕiə^{55} ts^h ɤ^{25} pa^{13}/pu^{13} xau^{25}$"（我认为不好就是不好）。在否定词的用法上，沅陵瓦乡话在一般语境下否定词可以互换，句法形式丰富多样，而古丈瓦乡话在否定词用法上比较单一，否定词不能互换。语音方面，沅陵瓦乡话的韵母多于古丈瓦乡话的韵母。全浊塞擦音上声字声母上的异同，如沅陵瓦乡话说"坐"（$diɛ^{22}$）、"抱"（$bəu^{55}$），古丈瓦乡话说"坐"（$tsai^{214}$）、"抱"（$bəu^{24}$），沅陵瓦乡话的声母为浊声或不送气清音，而古丈瓦乡话是送气声母。明中村的报道人告诉我们，在沅陵县范围内，不同乡镇的乡话在发音、词语和语法方面都有不同，麻溪铺镇或者二酉乡那边的乡话发音，和他们就有一些出入。

---

① 杨蔚：《湘西乡话音韵研究》，暨南大学博士学位论文，2004 年。

为了交际需要,乡话区很多人都学会了客话,对外说西南官话,对内说乡话。据了解,荔溪乡境内,人们掌握语言的情况大致有这么几种:一是既会"讲乡话",又会"讲客话";二是只会"讲乡话",不会"讲客话";三是基本"讲乡话",稍懂客话;四是基本"讲客话",稍懂乡话。其中第一种情况最为普遍,是主流群体;第二种情形最少,主要是住在较为偏僻村组的老年人;第三种是长期生活在本地,极少走出乡话区的人;第四种情况是与乡话区有关系的人,或婚姻,或经商,或工作,或朋友等。

明中村村民之间的日常交流是讲乡话,一些涉及现代商品或现代社会的词语,则使用汉语发音。例如电视机、电话、手机、大学生、拖拉机等。小孩子在与父母和其他长辈之间交流亦用乡话,村子里的几个 3～4 岁的小孩子与我们说话,基本上是乡话。在与外人交流时,成年人则讲客话,客话属于西南官话。小学以下的小孩子不太会讲沅陵话,甚至普通话,年纪稍微大一些的孩子会说沅陵话与外人交流。村里有在外地工作或打工的村民,往往用普通话与我们交流。

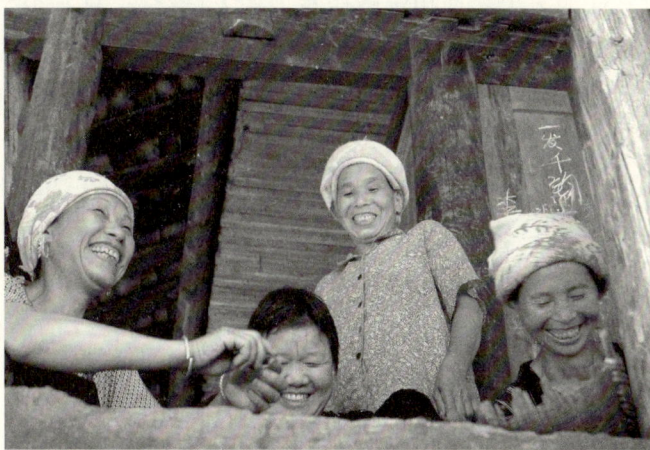

图 4-1 聊天的妇女(唐世兴摄)

明中村以外,人们打交道时,往往是先判断对方是不是这附近(池坪、坳坪、竹园等地)的人,然后决定是讲乡话还是讲客话。即使天天跑这条线的中巴车售票员,也会先这样做出判断后,再根据情况调整到底是说乡话、客话还是普通话。中秋节时,有邻村的村民曾带广东媳妇回家过节,搭车的时候,售票员对他们两口子仍然是直接讲乡话,尽管男方听得懂,但女方却说她完全听不懂乡话。

近些年，不断地有外地媳妇嫁到明中村。此处的"外地媳妇"，是指按照当地人讲乡话还是讲客话的分类体系，那些来自"讲客"的地方，包括沅陵县城、怀化地区以及其他更远的省份和直辖市。在田野调查期间，我们曾遇到过三个外省媳妇，分别来自广东、重庆和四川。其中四川媳妇已经嫁到该村将近十年了，重庆媳妇嫁来差不多有两年了，广东媳妇来到这里差不多一年。四川籍媳妇表示，基本上可以听懂大部分乡话，也会说一些乡话，但是还有一些内容不懂。广东媳妇会说一些简单的乡话，也能听懂一些例如"吃饭"（$z_{l}əu^{13}mo^{55}$）、"喝水"（$uŋ^{51}tsu^{53}$）等内容。重庆媳妇则基本上不会乡话。据我们观察，上了年纪的当地村民跟她们交流时，使用乡话，而年轻一些的当地村民则跟她们说普通话。四川媳妇育有两子，大儿子有七八岁了，会三语交流（普通话、沅陵话和乡话），这也与孩子的家庭环境和求学经历有关。

荔溪乡政府部门的工作人员全部会讲普通话（但是大部分工作人员互相之间的交流则是沅陵话），普通话的使用也相对广泛一些，因为一部分工作人员是来自外地，如湖南其他属于湘方言的区域。在到乡政府、派出所办事时，当地讲乡话的人大多使用沅陵话与工作人员交流，只有少数人使用乡话。坳坪、池坪赶场的时候，大部分商贩使用沅陵客话与前来买卖的讲乡话人群进行交流沟通，部分来自湖南其他地方如常德、邵阳等地的商贩，则多使用普通话宣传促销自己的商品。

二、语法、词语

在日常生活中，当地人熟练地在乡话和沅陵话之间切换，但是从语言学角度来看，乡话本身显得扑朔迷离，有学者将其定义为古汉语的保留，有学者认为它是苗语东部方言的一种土语。在田野调查期间，石甜学会了一些乡话词语和句子，就她所搜集的语料来看，乡话更像是古代汉语、西南官话、湖湘官话、湘方言和苗语东部方言的混合体。

（一）语　法

动宾结构的词语组合在乡话里比较多，例如"吃饭"（$z_{l}u^{35}mu^{55}$）、"洗脸"（$tsau^{21}mi^{214}$）、"添饭"（$z_{l}uo^{35}mu^{55}$）、"睡觉"（$k^{h}ət c^{h}y^{55}$）等。语法上的倒装现象比较多，但主谓宾的语法顺序也不少，例如在自我介绍时，"我是讲乡的"（$wu^{55}ts^{h}ə^{55}kaŋ^{55}ɕiaŋ^{55}$），就是非常典型的主谓宾顺序。学者对于乡话的语法结构探讨比较多。石甜在田野期间，还不能自由使用组合成句子的乡话与人沟通,仅仅是学会了部分乡话词语,如表 4-1。

表 4-1　部分乡话词语表

汉语	乡话	汉语	乡话	汉语	乡话
洗脸	tsɑu^{51} mi^{21}	洗澡	tsɑu^{51} ʐu^{35}	洗手	tsɑu^{51} ʂou^{214}
洗衣服	tsɑu^{51} ji^{55} kuei^{55}	洗菜	tsɑu^{51} tsʰə^{35}	洗脚	tsɑu^{51} kuei^{55}
谢谢	naŋ^{55} tsai^{51} ni^{51}	吃菜	ʐu^{35} tsʰə^{35}	添饭	ʐuo^{35} mu^{35}
肥肉	ji^{55} niu^{35}	精肉	tsən^{55} niu^{35}	睡	kʰuo^{55} tɕʰy^{35}
吃了	ʐu^{35} ti^{55}	坐	tɕiɛ^{35} ka^{55}	厕所	man^{55} san^{55} la^{51} kʰə^{55}
我要上厕所	wo^{35} jɑu^{35} tɑu^{21} man^{55} san^{55} la^{51} kʰə^{55}				

(二)词　语

石甜在做田野调查时,主要用汉语北方方言西南官话成渝片提问与交流,但也学习了乡话中的词语,在提问时会交叉使用这些词语作为关键词,来提醒报道人,主要就什么事物进行询问和确认。以下列出搜集的部分乡话词语。

表 4-2　部分作物乡话词语表

汉语	乡话	汉语	乡话	汉语	乡话
谷子	ku^{51}	豌豆	wan^{55} ta^{35}	汗菜	xuŋ^{35} tsʰə^{35}
米	mi^{51}	豇豆	kʰan^{51} ta^{55} kuo^{35}	红辣椒	ə^{35} lu^{35} tsa^{35}
红薯	sɑu^{35}	白菜	pʰu^{55} tsʰə^{55}	辣椒	lu^{35} tsa^{35}
稻谷草	wei^{35}	茄子	tɕʯɛ^{35}	胡椒	wu^{35} tɕiɑu^{35}
大蒜	wei^{35} san^{51}	李子树	mu^{51} ʐa^{35} tsa^{35} tsa^{35}	八角	pa^{35} kuo^{51} kuo^{35}
葱	tsʰə^{55}	南瓜	tsʰən^{214} kuɑ^{55}	香草	ɕiən^{55} tsɑu^{51}

从中可以明显看出,不少农作物词语是汉语借词,例如谷子、红薯、辣椒、茄子、胡椒、八角等。这些外来的作物,在进入乡话人群的生活时,同时将汉语的发音一并带了进来。

乡话中关于家畜的词语就更丰富了。从以下列表可以看出,乡话里关于家畜的发音,和如今的西南官话以及湖湘官话都不相同,它们的发音不是官话系统的发音。有趣的是，乡话关于五官的词语几乎都是官话发音。生活用具和农业用具非常特别，一些词语像是湖湘官话和西南官话的综合，一些词语又像是苗语东部方言的一种变调。

表 4-3 部分家畜乡话词语表

汉语	乡话	汉语	乡话	汉语	乡话
狗	k^huai^{51}	猪	tiu^{35}	羊	$z̠aŋ^{35}$
鸡	ka^{55}	鸡蛋	$ka^{55}tɕiŋ^{214}$	小猪仔	$aŋ^{55}tiu^{21}tsa^{55}$
鸭	wei^{51}	草猪	$tiu^{55}pu^{55}niu^{35}$	公猪	$sa^{35}tiu^{35}$
牛	ou^{55}	公牛	$sɑu^{55}ku^{35}tsʅ^{55}$	母牛	$mu^{21}niu^{55}$
水牛	$tsu^{51}ou^{55}$	公水牛	$tsu^{51}sɑu^{55}ku^{21}tsʅ^{55}$	母水牛	$tsu^{51}ou^{55}niu^{55}$
黄牛	$aŋ^{35}ou^{55}$				

表 4-4 部分五官乡话词语表

汉语	乡话	汉语	乡话
脑	$nɑu^{51}k^huo^{55}$	手	$ʂou^{51}$
脚	kui^{51}	鼻子	$Pi^{55}k^huŋ$
眼睛	$ai^{55}tsʅ^{55}$	眼镜	$ai^{55}tsʅ^{55}$
牙齿	$wo^{55}tsʅ^{55}$	头发	$lɑu^{51}mo^{35}$

表 4-5 部分用具乡话词语表

汉语	乡话	汉语	乡话	汉语	乡话
伞	$saŋ^{51}$	神龛	$sən^{35}k^han^{51}tsʅ^{55}$	帽子	$mɑu^{35}$
斗笠	$ta^{35}lei^{55}$	门	$mən^{55}$	针	$tʂai^{55}$
书包	$tsou^{55}$	床	$K^huai^{35}tsuŋ^{35}$	线	$z̠u^{35}$
笔	pa^{51}	被窝	$f^ha^{51}ʂ^hu^{55}$	筷子	$k^huo^{55}luo^{35}$
纸	$tsaʅ^{55}$	袜子	wa^{35}	装筷子的	$k^huo^{35}ta^{55}$
书	$tsou^{55}$	鞋子	li^{51}	碗	$aŋ^{51}$
锅	$tʂ^huŋ^{35}$	碗柜	$tʂuan^{51}kui^{55}$	板凳	$pan^{51}tsʅ^{55}$
火钳	$t^ha^{51}tɕian^{35}$	桁架	$k^hən^{55}ku^{55}$	水壶	$tu^{35}wu^{35}$
铲子	$tʂ^hai^{35}tsʅ^{55}$	篮子	$lan^{35}tsʅ^{55}$	撮箕	$tʂ^huo^{55}tɕi^{55}$

续表

汉语	乡话	汉语	乡话	汉语	乡话
柴	$\varphi i^{55} kou^{35}$	装饭的	$mu^{55} t\varphi y^{55} ts\eta^{55}$	桶	$t^h u\eta^{55} ts\eta^{55}$
瓢	$t\varphi y^{35}$	水盆	$tsau^{51} mi^{21} pai^{21} ts\eta^{55}$	菜刀	$tsai^{35} tau^{55}$
刀	tau^{55}	楼梯	$t^h a^{35}$	瓦	wa^{35}
砖	$ts\underline{u}an^{35}$	窗户	$ts\underline{h}uan^{51} xu^{55}$	水管	$tsu^{51} kuan^{55} ts\eta^{55}$
扫帚	$sau^{35} tsu^{55}$	斧头	$f^h u^{35} ta^{35}$	推米的工具	$ku^{214} po^{35} sai^{55} ts\eta^{55}$
风车	$f^h \partial\eta^{55} tsu^{55}$	打谷机	$ta^{51} xu^{35} t\varphi i^{55}$	田	lan^{35}
地	li^{35}	燕子	$wu^{55} lian^{35} ts\eta^{55}$	燕子窝	$wu^{55} lian^{35} ts\eta^{55} k^h ui^{55}$

在乡话人的生活中,对清晨、上午、中午、下午和晚上有具体区分。从当下起的前后三天,也有分别的词语表示,但超出前后三天之外的时间,以农历具体日期表示。

天刚刚亮:$t^h ian^{55} niu^{55} n\partial^{\cdot55}$

上午:$t^h ian^{55} ko^{55} tsou^{55}$

中午:$ku\eta^{55} mu^{21} f^h a^{35}$

下午:$k^h \partial^{\cdot55} p\partial\eta^{21} ku^{35}$

晚上:$li^{51} su^{35}$

大前天:$la^{55} an^{35} \alpha\eta^{35}$

前天:$t\varphi i\varepsilon^{35} tsu^{55}$

昨天:$k^h \partial^{\cdot35} ts\partial^{\cdot55}$

今天:$tsu\eta^{55} ku\eta^{55}$

明天:$m\partial\eta^{35} t^h ia^{55}$

后天:$\gamma a^{55} \alpha\eta^{35}$

大后天:$la^{51} an^{35} \alpha\eta^{35}$

在空间上,天、地、山、河都有专有名词区分,前后左右也分别用不同的名词表示。

天:$t^h ei^{35}$

山:$sai^{35} tan^{55}$

前面的山:$man^{55} lau^{21} l\partial^{21} sai^{35}$

后面的山:$xu^{35} mian^{35} ta^{55} t\partial^{35} sai^{51}$

河：k^ha^{55}

桥：$\textte017ciao^{214}$

石头：an^{55}

树：$\text{ts}au^{35}$

明溪：$\textcte017ci^{55}mi^{35}k^ha^{55}$

比较大小时，大（$ly\varepsilon^{35}$）和小（nia^{35}）用于比较物品的情况多一些。动物的幼雏则用另外的词语表示。对于小孩子来说，两三岁到十多岁，不分男孩、女孩都可以叫 $nia^{35}o^{35}\text{ts}a^{214}$。

就颜色而言，乡话里有红（$\textschwa^{35}$）、绿（$liau^{35}$）、蓝（$nuŋ^{35}$）三个基本色的词语。我们将色块拿给报道人看，指着不同色块询问报道人时，浅蓝色被称为 $liau^{35}$ 色，即和绿色是同一个词。而粉红色和红色是同一个词，即 $\textschwa^{35}$ 色。紫色被称为 $\text{ts}a^{35}$，紫红色是 $\text{ts}a^{35}\textschwa^{35}$。另外，青色（$\text{ts}^h\textschwa n^{35}$）、黄色（$xaŋ^{51}$）、白色（$p^hu^{35}$）、黑色（$k^h\textschwa^{51}$）是单独的词语。灰色则是汉语借词，即"灰色"。

三、仪式用语

我们田野记录的几个仪式中，招魂、禳解仪式是用乡话；红白喜事是用西南官话，尤其是需要有执事者的时候，执事者往往使用西南官话向操办红白事的人家发出仪式指令。但在操办仪式的过程中，双方的交流是乡话。

以我们所见婚礼仪式为例，在第一天下午，执事人带着新娘的弟弟对堂屋的神龛进行拜祖宗和拜天地鬼神的仪式。在这个仪式中，执事人分别面向神龛、面向神龛左侧、背向神龛（即面向大门）以及与新娘的弟弟互相作揖。在这个过程中，执事人念的内容为：

> 上至文武诸公孔子，下至轩辕天地君亲师，为肃宗九天司命太岁，请在太始上神龛。奉请门外之神，左青龙右白虎、前朱雀后玄武、招财童子、进宝郎君、屋檐一切尊神，请在太始上神龛。祖庵祖后，古孟庆吉，年年报清泰，四季报平安，保佑神户清静，六畜兴旺。天无忌，地无忌，太上老君急急如律令。好。

第二天，新娘的舅舅和外公以及母亲这边的亲戚来到之后，有一个"赞花/领花"仪式，即将母亲家的亲戚所送礼金和置办的嫁妆——念出来，表示感谢。在这个过程中，执事人用乡话念出，而送礼者用西南官话答道："免了，免了。"但在第三天早上的出嫁仪式时，执事人则使用西南官话主持仪式，包括对新娘发出"叩拜祖宗"和"叩拜天地"的指令。

在葬礼上，乡话和西南官话被交替使用。在每一次仪式开始之前，执事人宣布本次仪式内容和执事人姓名时使用西南官话。仪式过程中念诵告文时也使用西南官话，在提示孝子孝孙磕头或是鞠躬时也使用西南官话。除此之外，则用乡话与孝子孝孙交流。道士先生念经超度亡者时使用的是西南官话，每一次仪式结束后，道士、秀才等"八仙"与主人家交流时则使用乡话。

出殡下葬时，道士先生杀鸡时所念内容为沅陵话：

两刀断了此鸡的头，供给当家神刀刀。三刀斩了此鸡的脚，每从过后无差错。四刀斩了此鸡的尾，供给当家荣华富贵。……

在下葬撒米的时候，一边将米撒向四方，一边念咒语：

龙公龙母龙子龙孙，耳听米撒东，代代儿孙坐朝中。耳听米撒南，代代儿孙做状元。耳听米撒西，代代儿孙穿朝衣。耳听米撒北，代代儿孙做金堂白玉客。米撒中央戊己土，代代儿孙寿年如彭祖。天无忌，地无忌，阴无忌，阳无忌，百无禁忌。孝子孝孙大哭三声，叩头三拜一齐起发。……

该祷文均是用沅陵话讲出来的，并且还有众人的帮腔。

招魂和禳解仪式时，道士和师婆与当事人交流了解情况以及进入做法事的阶段时，均使用乡话；对当事人解释上天/鬼/神的"旨意"时，也是说乡话。

四、乡话与单一民族诉求

有学者认为："一个民族形成了自己独立的语言，该民族大多数成员都将该语言作为自己的母语来使用。在本民族内部，该语言既是最主要的社会交际工具，又是最明显的民族认同标记；在本民族之外，由于语音符号的封闭性，该语言就像一排藩篱，挡住了本民族与外民族之间的交际，成为区分本民族与外民族的一个标准。这种对内具有民族认同、对外具有民族划界功能的本族语，是该民族主要的一个区分性特征。"[①]显然，乡话特殊语言现象，成为当地学者要求成为单一民族的主要理由。关于"瓦乡人"的族属问题，湖南省民委曾于20世纪50年代经过调查研究后，认为"瓦乡人"语言

---

① 周庆生：《语言与民族识别问题》，《中国社会科学院研究生院学报》2006年第2期。

的语法结构和汉语没有什么差别,只是少数基本词语与普通汉语有方言性的不同,语音部分与当地通行的汉语方言有显著的不同,可能是古代汉语的遗留。"瓦乡人"的生活、婚姻、文娱活动、节日等方面,基本上与当地汉族相同,与汉人的关系也正常。据此,认定"瓦乡人"的民族成分不是单一的少数民族,而是汉族。中共十一届三中全会以后,"瓦乡人"再次提出自己的族属问题。1984年,湖南省民委委托吉首大学民族研究室对"瓦乡人"进行调查,着重弄清其族源、语言和风俗习惯,并在1985年组成省、地、县联合调查组在沅陵县进行调查。沅陵县人民政府于1985年10月向省民委写了《关于沅陵县"瓦乡人"要求恢复和改正民族成分的报告》,认为"瓦乡人"是苗族的一部分,要求恢复"瓦乡人"的苗族成分。理由之一,就是瓦乡语中现仍保留着少数民族语言。其依据是中央民族学院石如金先生的《"果熊"话语音调查报告》。该报告通过对3079个词语的分析研究,发现其中有汉语借词1655个,占53.75%,其余为少数民族语言词语,并且瓦乡话与云南文山自治州,广西南丹、融水,贵州遵义、城步等地苗语中一些基本词语的意义相同,所以"果熊"话是苗语一支的一种方言。① 这与语言学家王辅世先生的分歧很大。王先生认为乡话是古汉语的遗存,而不是苗语东部方言。他曾著《湖南泸溪瓦乡话语音》②一文,主要从语音上加以论证,列举了中古汉语9个声母和13个韵母在瓦乡话里的复杂读音,指出中古声、韵类与乡话读音一对多的特点,并且就"中古重唇音读轻唇"、"审书母字读塞擦音"、"来母字读塞擦音"等问题进行分析,指出了瓦乡话和中古汉语声调的较为严整的对应关系,从而得出瓦乡话是汉语的一种方言的结论。这一观点,得到了鲍厚星先生的支持,他将在沅陵县麻溪铺一带调查乡话的语音,部分常用词语和语法等材料整理成《沅陵乡话记略》③,认为沅陵乡话"实际上是汉语的一种方言"。后来,杨蔚在《沅陵乡话研究》一书中说:"从方言分区特色来看,乡话一些音韵现象与南北朝以来带有鲜明南方方言色彩的音韵现象十分相似,并且与现代闽、吴、湘、客、赣等南方方言有大量一致之处。""这些与南方诸方言相似特点杂糅在一起,使乡话看来并不与哪个方言特别接近,因此,

---

① 沅陵县人民政府报告:《关于沅陵县"瓦乡人"要求恢复和改正民族成分的报告》,沅政报[1985]37号。

② 王辅世:《湖南泸溪瓦乡话语音》,《语言研究》1992年第1期。

③ 鲍厚星、伍云姬:《沅陵乡话记略》,《湖南师范大学学报》1985年增刊湖南方言专辑。

不能简单地划分其归属于哪种汉语方言。"尽管对语言方面的看法莫衷一是,但沅陵县乡话人的少数民族身份却最终得以解决。如今,沅陵县大部分乡话人身份证上的民族成分是苗族。

但在我们调查语言情况时,有村民给我们说起20.世纪80年代,麻溪铺中学的瞿湘周老师参与民族重新识别调查的事情。

> 那个时候,为了恢复我们的少数民族身份,还有麻溪铺中学的瞿湘周老师一起来搞过调查,记录什么生活习惯啦,哭嫁啦,最重要的还是记录我们的乡语。听说是为了确定我们的语言到底是汉化版的苗语呢,还是苗化版的古汉语,最后嘛,给我们一个鉴定结果是苗族。其实对于我们来讲,只有讲乡与讲客的区别,而讲客包括了讲沅陵话、普通话和苗话。苗话,我们也是听不懂的哦!

我们在2011年7月17日对荔溪乡政府所在地坳坪集镇上的店铺商家做了问卷调查,其中一道题是"您认为讲乡应该属于____族",五个选项(可多选)包括:①苗族;②汉族;③不是苗族,也不是汉族;④是苗族,也是瓦乡人;⑤是汉族,也是瓦乡人。在收回的30份有效调查问卷中,有21份选择了"苗族"选项,但同时也表达了他们的想法:

"反正上面说是什么族,就是什么族,现在是苗族。"

"户口本上是苗族,我也不知道。"

"苗话就是乡话,派出所打的证明是什么,就是什么族,讲苗族要实在些。"

"不知道,身份证上是苗族。"

在6份调查问卷中,报道人认为应该算是"汉族",其中1位说"讲乡话是古代汉语,是汉族"。余下的4份问卷则选择了"不是苗族,也不是汉族",其中1位表示"我们应该算是一个独立的民族吧,不是汉族也不是苗族",另外3位表示"说不清楚"。

紧接着语言属性的下一题是族群特征,题目是"你认为瓦乡人最大的特征是____":①会说瓦乡话;②父母都是瓦乡人;③出生在沅陵、泸溪等瓦乡人居住的区域。其中有11份问卷调查,报道人只选择了"会说乡话",有4人选择了"父母是瓦乡人"的选项,有3人同时选择了3个选项,有3位报道人认为语言和地域属性应该都算;有3位报道人只选择了地域属性,"从小就在这里住";有1位报道人选择了语言和血缘属性;另外4位报道人表示不知道。由此可见,语言对该族群的自我认同感的塑造,具有非常强烈的作用。

表 4-6　瓦乡人最大的特征调查结果

	选 1 个选项	选 2 个选项
会说瓦乡话	11	4
父母都是瓦乡人	4	1
居住的区域	3	3

当地出身的一些学者采取种种方式宣称他们并不是苗族,他们的理由是他们说的话,不是苗话,而是乡话。这些学者在拒绝识别——要求单一民族身份的过程中扮演了微妙的角色。在乡话里,"我"的发音是"u^{25}/u^{53}"(古丈、沅陵、泸溪和辰溪的乡话略有区别),"是"的发音是"侧"($ts\partial^{51}$)。如果问对方你是汉族吗,乡话的回答是,"我是讲乡的",意思是,"我是讲乡话的"(以对应区别讲客话的),这句话用乡话说出来就是"$wa^{21}\ ts\partial^{51}\ ka\eta^{31}\ \varsigma ia\eta^{33}$","讲"的发音是"港"($ka\eta^{3}1$)。第一个以"瓦乡人"身份撰写关于乡话论文的学者把这句话提取出来,创造出"瓦乡人"的词语。

这场角力的另一方是苗族学者,他们坚持"乡话是苗语的一种方言"的观点。关于乡话到底是汉语的一种方言,还是苗语方言中的一种,语言学学者一直有不同的意见。将前面出现过的乡话词语,与一位苗族朋友所提供苗语东部方言的对应词语如下：

吃饭($z\_u^{35}\ mu^{55}$)：吃,nongx,zhaob(如 zhaobghaobted"用餐"),dos(如 dos ted"用餐")等说法,$z\_u^{35}\ mu^{55}$ 与 zhaob 接近；饭,hliet,mas,maod(西部方言苗语),mu^{55} 与 mas,maod 接近；$z\_u^{35}\ mu^{55}$ = zhaob maod,苗语。

睡觉($k^h uai^{55}\ t\varsigma^h y^{35}\ k^h\partial^{55}$)：湘西汉语方言 an,ən 多读作 ai,$k^h uai^{55}$ 是"睏"的方言读法,此词实乃汉语的"睏瞌"或者"睏去"；$k^h uai^{55}\ t\varsigma^h y^{35}$ = 瞌去；去,汉语方言里读"qu"和"ke"两种读法。

睡($k^h uai^{55}\ t\varsigma^h y^{35}$)：裸子,脱衣赤裸身体而睡觉,汉语延伸义。

筷子($k^h uo^{51}\ luo^{35}$)：$k^h uo^{51}$ 是"筷",luo^{35} 是苗语的"竹子"hlod。此词乃苗汉语杂合而成,保存了苗语的语法"筷竹"。也就是汉语的"竹筷"。

装饭的($t\varsigma y^{35}\ ts\l^{55}$)：$t\varsigma y^{35}$ 同苗语 mas\maod,xiang 苗语"升",$t\varsigma y^{35}$

ts1⁵⁵盛饭的容器,直译为"饭升",苗语词语而汉语语法。东部方言第一土语为 xangd hliet(直译:升饭)。

瓢(tɕy³⁵):苗语,原意为"舀,端"(如 jud ub＝端水、汲水),jud 乃动词,舀水的容器可称 ghaob jud,在动词前面加词头 ghaob 可以让动词名词化,瓦乡话省掉了词头。在第一土语里,瓢＝gal dob(直译为"半边瓜")。

水盆(tsa⁵¹ mi⁵¹ pai³⁵ ts1⁵⁵):汉语的"盆"的变读,湘西汉语方言常将"盆"读 pai³⁵。

水管(tsu⁵¹ kuan³⁵ ts1⁵⁵):汉语的"竹管子",延伸义。

洗脸(tsau⁵¹ mi²¹⁴):tsau⁵¹苗语"洗"同第一土语的 nzead,mi²¹⁴"脸"(面),同第一土语的 mes,tsau⁵¹ mi²¹ 同 nzead mes;又可作苗汉语杂合而成来理解,mi²¹⁴＝面,汉语方言里"脸"多说成"面"。

洗澡(tsau⁵¹ zu³⁵):同苗语东部方言第一土语的 nzead giut"洗澡,洗身"。

洗衣服(tsau⁵¹ ji⁵⁵ kai⁵¹):苗汉语杂合 nzead "衣",前面动词苗语,后面名词汉语。

洗菜(tsau⁵ tsʰə³⁵):苗汉语杂合 nzead"菜",前面动词苗语,后面名词汉语。

洗手(tsau⁵¹ ʂou⁵¹):苗汉语杂合 nzead"手",前面动词苗语,后面名词汉语。

洗脚(tsau⁵¹ kui⁵¹):苗汉语杂合,tsau⁵¹ 同 nzead,gui＝拐,脚拐子。按:苗语东部方言第一土语,洗＝nzead、ncot,与汉语的"濯"tʂau⁵⁵同源,而乡话的 tsau⁵¹与汉语的"濯"更为接近。

肥肉(niu³⁵):苗语,同第一土语的 nieax"肉"。

精肉(tsən³⁵ niu³⁵):苗语词语汉语语法,tsən³⁵同第一土语的 nzeit,第一土语说 nieax nzeit(直译:肉瘦),乡话变成汉语的词法结构"瘦肉"。

豇豆(tau³⁵ kuo³⁵):豆角,豆瓜;第一土语"豆"读:dad、deid。

撮箕(tsʰuo³⁵ tɕi⁵⁵):苗语,gud 为"斗笠",gut 为撮箕的那根弯木,"jud"为动词,意思为"端,抱"等。gu ju 虽然苗语东部方言第一土语不这样说,但无论说 gud jud,还是 gut jud 都可理解为"撮箕",第一土语"撮箕"＝ghaob yeas。

春牛(ou⁵⁵):ou⁵⁵,为汉语方言"牛"的变读,牛,有读 ou⁵⁵,you,niu

等，此疑为汉语变读。ou^{55} 与 niu^{35} 常分别用来表示"水牛"与"黄牛"，应为 ou^{55}；又是苗语"水"的意思。水，在东部方言里有读 ub\aob\oub 等。

铲子（菜照）：湘西汉语方言 an 常读 ai，菜＝铲，"照"为苗语的动词 zhab（铲），此词为苗汉语杂合体。

谢谢（$naŋ^{55}$ $tsai^{51}$ li^{55}）：接近西部苗语的 nangb jeuf "将就"，东部方言第一土语 nax weib jul（谢了），连读也经常读成 nax jeul，此词不确切其具体所出。

吃菜（$ʐ̩u^{35}$ $tsʰə^{35}$）：$tsʰə^{35}$ 为汉语的"菜"，a 同苗语的"一"，整体意思不明。

吃了（$ʐ̩u^{35}$ $lə^{55}$）：zru 同第一土语的 zhaob。

坐（$tɕiɛ^{35}$ ka^{55}）：苗语，同第一土语的 jongt"坐"。

绿色（$liɑu^{51}$）：$liɑu^{51}$ 苗语，同第一土语的 liol"绿"，$liɑu^{51}$"色"为苗汉语杂合。

蓝色（$nuŋ^{35}$）：$nuŋ^{35}$ 为苗语，同第一土语的 nongt"冷"。此词有两种可能：一为苗汉语杂合的"冷色"，二为汉语"蓝色"的变读，汉语方言里 n 和 l 经常混用。

黑色（$kʰə$ 色＝青色）：乡话区里有失去声母 h 的现象（凡是涉及 h 的要么变读要么丢失"红黄"读 e\aŋ 都是同一现象），$kʰə$ 乃"黑"的变读。此词属于汉语方言。

鸡（ka^{55}）：苗语，同第一土语 gheab，花垣麻栗场苗语就说 ghab，苗语西部方言也说 ghab。

羊（$ʐ̩ɑŋ^{35}$）：y r 对转现象，同汉语的"yang"，苗语东部方言第一土语读 yong。

猪（tiu^{35}）："猪"的汉语方言变读 di，是 zh 平舌现象，diu＝zhu。这种现象在苗语各方言间也产生，苗语东部方言的 zh 就和苗语中部方言 di 有对应规律，例如 zhal＝diel（周人、汉族人），zhaos＝dios（对、是、着）。

公猪（$sɑu^{55}$ tiu^{35}）：nong 应为 lang"狼"，某些汉语方言 n、l 难分，diu 同上。此词视为汉语方言变读，nong diu＝狼猪。

鸡蛋（ka^{55} $tɕiŋ^{214}$）：ga 同苗语 ghab、gheab；jing 通苗语中部方言 git，git＝蛋。

另外,将乡话中关于蔬菜水果和农作物等名词与苗语三大方言①做如下对比:

表 4-7 乡话与苗语对比

名词	乡话	东部方言	中部方言	西部方言
洋芋	$jaŋ^{35}ji^{55}$	yangl yib、yangx yub(汉语借词)	yangf yit(汉语借词)	ghaok yangx yuf(汉语借词)
西红柿	$z̪aŋ^{35}nu^{55}tsa^{55}$	yangx lax zit	jax hxub	zid lul ghoub
苞谷	$pɑu^{55}ku^{55}$	beud reud、baod mis	gad wangx	baob guk
萝卜	$lu^{55}pʰei^{51}$	hlad beus、hleat bous、lad bous	vob bangf	loux buf
胡萝卜	$u^{35}lyɛ^{35}pʰei^{51}$	hlad beus nqent、hlad beus shed	vob bangf fangx	buk lab
谷子	ku^{51}	ghax mol	ghab hsab	nblex
水稻	$ta^{214}ku^{35}$	Noux、mloux,稻谷 leb beul	ghab hsab	nblex lax
苹果	$Pʰiŋ^{35}kuo^{214}$	pinx got(汉语借词)	pinf gox(汉语借词)	zid pinx god
梨树	$z̪a^{35}tsa^{214}$	ndut rax	det zend vax	ndongt zid ruax
橘子树	$kuŋ^{55}tsa^{35}tsa^{35}$	ndut lious	det zend gheik	ndongt zid gangb nzil
桃子树	$na^{51}tsa^{35}$	ndut ghueax	det zend dlenx	ndongt zid dluax
苦瓜	$kʰu^{35}kuɑ^{55}$	daob anb	fab－ib	dlib ab
丝瓜	$sa^{55}kuɑ^{55}$	daob sid guad、sid guad	fab hsab	shaob guab
麦子	$mu^{51}tsʅ^{55}$	jangb mex、jangb mel(指小麦)	gad mil	maos
小米	$ə^{35}tsa^{51}$	nongt	gad hsaid	cik;cod;nzhab cib
高粱	$ɕiɑu^{55}mə^{21}$ $tɕy^{55}tsə^{51}$	reud	jud mangx	nzhuak

———

① 这些蔬菜类的苗语发音,由三苗网版友提供,参见:http://bbs.3miao.net.

可以看出，乡话中的一些词语和苗语东部方言很接近，以及三大方言里的一些水果蔬菜和农作物都是汉语借词，例如苹果、洋芋、丝瓜、麦子等。就"麦子"一词来说，有研究表明麦类植物是外来品种[①]，从两河流域传入中国北方地区，然后得到了广泛的种植。根据考古发掘和文献记载，商周时期，我国中原地区已经有麦类作物的种植了。在商代遗址中出土过小麦样品，而商代的甲骨文卜辞里有麦类作物的记载。[②] 这同时与苗族先民是稻作民族可以成为对应，正如上表所示，三大方言里都有水稻一词的苗语发音。

当然，也有乡话人群的学者认为这是苗族的攀附，以上乡话词语的发音是可以在古汉语里找到其对应的反切的。就我们所调查的村落而言，正如我们在上文所说，村民的分类系统就只是讲乡话和讲客话，并将这套分类标准用在日常生活中。每次跟报道人询问她是从哪里嫁来时，报道人就会强调说："我们那里也讲乡（话），但是和这里的讲乡（话）有点区别。"当我们进一步问区别有多大时，她们又表示"都是相通的"。或许这种分类系统在乡话人群几百年的迁徙中扮演过重要的角色，促使了内部集体认同和记忆的形成，以及对抗外界和不可知的影响。在山上的院子里，一些老婆婆甚至不怎么会讲客话，而一直坚守着祖祖辈辈流传下来的乡话。

[①] Nikolaï Ivanovich Vavilov, Origin and geography of cultivated plants, Cambridge University Press, 1992, pp. 371-386.

[②] 山东大学东方考古研究中心：《东方考古》第 4 卷，北京：科学出版社，2008 年，第 54 页。

第五章

经　济

- -

就物质生产活动而言,沅陵县所在山区的生态环境宜农、宜猎、宜渔,所以聚居于沅陵境内的瓦乡人的传统经济也同样具有多样性,出现以农耕经济为主,渔猎经济为辅的经济文化结构。除此之外,家庭副业活动也非常丰富,木工制作、商业、交通运输等多种经济活动对于改善瓦乡人生活、提高收入也起到了很大的作用。

明中村的传统生计方式以稻作农耕为主。目前,年轻人几乎都外出务工了,只剩下老年人和年幼的第三代、第四代在家。除了种植水稻以外,村民还养殖生猪、耕牛以及种植一些经济林木。小卖部、流动商贩、赶集构成了当地商贸的组成部分。在当地的消费结构中,比重比较大的分别是送礼、医疗、修房子、家具以及学生的教育开支。

一、历史概况

中华人民共和国成立以前,沅陵县以自给自足的农业经济为主,明中村也如此,始终没有大的改变。土地是农民的命根子,赖以生存的基础,农村全部的生活方式、生产方式都是围绕在土地问题而展开的。据村里老人说,1949 年以前,村里有六户地主,穷人很多,大部分人家都是依靠租种地主家的田地耕作而获得一些收成以养家糊口。上等田地主分六成或七成,佃农三成或四成;中等田多对半分成;下等田地主四成,佃户六成。当时土地是可以买卖的,可以由年纪较大的村民做"凭中引领"。"凭中引领"倒是没有规定说谁能做谁不能做。只要相信某个人,晚上带一些肉、饭、酒到他家去要求他当凭中引领,买主付给凭中引领一些钱。答应做"凭中引领"的那个人一般都有点知识,一般还会代笔撰写。土改之后,就没有土地买卖的行为了，但是仍然有人充当"凭中引领"这个角色，为双方的交易做见证。

1951 年后，当地开始进行土地改革。在行政机构的设置上，明中村有两个大队（明中大队和扶持大队），加在一起计算的情况下，两个大队的中农都不多，只有一二十户，三个组有四户雇农，两个村加起来有七八户雇农，剩下的都是贫农了。土地改革时，一般每家大概分到了一亩田，也有村民只分到了七八分田的。

土地分到每家之后，即面临着劳动力、牲畜和农具的短缺。从农民互助合作小组到初级农业生产合作社、高级农业生产合作社，再到人民公社，生产集体协作始终是农业生产的主要实现方式。据村民回忆，当时大队里有 1个生产委员，1 个大队长，1 个支书，1 个民兵连长，还有 1 个自保主任，每个人的职责和分工都不相同。生产队长负责带领全村人搞生产，"几个开完会，一丘一丘的田，都要按照要求下秧、播种。水稻的稻苗一长出来，生产委员就要管，喊家家户户去搞生产"。另外还有 1 个妇女主任，管村里妇女的家务事，以保证男女平等，又要促生产。还有当时大家要推选 1 个比较警醒的人去管水，一般来说，一个坝上是某一个人固定负责管水，其他人就不插手了。有时候农忙季节，一亩田要去好几个人，在那里守田、守水。据村里七十多岁的村民回忆，他们在大集体的时候曾经因为修水库，到过扶持大队上面，当时还要自己包饭。对于大集体时代及至后来家庭联产承包责任制的种种图景，村民至今仍记忆犹新。

回忆 1：

> 记得集体时代，家里是不准生火煮饭的，大家都到食堂去吃。生产队办食堂，口粮全部拨到食堂管理，小家伙是 3 两米，大人有 3 两 5，最好的也都只有 4 两。有些时候队上的支书、会计要搞点鬼事，还没有那么多。大跃进"五风"①时期，更是困难得很。吃不饱，就有偷谷子的，把生产队的谷子和包谷偷了回去推糊糊吃。当时，食堂用秤称，每个人多少饭（饭倒是米饭，不是包谷），吃不饱，都是稀水水，没有多少米在里面。打肉汤，其实是上面一些油花花儿，那个食堂负责打菜的人，给你盛汤的时候，总是会把上面那层油花儿给撇开，更不用说什么肉了。食堂的时候，好多人家当时不敢生小孩子，直到后来生活好点了，那些人

---

① 五风：共产风、浮夸风、干部特殊风、强迫命令风、生产瞎指挥风。

才开始生孩子。

分田以后就没有偷谷子的了,分田以后主要是看个人的劳动力,一个生产队,几个人共一头牛,分田两年后就生活好过了。①

回忆 2:

三年困难时期,听说外面饿死了很多人,我们村有几户人家饿死了,有一些人家到外面谋生去了。村子里有一户搬到了县境内的乌宿乡,还有几户搬到了邻近的溆浦县,还有三四户逃难去了,不知道去哪里了。搬去溆浦的那几家,后来回来过几次。迁到乌宿乡的就没有回来过,听说那边的生活状况其实更加困难。②

回忆 3:

生产队的时候,当时田、地、山都是集体的,我当支书,村里还有队长、会计。生产的东西是集体的,劳动一天记一天工分,到年终了决算分配。那时候吃不饱肚子,主要问题是瞎指挥,总的来说有错误,搞集体没得经验嘛。

我原来在外面是公社干部,我当时得了神经衰弱。那个时候,有个南下干部,姓王,他好像是怀化一中的校长,也生病了,和我一样,也是神经衰弱。那时候,怀化地委建了一座大的疗养院,把这些生病的干部都送去疗养,那里的医生都是部队上派去的。我是其中一个,其他人在那里都习惯,就我不习惯。疗养院里吃的是比较可以的,那时候缺少吃的,但饮食总会首先来满足疗养院的干部。那时候,院里规定一个礼拜要秤体重一次,三个月后,那个姓王的干部,几乎每个礼拜体重要长一斤。我呢,恰恰相反,呆了三个月,不知道怎么搞的,我还轻了1斤。恰好地委的一个领导专门来了解疗养院的情况,疗养院的就汇报说我好像不适合这里。于是我就和组织说让我回家,去家里休养。后来回县里,说给我你换个单位,换到事业单位去。我不干,始终想回来。就是这样,我回来了。

回来前,医生说:"你要回去,还是少干点活。"我那时候买了两条狗,两把枪,天天到山上玩,身体就好些了。那时候就参加生产队的劳动。我刚回来那一年是1966年吧,村子60多亩田,收的谷子,除去种

---

① 据访谈录音整理。访谈时间:2011 年 7 月,访谈人:蔡姓村民。
② 据访谈录音整理。访谈时间:2011 年 7 月,访谈人:戴姓村民。

子、饲料、国家收购任务，只剩下 200 多斤口粮。食油呢，每人 3 两。我就说，我们开个会，大家商量一下吧，明年改个方法，每人口粮可以有 500 斤。有人就说我吹牛。我当时想的这个方法呢，其实就是偷偷地分田到户，而那时候是不允许的。没想到这一提出来，结果呢，他们也想搞。我就说，大家都同意，我们就把这田地分到户，分到你，你要把它种好，包工不包产，最后收的归集体。那时候没有肥料，生产力上不去，我们就搞了一套管理制度，比如犁田到什么程度，都有要求。分田到户的那一年，口粮真的达到了 500 斤，大家积极性就来了。我们生产队的劳动价值分到了 1 块 2，接着我们后来又做了一年。其他地方那些队呢，就没得我们的好。

我干了几年，全大队算是可以的。简单来说，我接手后，人均口粮达到了 600 斤，劳动价值也都是 5 角以上。就这样，我搞了整整十年。我们那个班子呀，真是雄赳赳啊！我们手中有粮、有钱，一个养猪场，一个粉场，一个林场，还有商店，从邻乡拉了两车猪，两个砖瓦厂，烧砖卖，钱归集体。三队有一年缺牛，没得办法，我说拨款你自己买去。大队有钱，好多干部都欠我们的钱。要有新的理念才行。

后来，正式分田以后就是各搞各，"交齐国家的，留足集体的，剩下全是自己的"。分田的标准是按组来分，50 亩田，多少人就分多少份。分田是把好田和坏的搭配在一起，让大家自己来抽签，这样大家也没有什么话说。为了稳重起见，我们还再开了一次会，大家都没意见。

分田以后，我记忆最深的事情就是明溪涨过一次大洪水，具体是哪一年，我也记不太清楚了，反正被称为"6•14 洪水"。洪水太凶猛了，省里、县里有关部门还派人来看过，国家也拨了粮食下来救灾。当时的洪水冲垮了一些田，那些田后来都还没有恢复，有六处，大概有十几、二十亩田。还有就是分田后呢，值得一提的就是出现了换工，也称调工，集体生产队的时候是没有的。调工，不管男女，一个工调一个工，什么翻耕、平整土地、开沟起垄、秧苗移栽、除草等，相互间商量好调工，划得来才调。再就是分田以后，坝里也有管水的，晓得水的情况，是哪里漏，哪里不好了。以前是一个老家伙在管，她不在了以后就是她侄子来管，也还好。现在呢,大多数人家都买有抽水机,供自己家用。①

回忆 4：

　　实行承包责任制以来,只要勤快,种田、养猪,生活肯定比以前是好过多了。在家做农活,吃是不用愁的,就是没钱用。慢慢地时兴打工,村里中壮年就外出打工了,可以多赚钱来开支嘛。②

二、经济结构

　　长期以来,明中村都是以农业种植为主,但随着改革开放以后打工经济的兴起,年轻人几乎都外出打工了。这主要在于传统的劳作已难以维持家庭生活所需的越来越多的现金,而农民想要获得现金,最现实和稳妥的途径乃是外出务工。所以明中村当前的经济结构可分为两种类型:在家务农和外出务工。外出打工的年轻人,有的在从事服务业,有的进工厂,还有的在建筑工地上提供劳动力来挣钱。据了解,其实不仅仅是明中村的年轻人都外出找工作去了,整个荔溪乡外出务工人员接近1.4万人,多数集中在广东东莞市一带。怀化学院驻村帮扶工作队佘队长对该村的情况十分了解:

　　明中村全村总面积11344亩,山地7020亩,耕地面积1753亩,其中水田1711亩,旱地42亩,人均耕地不足0.5亩,而且大多数是天水田,土壤贫瘠,产出很低。明中村的交通也不便,路面损坏严重,村组之间相隔较远,大部分组级公路都是毛坯路,断头路,路窄弯多,雨水天气根本无法通行。现仍有2个组没通路,“行路难”,生产生活物质仍是肩挑背负。村民文化素质普遍不高,思想较为保守,只知道种植水稻、玉米、油菜三样,主要以人力劳动为主,基本处于自产自销状况,致富能力不强。村里的主要经济来源为打工所得。村里青壮力大多外出打工,2014年外出打工人口就有2100多人,几乎空村了。村里也没有集体经济收入,没有农村合作经济组织,现人均收入2000元左右。③

村里劳动力都出去打工了,就只有老人和小孩在村里。除少部分身体健康的老人,能够从事一些田间劳作外,大部分老人主要是在家帮着带孙儿孙女,家里的开支主要依靠外出打工的年轻人提供。

---

① 据访谈录音整理。访谈时间:2011年7月,被访谈人:戴德鑫。
② 据访谈录音整理。访谈时间:2011年7月,被访谈人:陈姓村民。
③ 据访谈录音整理。访谈时间:2015年8月,被访谈人:佘队长。

　　我们这儿吧，一般都是一个姓一个院子，他们那个院子全是姓马的，上面那个院子全是姓夏的。全村有千多亩田，人均有1亩多。以前嘛，大家都在家里种田，田地纠纷也多，都要请老人家或村里出面来调解，现在年轻人都外出找钱了，抛荒的田地越来越多啦，纠纷也少了。我们嘛，只有个别身体硬朗的还到田里、山里做工，多数人主要还是帮忙带带孙子，钱什么的，都是小孩子打工寄回家的。村里都是老的老，小的小，大家相互间都有个帮衬，也很少扯皮的。[①]

（一）农业种植

　　农业种植一直是我国农村的主要支柱产业。2010年，荔溪乡水稻实际播种面积18027.47亩，稻田改种、稻田抛荒共7亩。夏收粮食作物主要是春玉米、豆类和红薯等。夏收春玉米5050余亩，豆类2000余亩，红薯1000余亩。夏收杂交玉米总产达0.15万吨。上半年油菜产量30720吨，高产示范片每亩产量达350斤。[②]

　　明中村主要种植水稻、玉米和油菜，水稻收割之后至次年的清明时节种植玉米和油菜。除了水稻、玉米和油菜以外，也有一些村民种植红薯和马铃薯，尤其是以前生产队的时候种马铃薯比较多，但是大部分村民不种了，因为现在没有多少地了。即使种了红薯，也不加工。以前有小麦，原来是山上有地；现在没有了，因为现在没有多余的地用来种植小麦，田里面种小麦的话也会耽搁插秧。除此之外，大部分村民自己还种一点小菜，包括大白菜（有早有迟）、葱、蒜、萝卜等都种得比较多，但是基本上都不外售，收获之后自己食用。

表 5-1　当地农事时间

时间	农事内容
一月	油菜灌溉排，防治病虫害
二月	油菜防治病虫害
三月	油菜，冬闲田杂草防除

---

① 据访谈录音整理。访谈时间：2015年8月，被访谈人：戴姓村民。
② http://www.yuanling.gov.cn.

续表

时间	农事内容
四月	收油菜,水稻插秧
五月	油菜收获,水稻、红薯的扦插,大豆的田间管理,柑橘保果,梨追肥,桃夏季修剪,李追肥
六月	玉米、大豆施肥杀虫,红薯、花生中耕除草,柑橘保果,梨、葡萄防虫,桃李摘果
七月	水稻打农药二次,糯玉米采收,秋玉米在7月底8月初播种,春大豆收获,7月下旬8月初播种秋大豆;柑橘、花生、红薯施肥,梨桃李采收,葡萄施肥除草,辣椒播种
八月	水稻防治病虫害,追肥
九月	上旬收稻谷,犁地,移栽油菜苗,收秋辣椒
十月	直播油菜种子
十一月	油菜施肥
十二月	油菜施肥,中耕除草

　　水稻的种植,现在都种一季稻(中稻,以前坝上种过早稻、两季稻,但是两季稻的总产量还没有一季稻高)。备耕时间是四月,平整地面,选种、试犁、播种。一共分为四个阶段:催芽、育苗插秧、追肥和收获。催芽就是把选好的种子浸入水中后促使其发芽的环节。选种之前要把种子晒一两天,然后放到清水中,下沉的种子是基本饱满的,消毒后把它们浸泡三天。催芽有两种方法,一种是放在箩筐里,一种是放在温室里。当地村民基本上是用前一种方法把种子破胸露白崔芽。等芽根长到一粒谷长,芽长到半粒谷长就可以播种了。育秧有三种,视用不用水而言,有水育秧、湿润育秧和旱地育秧。秧苗长出来以后,当地现在采用抛秧法插秧,然后追肥两次到三次。施肥是底肥一次,追肥一次。村民所施用的肥料都是在池坪集镇上的商店里买的,追一次肥就不再追肥了,有些村民也会选择再追一次肥。

表 5-2　湖南农业部门的水稻农事表

五月	六月	七月
1. 早稻田间管理 2. 中稻育秧	1. 早稻 2. 中稻 3. 双季晚稻	1. 早稻 2. 中稻(含一季晚稻) 3. 双季晚稻

对于一些农事习俗，据村里老人回忆，以前生产队的时候，在农历四月，清明节以后，生产队有一个"洗泥"仪式。村民选定某一天后，男女老少在田间相互之间泼泥水，晚上回来再将身上的泥巴洗干净。当天还要炒"米炒糖"，因为怕插秧以后出现大旱天气，所以用油炸糯米。将糯米蒸熟，然后放进大小不一的模子里，用油炸后分吃掉，传说这样做就可以防止旱灾了。再就是在夏天锄草的时候，村里也会举行活动，村民自发组织队伍舞龙等，还要唱花灯。当地有一种说法，稻田里的虫见了"龙王"以后就会死掉，所以舞龙灯可以杀虫、杀草。舞龙灯的时候，一般是9～10名村民举着很长的一条龙灯在田间挥舞，另外还有两名村民抬鼓，其后有一名村民打鼓。唱花灯一般是几名村民一起，有人敲锣，有人打鼓，非常热闹。但是现在各家各户，这些活动都没有了，只有村里的老人还依稀记得这些。

另外，人民公社时期，有技术指导员专门下村里用广播喊大家注意防治病虫害，农作物的病虫害主要是卷叶虫、大包虫、二黄病、卷心病，而纹枯病这些比较少。现在乡里很少有人下到村里来抓这事了，主要是村民自己依靠一些经验去防治病虫灾害。根据当地农业部门的统计，目前主要的病虫害如下文所示：

表 5-3　沅陵农村稻田易患病虫害的时间(来自沅陵县农业局数据)

公历月份	虫害
3 月	恶苗病、稻瘟病、白叶枯病、细菌性条斑病
6 月	稻飞虱、稻纵卷叶螟、叶瘟、纹枯病、细菌性黑条矮缩病、细菌性褐条病、鞘腐病
7 月	稻纵卷叶螟、稻飞虱、二化螟、稻曲病、穗颈瘟
8 月	眉纹夜蛾

据了解，村民在插秧以后，每隔一个星期左右，就打一次农药。整个种植期大约要打四五次农药。7月中旬是打第四次农药的时候，病虫害严重的年份，需要打农药六次。村民一般去池坪集镇上去买农药，所用到的农药包括井酮三环唑(治纹枯病，稻瘟，稻曲)、扑虱灵(打大飞虱)、草甘膦、乙草胺、阿维苗素(治卷叶虫，卷心虫)、井冈霉素(治纹枯病)、吡虫啉(治稻病量卷菌)等。

秋季的农活主要围绕稻谷收割、打场、摊场、扬场、扇谷、囤粮等环节来

图 5-1　插秧（唐世兴摄）

进行。每家每户的劳动力用镰刀将谷穗割下来,同时用谷子的根系将 4～5 支缠绕成结,晾晒几天后再打好捆,用打谷机将谷子脱粒,然后放在空地的席子上晒。晒谷一般由家里的男人来承担,他们将谷子摊晒后,要么在家休息,要么邀上几个伴一起打字牌,女人主要在家做饭、打扫、看孩子、煮猪食等。

　　我们村种粮食嘛,一般是供自己吃,也有人开车来收购。现在一亩田可以收千斤以上,吃不完,所以有的人家将大部分都卖了,有的人家舍不得卖,两三年前的谷子都还在。用镰刀割完谷之后,装在麻布口袋里,三轮拖拉机拖回来,晒干后用打谷机打。以前是抱起一捆割好的稻谷,用手工摔打的方法,把谷粒从稻苗上打到"斗"里。当"斗"里装满了谷粒,就用箩筐把谷粒挑到家门口待晒。稻草堆在一根木棒上,扎成稻草堆。过去晒一次两次就晒干了,在垫子上,公路上,空地上晒,坝坝上也可以晒。

　　去年有收割机,收割按照面积收钱,一般是每亩 110 块。去年外面来的人租给村民收割机,村里也有人买了收割机（听说收割机是在常德买的）,主要是自己家里用。现在收割的时候,用柴油机/汽油机带动打谷机,不要用脚踩。还有我们村里好多人家里都有抽水机,一般是保自己家的地,给别人抽水的时间没有。①

稻谷秋收后,村民开始放火烧
地,精细整地,耕翻深度为 23～26
厘米,土壤细碎,无大土块,不留大
孔隙,土块均匀,干湿适度。厢沟一
般厢宽 3 米,沟深 16 厘米,四周沟
深 20 厘米。油菜移栽根据苗龄或
叶龄而定,以适时早栽为原则,选择
叶绿茎粗,根系发达,高脚苗和弯脚
苗、无病虫害的具有 4～5 片真叶壮
苗。栽后浇 1 次定根水。油菜育苗
移栽播种期比直播早 10～15 天,迟
熟种早播,早熟种晚播。油菜苗期
以营养生长为主,常见害虫有蚜虫、
菜青虫、跳甲等,常见病害主要有菌
核病、霜霉病、白锈病等。

图 5-2　秋收(唐世兴摄)

秋收除了收稻谷,还要将山上
种的玉米收回家。收玉米一般是用
两手先把玉米棒子带皮从玉米秸上直接掰下,拉回家里,再找时间把玉米皮
剥下。

秋收还有一件必不可少的事情,就是晒辣椒。辣椒虽不是明中村的重
要经济作物,但是家家户户又都种植了一些,收了之后晒干供自己食用。一
般在 7 月中旬播种,在育苗大棚里 7 天左右出苗,再定植到前茬及上年非茄
科作物的大田,例青玉米地、西瓜地等。定植五天左右活棵后,即浇活棵肥,
此后干旱与雨后涝害,防治好夜蛾、棉铃虫等病虫危害,9 月就可以收获辣
椒。晒干之后,有的人家就一串一串挂在屋檐下,成为一道美丽的风景。另
外,村里还有人在山上种植天麻等经济作物。山上的村民曾经响应政府号
召,种过中药材黄姜,但是种好了以后,市场又不行,没有人上门来收购,卖
不出去。

---

①　据访谈录音整理。访谈时间:2011 年 9 月,被访谈人:戴德鑫。

图 5-3　晒辣椒(唐世兴摄)

对于诸如豌豆、黄豆等蔬菜一般都种植在各家各户的园地里。村民到池坪集市上购买种子后先用自来水搓洗干净,消毒、浸种、催芽,之后放置在塑料栽培床上,上面罩上塑料或胶布,使种子在黑暗中裕行 2～3 天发芽。待幼苗生长至 3～5 厘米,即可将塑料布移开,再移植。2010 年有村民种葡萄,但是起虫子,虫子钻芯后葡萄藤死了,现在没有人种了。冬季时,大约在 2 月份,村民的田地里还种着白菜。

农事活动几乎不分男女劳动力,除了打农药是由男性村民完成外,薅草、插秧,打谷子是男女共同去完成的农活。农具、牲畜等,没有搭伙使用的习惯,在农忙的时候还有换工的习惯。村民认为"生产经验和技巧",种田"一看就会了"。冬天修整田坎保坎,把一些干叶子堆在田里烧了做肥料。

村中没有拖拉机,有小型的犁田机,收谷子或插秧的时候常调工。

据了解,荔溪乡 2010 年只有三个农业合作社,分别是农机服务专业合作社、土鸡养殖专业合作社、植保专业合作社,为合作社成员提供生产资料购买、销售、瘟疫疾病防治等相关技术以及信息咨询服务。全荔溪乡也只有两户农民试行农业产业化,1 户是池坪村的,承包稻田 500 亩,签约稻田植保面积 500 亩,购置农用机械 30 万元共有农机具 13 台,分别有联合收割机 3台、油菜播种机 3 台、油菜收割机 3 台,插秧机 1 台、植保机 1 台、耕田机 2

台。另外 1 户是桐车坪的,承包稻田 250 亩,签约质保稻田面积 400 亩,购置农用机械 8 台 50 万元,分别有联合收割机 2 台,插秧机 3 台,植保机 1 台,大型拖拉机机 2 台。

(二)家禽畜牧

明中村几乎家家户户都养了几只鸡,平时是放养型,鸡在村头田里随意找吃的,但是傍晚归家后,主人家还要拿一些饲料洒在鸡舍里喂食。鸡饲料是"湘珠牌"111 散养鸡配合饲料,净重 1 千克/包,产地是怀化。有的人户在底楼养了鸡,就用网罩住。村里也有人家养鸭,但是鸭子的数量不多。

图 5-4　喂鸡(唐世兴摄)

因为明中村各个组的位置不一样,山下的戴家组平均每 3 户人家养 1 头牛,没有人家养马。而山上几乎家家养牛,还有两三户养羊,每家养了 70～80 只。山下的村落几乎家家户户养猪 2～3 头,一般说来,过年的时候杀 1 头猪过年,还制作成腊肉,自己吃或者有亲戚朋友来,当作馈赠礼物送 1～2 块腊肉。另外 2 头猪则出栏销售外卖。

当地人养猪都是在场镇上买仔猪。以前,在集镇上买了猪仔带回家以后,有一个猪仔保佑仪式。主人家先拿一把稻谷草放在地上,然后点燃,将猪仔从冒烟的稻谷草上面举过去。在用稻谷草熏猪仔的时候,还要念:"长得三百斤,草猪也阉,龙猪也阉,和稀泥得 300 斤。"认为这样的话,猪仔才能顺利地长肥长大。但是现在很少有这样的仪式了。另外,猪仔买回来以后,主人还要带上酒肉去村旁的土地堂烧香纸祭拜土地,保佑猪仔能长到三百斤。种猪交配通常是在空地墙角边,村民将母猪牵出到墙边,然后手持木棍将种猪驱赶到母猪背上,监测这个过程,并时不时帮助种猪调整姿势,以确保配种成功。

买回来的仔猪在两周之后逐渐过渡到保育仔猪料,饲喂次数是 5～6 次/天,两周后逐渐减少饲喂次数。肥育猪饲养方式主要是直线肥育,即按照不同生长阶段给予不同的营养,日喂两三次,不限量饲喂,自由饮水。饲料主要是"巨仁星和牌"氨基酸平衡 6042 猪用浓缩饲料 5 公斤装、6040 仔猪用浓缩饲料和"昌农牌"3000 猪用浓缩饲料。除了饲料以外,当地人也有萝卜等切碎,然后煮熟,与其他粮食一起喂猪。牲猪容易感染的传染病包括猪瘟、猪丹毒、猪肺疫、仔猪副伤寒、仔猪大肠杆菌病(黄痢)、仔猪红痢病、猪喘气病、猪乙型脑炎、猪伪狂犬病等。

猪圈通常是搭建在屋子旁边,用木板围成四方,长宽高不一,取决于主人计划养几头猪。一般以养 1～2 头猪为多,也有人家喂养了三头猪。猪圈的底部是用石头砌好的垫底,猪圈围栏的侧面是 7～11 块木板竖着并排钉好,木板过多时用一根木材斜着对角线钉过去。一堵木墙由两排钉好的木板组成,中间还有一根立着的木材做柱子。有时也会额外的钉两根斜着放置的木材做支撑。猪圈围栏的正面和背面是五排木板的空间,但只有四排木板,正中间留出来作为通道,平时喂猪食也是在这个通道里往猪槽里倒。通道里还搁置了盆桶等杂物。猪圈旁边的空间通常还用来放置木柴,木柴捆成一束束,倚靠在猪圈的栏杆上。

猪圈的大小,看主人家养几个头猪的具体情况而定,有双列式猪舍和单列猪圈。双列猪圈的过道在中间,单列猪圈的过道在北侧或南侧。前者的两侧各有一个尿道沟,污水从尿道沟内流入沉淀池中。后者的尿道沟在过道旁边。

牛是农民的重要牲畜之一。山下的村民家里养牛的数目逐渐减少,村民表示"养牛太花时间了"。村民买拖拉机的比较多,租拖拉机是 1 亩田要花费 100 多元。明中村所饲养的牛属于华南牛,体躯小而丰厚,头短小,额宽阔。公牛角短,母牛角较长,角形不一。颈细长,胸部发达,背腰平直,肌肉发达。毛色一般为黄色、褐色,深、浅红色和黑色的较少。一般华南牛常年每头可负担耕地为 1.3～1.6 公顷（20～25 亩），湖南牛的挽力为 72.8～93.4 公斤。

据村民介绍，牛最喜欢吃青绿饲料、精料和多汁饲料，其次是优质青干草，再次是低水分青储料，最不爱吃未经加工处理的秸秆类粗饲料。青绿饲料是指野草、野菜、新鲜农作物、水草、树叶等。牛爱吃新鲜饲料，若饲料在饲槽中被牛拱食较长时间，就会粘上其鼻唇镜分泌的黏液，牛就不爱吃。自由采食情况下，牛全天采食时间六至八小时。气候变化也影响了牛采食时间，气温升高，白天采食时间缩短；天气晴朗，白天采食时间相对比阴雨天少；阴雨天到来的前夕，采食时间延长；天气过冷时，采食时间也会延长。牛的采食量与其体重密切相关，相对采食量随体重而减少。种公牛一般每天喂三次，早上、中午和傍晚，淡季每天喂两次。

图 5-5　放牛（唐世兴摄）

牛舍分为双列式和单列式两种，牛床前面设固定水泥槽，槽底为 U 字形。简易牛舍，北面有墙，其他三面敞开或四面全敞开的敞开式牛舍。大部分的牛栏都是木材搭建，山下的人家也有用水泥砖砌成围墙，中间用木头隔开。和着牛粪的稻草堆在地里作为肥料。

由于养牛比较麻烦，而且一头牛的使用时间比较长，价格也很贵，一般来说，一户人家养一头牛。近年，荔溪乡池坪村的一户农民尝试养殖产业化的方式,投入资金 80 万元,新建养殖场房屋 6 栋,占地面积 3.5 亩,喂养母猪 100 头,幼猪 200 头,年产商品猪 2000 头,出售幼猪 1000 头。

(三)蚕桑渔猎

除了农业种植、牲畜养殖以外,明中村一度也有桑蚕养殖等副业。生产队的时候养蚕桑,山上有桑树,但是现在不养了,因为村民觉得没有时间管理蚕。桑叶采集回来后,一市斤水加 5 毫升发酵液,喷 10 市斤桑叶添食,每天一次。但是村民说养蚕需要很多时间操心,就没有人养了。

虽然明中村前有一条小溪,但是村里没有大规模养鱼和捕鱼的村民,只有少许村民打鱼,但也不拿到市集上出售,而是自己食用,因为家有"小家伙"(小孩子)需要补充蛋白质。冬天的时候,有村民在明溪用电棒"电"虾,然后拿到集市上出售,价格是十八块钱/斤,一天可以电二十、三十斤。有时候村民在明溪里捕鱼,烤干后再到集市卖掉,干鱼卖六十块钱/斤。

图 5-6　捕鱼(唐世兴摄)

捕鱼的工具主要是篮子、罩子或网兜。将网兜捆在竹竿上,可以在溪水中顺手捞起各种小鱼。有时候也直接将篮子和罩子放在溪水出口处,顺流而下的鱼就进到篮子或罩子里。秋冬时节捕鱼的情况多一些。

村民有时在山上打猎,猎物为竹鸡之类的小动物。也有活捉回来,用竹子编一个小笼子后,将竹鸡养在家里。以前生产队的时候,不少村民上山打猎,主要是打野猪。后来野猪渐渐地少了,加上当地政府派人来缴了猎枪,打猎的人就少了。但是最近几年,山上的野猪逐渐多起来,也有人拿着火药枪山上打野猪,收货颇丰。

捕猎工具有自制的,也有市场上买的。前者以套子、猎夹为主,后者主要是猎枪,但以前也有自己制作的火药枪。猎夹用在动物经常行走的固定路线上,安好绳套或铁索套,有时候放上动物爱吃的东西当诱饵。这种猎捕方式是很久以前的,但主要以火药枪打猎的方式更多一些。

(四)林 产

明中村除了山下的村民小组以外,还有几个村民小组都在山腰的山林之中。明中村登记承包土地 1570 亩,人均 5 分。其中地 200 多亩,雷响田500 多亩。现在封山育林,林地都分了。林改登记林地 8200 亩,集体森林200 多亩,商品林 4000 多亩。另外,荔溪乡坳坪村的一户农民承包了光明村八面山林场新造林 1000 亩,共投入资金 80 万元。

明中村的山上有一些樟木树,还有柏树、椿木树、子木树,生树造林。另外,杉树、松树比较多,鸟儿也相当多。松树属针叶类常绿树种,种类很多,生长很缓慢。杉木为速生树种之一,连绵的群山适合于杉木生长。红椿在土层深厚、肥沃、湿润、排水良好的疏林中,生长也较快。柏树苗木多 2 年出圃,翌春移植。现在的林地几乎也分到户了,大家种植的树木也不完全相同。这些树木有出售的,也有留作自己家用的情况。

除此之外,村里还有一些柚子树,柚子成熟了,就掉了下来,掉到沟里,没有人管,也没有人摘本地柚子吃。村民解释说,这些是本地的柚子,品种不好,吃着是涩的,就没有人要了。村里还没有大规模种植果树的人家。

村民通常在山上捡一些柴,背回去当烧。另外,山上的木头也被村民带回家当柴烧。砍柴、手工制作是看起来不起眼的生产活动,或者说是副业,但又在经济生活中发挥了不可缺少的作用。靠山而住,村民一直都有制作简单木制品的习惯,虽然并不是木匠,但也可以将砍下的树木进行削割,或者将稻草以及其他植物收割回家进行编制。春天的柳树枝可以用来编成各种篮、筐、篓,稻草用来编成草鞋等生活用品。不过,村中的老人说,现在的生活用品大多都是在市场上买的,基本上很少有人自己再制作这些生活用具了。另外,明中村还有个木材加工厂,在明溪上游处,简单加工木材外售。

(五)手工艺人

当地人把木匠、瓦匠、铁匠、竹篾匠等统称为做手艺的,因为他们常年在

外面行走，接触的人多，经历
的事情多，遇事处理的经验
和点子多，因此极受人尊重。
目前明中村只有两三名木匠
和一个铁匠，但铁匠已经不
打铁了，当地的铁器几乎都
是在池坪镇上购买。岩脚村
有一个石匠。

　　明中村的木匠是师徒传
承的手艺人，木匠拜鲁班祖
师爷，并且在造木房子之前
还有敬鲁班的仪式。但是现
在几乎都没有这些仪式了。
以其中一位木匠为例。Z木
匠今年半百，将自己的侄子
培养出师。他们没有正式的
拜师仪式和教学过程，而是
在做活的过程中，口传心授，
徒弟观察和学习手艺。他们

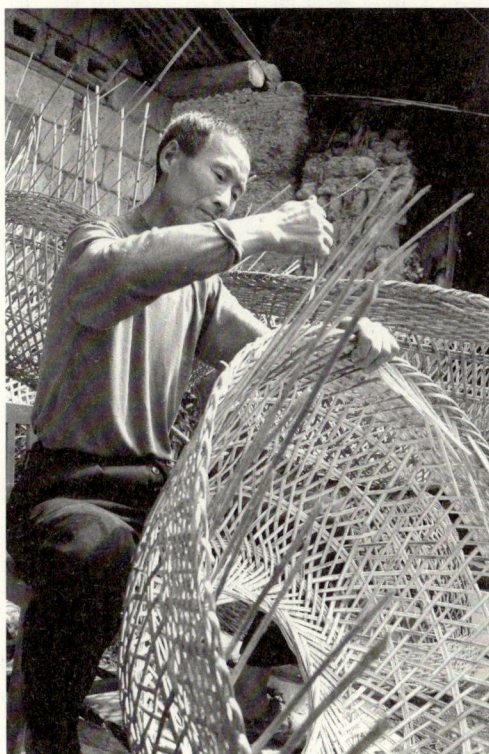

图 5-7　编鸡笼罩（唐世兴摄）

接的活儿一般是按照主人家的要求，有些是按照所需时间来计算工钱，诸如
50～80元/天。也有是"包工"的方式，给出结算费用，木匠自己来估计要多
少天完成。但是有的时候，所需要的天数取决于木材本身的质量，如果质量
好的话，处理起来就方便一些，速度也快得多。以做寿方（棺材）为例，木材
质量很好的话，那种只要把两头接起来就可以的，当地一般用杉木打制，木
材由主人家提供。即使主人家是木匠，也不自己制作寿方。一般要六天做
好，包工一千块钱，木匠只出力，不负责找原材料。

　　木匠接活儿的范围很广，从木房子到家具到棺材，都可以做。如果是木
房子的话，一般需要两三个月的时间才能完成。棺材的话，一般只需要六
天。木匠没有协会等组织，但是周围的乡亲都知道谁是做木工的，有些木匠
接了活儿以后忙不过来，就找其他木匠来帮忙，工钱由主人家出。

　　木匠做木工活的地域也很广，并不只在本村做木工活。只要对方带话
来说要请木匠去做什么内容，木匠就会带上工具过去。邻乡——坳坪和底

坪的人也经常请明中村的木匠过去。但是随着年轻人外出打工的增加,当地的手艺人也越来越少了。

> 我是木匠,曾经当过大队会计,我的大儿子也是木匠,现在外出打工去了。这木匠呀,常用的工具很简单,斧头、刨子、凿子、锯子、墨斗、鲁班尺,有大木匠、小木匠、圆桶匠和船木匠,大木匠是起造房屋的,圆桶匠是打制桶盖盆瓢的。一个好的木匠,不仅功夫要了得,做出来的东西美观大方,还要能节约、会节约材料。譬如说一块木料,锯哪里,保留什么,你先是用眼看,再就是凭经验判,最后才用尺子量一量,用墨线校一校。什么桌椅板凳、碗柜、书柜、衣柜、高柜、床头柜,哪样不是手工做的? 可惜呀,这手艺只怕要失传了。[①]

三、收入与消费

在社会变迁过程中,农村社会发生了巨大变化。从 1949 后到现在,明中村村民的收入从依靠农业种植逐渐转变到以打工收入为主,尤其是年轻人外出打工的现象已经基本固定。虽然村里的老人也种田养牲畜,但所占总收入的比例一直在下降。村民修新房、娶媳妇儿等大额开支都是依靠打工挣下的钱。消费方面,日常生活所占份额较小,修房子、结婚都是比较大的支出项目。除非是重病和大病的情况,村民会去县城医院看病,一般的小病都是找医生或者自己看情况购买药物的方式来处理。下一代的教育收入也是比较固定的重要支出,不少家庭的第三代孩子都在怀化读书,所以教育开支所占比例也不小。

(一)收 入

2008 年,沅陵县实现农林牧渔业总产值 109545 万元,其中种植业产值 54666 万元,牧业产值 33590 万元,渔业产值 3200 万元[②]。截至 2009 年的统计数据,荔溪乡完成国内生产总值 1.37 亿元,其中第一产业 7000 万元,第二产业 2100 万元,第三产业 4600 万元,农村居民人均可支配收入 1149 元。荔溪乡共推广农业新技术 11 项,新增劳动力转移 3500 余人。

明中村村民的收入主要是两个部分:固定收入和其他收入。固定收入

---

① 据访谈录音整理。访谈时间:2011 年 7 月,访谈人:戴士孝。
② http://www.hhylagri.gov.cn/news/news_show.asp? id=72 2011/12/21.

包括农业种植、家畜养殖等等，以第一产业为主。其他收入包括外出打工的年轻人不定时寄回来的部分工资、手艺收入，补贴等等，以第三产业的收入所得为主。

明中村的村民每年都能拿到种粮直补，但是粮食的价格一直都不高。谷子的收购价为120~130元，最好的时候是130元。种油菜的话，卖菜籽是1块钱/斤，玉米的收购价是0.8~0.9元/斤。

案例1：

　　男性，58岁，妻子53岁，两个女儿均已出嫁。一个儿子，今年24岁，已婚，目前有一个儿子1岁多，儿子和儿媳妇都在广州打工。家里有4亩多田，4000多斤谷子收。还有2头猪，不养牛，原因是养牛麻烦，有2亩多地，种包谷。还种一点辣椒和黄豆。

案例2：

　　男性，今年40多岁，他哥哥今年50岁，家里父母健在。一个人4分田左右，有10多个人，种田是种一季，以前种过2季，现在劳动力不足，就种一季了。蔬菜也种，也养猪1只。访谈人在沅陵做生意，他哥哥在池坪教书，他们兄弟都不住在明中村，过中秋的时候才回来看看父母。

案例3：

　　现在十来亩田地，没得好多谷子。只有1亩多田，地里面种包谷，地里都可以种包谷，只要人莫老，人老了就做不得了。家里的地种树，杉树、松树，梨树不种。这里地不好，辣椒种，卖的话没人要，便宜得很；朝天椒，还有晒干的。家里养了2头猪，不养牛，现在老了。耕田是别人家的牛，几个人用一个；牛马都是跟别人借，给钱，没得什么，有时不要，相当于换工，有时要给点钱。

村民所种的稻谷，一般是储备在家里食用，有些人家还有两三年前的谷子。夏天的时候，村民会把储备的谷子挑到空地上晒晒。也有村民将有剩余的谷子挑到池坪场镇上出售，米卖2.4元/斤。

赶集的时候，村民把饲养的鸡、鸭等家禽以及种植的蔬菜和其他劳动产品背到场镇卖。由于年轻人几乎都外出打工了，赶集的农民也基本上是老年人，偶尔有在不同场镇流动的中年和年轻商贩。

表 5-4　赶集时所出售的农产品

2011 年 7 月 15 日 9 点 20 分—9 点 35 分 地点:坳坪荔溪乡镇府外赶集		2011 年 7 月 20 日 9 点 55 分—10 点 17 分 地点:坳坪荔溪乡镇府外赶集	
商品	商家的性别	商品	商家的性别
香瓜、鸡蛋	老年女性	补锅	老年男性
腌菜	中年女性	缝纫摊位	中年女性
菜油	中年女性	猪肉	中年夫妇
扫帚、铁具	中年男性	铁具	中年男性
桃子	中年男性	香纸、烛、冬瓜、榨菜、西瓜、苹果、鸡蛋、茗粉	中年女性
腌菜、豇豆、茄子、白菜	老年女性	草烟	老年男性
黄豆、菜油、豇豆	中年妇女	红辣椒	老年男性
小商品摊位	中年妇女	油炸小吃	中年女性
刚出生的猫咪	老年女性	小苹果	老年女性
豇豆、小菜、番茄、苦瓜、丝瓜	老年女性	丝瓜、白菜	中年男性
小菜、苦瓜、丝瓜	老年女性	粽子	老年女性
汉菜青椒	中年妇	豇豆、茄子	老年女性
白菜	老年女性	白菜	老年女性
葱、番茄、青椒、豇豆、苦瓜	老年女性	豆腐	中年男性
小笼包	中年女性	豇豆	老年女性
香瓜	中年女性	猪肉	老年男性
西瓜、葡萄、荔枝	年轻女性	卖饲料的摊位	中年男性和六七岁的女儿
提子、香蕉	年轻妇女（香蕉两块/斤）	香瓜豇豆	老年女性
青椒摊位	老年女性	鸡两只	中年女性

续表

2011年7月15日9点20分—9点35分 地点:坳坪荔溪乡镇府外赶集		2011年7月20日9点55分—10点17分 地点:坳坪荔溪乡镇府外赶集	
青椒摊位	中年妇女	茄子、青椒、丝瓜、鸡蛋	中年女性
苦瓜、茄子、丝瓜,洋芋、番茄摊位	中年男性	榄菊牌洗衣粉、搓衣板、斗笠、撮汲	中年男性
冬瓜、丝瓜、苦瓜、番茄	年轻妇女	豇豆、苦瓜、葱、汉菜、茄子	老年女性
青椒摊位	老年女性	蒜苦瓜	老年女性
小商品摊位	中年男性	鸡1只	老年女性
卖饲料的摊位	中年男性	西瓜	中年夫妇
茶叶和鱼干摊位	中年男性	汉菜、白菜、豇豆、苦瓜	老年女性
姜、大蒜摊位	中年男性	茄子、白菜、鸡蛋	老年女性
炸小吃的摊位(炸火腿肠和饼)	中年女性	大蒜	年轻妇女
凉鞋的摊位	2家,都是中年男性	猪仔	老年男性
鸭子仔	中年女性	炸饺子	年轻妇女
散养鸡饲料的摊位		冰粉	中年女性
香瓜	中年男性	鱼	中年男性
猪肉	中年妇女	饲料、鸡蛋、粉丝、蚊香、杀虫剂、草鞋、草帽	老年男性
草烟、苦瓜	老年男性	西瓜	中年男性
西瓜、葡萄、香蕉、荔枝、苹果	中年男性	鸡1只	老年女性
猪肉	中年男	腌菜、丝瓜	老年女性
奶粉(安贝慧和雅士利)	年轻妇女	油,茄子、白菜	老年女性

续表

2011 年 7 月 15 日 9 点 20 分—9 点 35 分 地点：坳坪荔溪乡镇府外赶集		2011 年 7 月 20 日 9 点 55 分—10 点 17 分 地点：坳坪荔溪乡镇府外赶集	
米虾、米豆腐的摊位	中年女性	豇豆、红心菜	年轻妇女
米虾、米豆腐的摊位	中年女性	豇豆	中年女性
油炸园子小吃摊位	中年女性	大蒜	中年男性
		苦瓜、白菜	老年女性
		苦瓜、白菜	老年女性
		香瓜、苦瓜、豇豆	老年女性
		鸡蛋	老年女性
		木块	中年女性
		空心菜、香瓜、葱、鸡蛋	老年女性
		牛仔裤	中年女性
		药材	中年男性
		腌菜、茄子、白菜	老年女性
		青椒	中年女性
		白菜	老年女性
		鱿鱼干	老年女性
		丝瓜、小葱	中年女性
		黄鳝	小女孩，4 岁
		鱼干	5 个中年女性
		鸡 1 只	老年女性
		菜油	中年女性
		白菜、茄子、葱	老年女性
		菜油，白菜，青椒、腌菜	中年女性
		腌菜、菜油	中年女性

续表

2011年7月15日9点20分—9点35分 地点:坳坪荔溪乡镇府外赶集		2011年7月20日9点55分—10点17分 地点:坳坪荔溪乡镇府外赶集	
		草烟	老年男性
		葱、苦瓜、白菜	老年女性
		菜油	老年女性
		鸡1只	中年女性
		豇豆	老年女性
		白菜	老年女性
		牙医摊位	中年男性

男性一般有摊位,但大部分都是摆在地上出售。另外,可以看出赶集卖东西的主要是女性,这同性别角色以及打工潮有关。村民出售的大部分是各类时蔬肉类,以及其他一些不常见的产品,包括新鲜瓜果和其他生活用具。他们当中也有专门从事某种商品销售的商贩,例如卖奶粉的商贩,是在几个乡镇轮流赶集。

正如在前面提到的,明中村的年轻人几乎都外出打工了。以下是几个例子。

案例1:

男主人58岁,妻子56岁,育有三个孩子。大女儿30岁,已婚,家有两个孩子,长子6岁,次女满1岁。二女儿今年28岁,已婚,只有一个孩子,才4岁。儿子今年24岁,已婚,儿子、儿媳现在在广州打工。

案例2:

女主人今年63岁,育有一子两女,都已经结婚。儿子有40多岁,育有一子一女,长子14岁。大女儿30多岁,育有一儿一女。小女儿也是30多岁,育有三子,分别为10多岁、9岁、8岁。女主人的三个孩子以及孙儿、孙女、外孙都在怀化,儿子、儿媳在怀化打工和做生意,第三代都在读书。

在村民看来,只有一两户的经济状况可以算是"有钱的",以修建了三层楼的新房子为标志。其他的话,大家的经济状况也都差不多。但村民对自己的未来生活充满信心,以一位村民的话来说,只要肯劳动,自己肯干,政府又来扶贫,今后肯定会越来越好过。

(二)消　费

从村民的消费体系来看,没有什么根本性的差异,无非是日常消费、婚丧嫁娶消费、节日消费、娱乐消费等,涉及房屋、农事、教育、服装、烟酒、医疗、人情、通信等方面。村民的生产投入所占比例不大,但每年都需要固定地投入,比如化学肥料、农药等。

表 5-5　明中村某位村民所购买的农药价格和数量

农药名称	价格和用量
井酮三环唑	2 包半,28 块钱
扑虱灵	一罐水兑一包,13、14、15 公斤水兑一包;一块钱/包
草甘膦	一罐,兑 15 公斤水
乙草胺	一罐,兑 15 公斤水
阿维苗素	一盖子兑一罐水,28 块钱/瓶
井冈霉素	治纹枯,1 块钱/包,1 包兑 15 公斤水
吡虫啉	1 块钱/包,1 包兑 15 公斤水

村民消费场合由近到远分别是:村里的小卖部、流动商贩、池坪市集、坳坪等邻乡市集、县城以及县城以外的城市。

明中村戴家组里有两间小卖部,其中一间在进入村子的路边,小卖部的经营人以前是木匠,也曾当过大队会计,现在没有做木工活儿了。小卖部的进货渠道主要是在池坪街上。另一间小卖部是村里一户村民在自己家中所开。

表 5-6　戴家二组的一个小卖部所销售的商品种类及数量

生活用品类	数量	烟酒食品类	数量
佳洁士香皂	4 盒	爽歪歪酸乳	3 盒
佳洁士牙膏	4 盒	娃哈哈 AD 钙奶	1 排
高露洁牙膏	4 盒	营养快线	大瓶装,2 瓶
蚊香	9 盒	花生酱饮料	1 瓶
洗洁精	2 瓶	娃哈哈 AD 钙奶	10 瓶

续表

生活用品类	数量	烟酒食品类	数量
三笑牙刷	6 把	橘子罐头	2 瓶
打火机	4 个	苹果罐头	2 瓶
蜡烛	20 只装 X5 包	香烟	8 条＋19 盒
灯泡	一箱	金六福酒	3 瓶
当地扑克	5 副	大白兔奶糖	20 大包
烟花火炮	5 个	康师傅酸菜牛肉方便面	1 箱
鞭炮	17 盘	麻辣豆干	数包
小鞭炮	11 封	牛奶	3 盒
		挂面	5 包
		方便面	盒装,5 盒
		方便面	袋装,9 包
		加加酱油	5 瓶
		调和油	3 瓶
		味精	3 包

从该列表可以看出,小卖部主要出售一些日常生活用品,如蜡烛、牙膏、牙刷、灯泡、蚊香、洗洁精等,但更多的是各类食品饮料,如营养快线、娃哈哈等饮料以及方便面。村里的小孩子经常在小卖部买零食,购买的种类包括酸奶、奶糖、酱香土豆条等。村民也已经习惯到小卖部买日常用品。大部分男性村民都抽烟,年轻一些的村民抽香烟,年长的村民抽草烟。山上交通不便的村子里,村民则在赶集或有事到场镇时选购好所需要的东西,再用背篼背回家中。所以在山上,任何东西都显得非常珍贵。

古民居门口有一个常年流动的售货箱,那是村里的一个智障人经营的。每到夏天的时候,他就在这里出售用泡沫箱装的冰棍、雪糕,村里的小孩子多会跟家里的大人要钱去买,1 支"双胞胎"雪糕售价 1 元。冬天,他主要售卖炒熟的瓜子和花生。

流动商贩有经常开车来村里卖菜的一对 30 多岁的夫妇,他们是麻溪铺人,来此卖菜已经五六年了。他们开着一辆农用皮卡车,一路播放声音响亮的粤语歌曲音乐,沿着公路一直开到扶持大队山上的村子去卖。乡镇赶集的时候,他们也会开着车,在集镇上卖菜。他们到达戴家组的时间一般是上午 10 点至 11 点,他们在村口的空地上停车后,村民听到音乐,知道是他们来了,就三三两两地走出来买菜。

表 5-7　2011 年 7 月 18 日当天菜品和菜价

蔬菜类	价格	肉、豆类	价格	瓜果及其他	价格
苦瓜	1.5 元/斤	瘦猪肉	14 元/斤	香蕉	2 元/斤
茄子	1.5 元/斤	精猪肉	15 元/斤	荔枝	4 元/斤
南瓜	1.5 元/斤	香肠	18 元/斤	香瓜	2 元/斤
冬瓜	1 元/斤	卤鸡爪	15 元/斤	葡萄	5 元/斤
青椒	1.5 元/斤	豆腐干	3 元/斤	米粉	1 元
白菜	1.5 元/斤	豆腐	1 元 1 坨	凉菜	6 元/斤
胡萝卜	2 元/斤			豆干和油条	1 元 2 根
番茄	1.5 元/斤			魔芋豆腐	2 元/斤
洋芋	1.5 元/斤			酸萝卜片	1.2 元/斤
洋葱	1.5 元/斤			榨菜和渝盛下饭菜	2 元/包

　　从以上菜品可以看出,流动菜贩主要销售一些日常的肉类和蔬菜,尤其是猪肉,让当地村民可以每天都吃到新鲜的猪肉。另外就是当地并不出产或种植的水果,如香蕉、荔枝、葡萄等。还有一些日常调料,也是在流动卖菜车这里选购。

　　流动商贩还有收购废品的。上门来收购的人是明中村一组的,包括酒瓶、废铁等废品都会收购。但是他来收购废品的没有固定的日子。有的时候,村民积的废品如果比较轻的话,就直接带到他家卖给他。如果要出售的废品比较重,就托人带信给他,说我有几百斤什么东西,让他过来取。收购废品的商贩家开了两间小商店,既零售又兼营批发业务。

　　村民去赶集的池坪距离明中村有 3 公里左右,走路大约 40～50 分钟。坳坪集镇离明中村约 8 公里。池坪每逢四/九为集市日,坳坪每逢五/十为赶集日。每逢这两地的赶集日上午八九点,就会有集镇上的三轮摩托车到村前的空地等着,村民便搭乘三轮摩托车去赶集。池坪集市上的交易包括

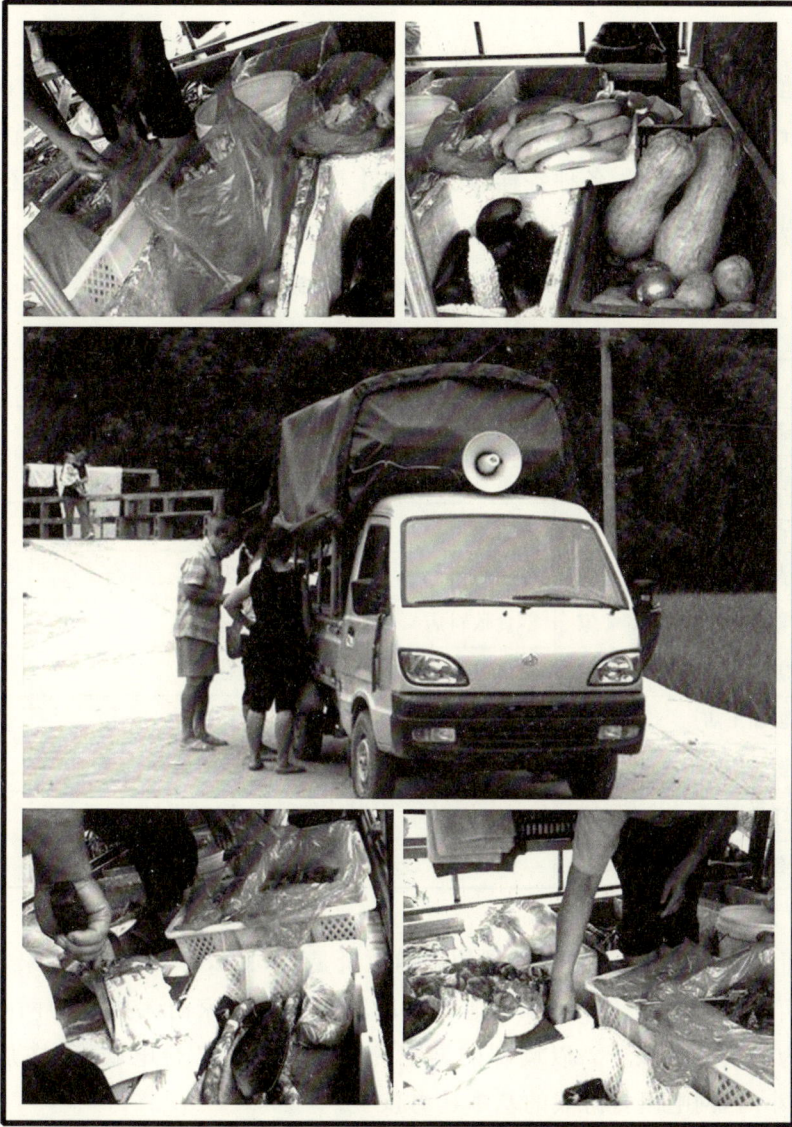

图 5-8 每天都到村口来的流动商贩车

牲畜家禽、农耕用具、器皿、布匹衣物等，还有各种现场摆摊的米粉摊，以及街边的小吃店。交易大多是现金进行，农民们在集市上遇见亲戚朋友，打完招呼后，往往会先交流一下最近的一些信息，然后又各自继续在集市上寻找想买的商品。有时候，村民会在集市的米粉摊或小食店里吃午饭，但以吃米粉、面条等食物为主。大约在下午两三点,集市散场,村民三三两两地返回村子。

池坪和坳坪的集市都是沿着公路一字铺开,店铺分别在公路的两旁。大部分店铺通常不止销售某一类商品,而是各种商品都有销售,从五金到日用品,从轮胎到薄膜,各种各样涉及农民生产生活的都有。池坪街上还有专补铝锅、铝壶的手艺人。

表 5-8　坳坪荔溪乡镇集市商店数量

五金类	数量	饮食类	数量	生活类	数量
铁焊店	1 家	饮食住宿家庭店	1 家	邮局中国电信店	1 家
汽修店	1 家	零食日用品店	6 家	信用社	1 家
水泥店	3 家	小吃餐馆	4 家	干洗裁缝店	1 家
化肥农药五金店	1 家	批发超市	3 家	发廊	2 家
五金装饰店	4 家	零食饮料店	2 家	缝纫店	2 家
农资店	1 家	碗筷日用品店	1 家	鞋店	2 家
压模板加工店	1 家			药店	2 家
钢材铁丝店	2 家			家具店	1 家
照明灯具店	1 家			网吧	1 家
家用电器店	2 家			乡医院	1 家

可以看出,饮食类和五金类的店铺数量是相同的,分别都是 17 家,生活类的店铺少一些,只有 14 家。池坪和坳坪街上有两家尚无执照的网吧,顾客多为街上的小孩子。以坳坪的网吧为例,网吧有 27 台电脑,价格是 2.5块钱/小时,网吧里打游戏的基本是男孩子。

集市上的商品价格并不便宜。如西瓜是 1 元钱/斤,臊子米粉是 4 元/碗;蚊香 8 元/1 盒,手电筒 13 元/1 个;木炭是 105 元/百斤;本地菜油是 8～9 元/斤,溪里小干鱼是 60 元/斤。山上的一些村民,由于路途遥远,为赶集常天不亮就从山上出发,走到集市上再买一两个包子吃,或者吃一碗米粉。

相对而言,教育消费和人情消费在日常消费中所占的比例比较大。有孩子在上学的家庭,每年的开销大部分是花在孩子的教育上。人情消费是农村不可避免的,社会关系越广泛的家庭花销越多,"亲戚送百把两百,千把的也有,关系越亲密,所送的礼金就越多,大几千的送,别人送自己多少,就还别人多少",每家每年在一般人情上开销都要 800～2000 元。房屋修建是所有消费中耗费最大的,但村里盖新房、购新家具的很少(村里面盖新房子的人家都是打工回来的)。娶媳妇的彩礼(关于彩礼,没有确切的规定和标准,少的要 2 万～3 万,多的要 5 万～6 万)对村民来说也是一笔巨大的开支。另外,村民小病小痛往往就在村里赤脚医生那里买点药,花费不多,但一旦大病就不得不去池坪、县城看病,少则花掉几千元,多则数万元的医药费,因"治病"而"致贫"。

第六章
交通、卫生与信息传播

交通、卫生以及信息传播等是反映一个区域社会经济发展的重要标志。目前，明中村交通与卫生医疗条件已大为改善，随着交通的便利，基础设备的优化，信息传播工具也呈现出多样态，人与人之间的联系更为便利。

一、交　通

历史上，沅陵县曾经是非常繁荣的水运中枢，素有"五溪通衢"之誉。陆路交通，地当西南要冲，秦汉始开驿道，至明清先后开辟古驿道 7 条（其中沅溆道即由沅陵城邑通往溆浦城池之道，溯荔溪上经池坪、筒车坪、坳坪、隔墙、洞底、张其坳至穿岩界抵溆浦）。中华人民共和国成立后，319 国道过境干线从县境穿过，长渝高速公路穿越境内 100 多公里。为了适应现代社会经济发展的需要，瓦乡人主要聚居乡镇交通建设步伐明显加快。

公路是当地交通的主要基础设施，明中村的村民按照外出的不同目的而选择不同的交通工具，如果是到邻村、邻乡等，选择走路；如果是去其他较远的乡镇或到县城，则搭乘公交车；如果是赶集的话，则搭乘三轮摩托车。当地还有数量不等的摩托车，大部分是村民自用，也有一些村民用来跑生意。此外，还有一些面包车和出租车偶尔也跑运输，这种交通工具的营运时间不固定，村民需要在路边等待，挥手招停再上车。

（一）基础设施

荔溪乡在 20 世纪 70 年代修建的公路有两条：一是麻—竹线。从麻溪铺起，经毛头冲、池坪、底坪、明中、筒车、幸福、傍山、坳坪、大园，止于竹园，全长 27 公里。1972 年 2 月兴修，1975 年 12 月竣工。工程分两期进行，由县交通局投资 18.3 万元,由境内民工义务施工 97.8 万个劳动日。全线路面宽 4～5.6 米,路基宽 6.5～7.5 米,路面结构为泥结碎石,路面厚度 0.16 米,最大纵坡 7.5%,路线通过能力为汽车 15 吨,大型拖拉机 80 吨。二是底坪—明中线。1976 年建成,长 1.82 公里,投资 1000 元。[①]

　　2009—2012 年,荔溪乡完成了通达公路里程 54 千米,通畅公路里程 21.6 千米。其中 2009 年建好了两条乡村公路,一条是桐车坪至杨明溪 4 公里,另一条是明中至扶持 4 公里,共计 8 公里。明中这条路是在原来生产队修的土路的基础上修建的。公路与村之间有一座两孔拱桥,水泥,有桥栏杆,村民时常在桥边的水泥空地上玩耍。村民大多是步行外出,在赶场的时候会有三轮摩托车开到村前的水泥地上载村民去赶场,费用为 3 元/人。村民一般在赶场的时候会外出,除此以外,请人带话给中间人上门收购稻谷或其他东西。

图 6-1 村前的水泥桥

　　出门的时候,在时间和方向上没有禁忌,也不拜路神。但是在路边的土地公庙,有时候村里的妇女会携带供品去祭拜土地公公,祈求土地公公保佑家人出入平安。村民出行的时候一般会背一个背篓,里面放了一个蛇皮口

---

① 参见黄辛主编:《沅陵县麻溪铺区志》,北京:中国文史出版社,2011 年,第 283～287 页。

袋或者化肥口袋，用来装东西。出门前，家里的妇女会提前准备好要用的物品，第二天早上就出门。

我们在2011年田野调查期间，通路的是山下的村子和扶持大队的村落，而山上仍然有些村落尚未通路。交通不便，山上的村民几乎都是步行下来，背着东西。小孩子也自己走路。扶持大队有时候有面包车到岩脚村，5元/人，但是到蔡家院子，就只能是走路了。虽然也有公路修好了，但是中间一段始终没有连接上。

图6-2　简易木桥

从蔡家院子下来，要涉水走过明溪的其中两段。这两段上没有桥，而是用大石头搭成的简易落点，村民从石头上踩着过去。如果头一天下雨了，明溪涨水比较厉害，石头就会被淹没掉一部分，甚至大部分，村民就只能选择避免出行，等溪水回落以后再出行。

另外还有两段比较深的溪沟，一条溪沟上有木板搭成的简易桥，简易桥的旁边，是最近采用两块水泥板搭成的桥。另一条溪沟就比较大了，蔡家院子的村民筹集了10万元资金，修建了一座水泥桥，并且是最近才刚刚竣工。

事实上，由于公路比较远，山上的大部分村民都是走小道，穿过树林和田坎，再从其他院子前走过，再到达自己家所在的院子。石甜为此专门计算了一下时间，如果完全走大路的话，马家村那边来回要5个小时，下山差不多半个小时至一个小时，上山差不多三个小时至四个小时。蔡家村在马家村对面的山上，来回差不多也要两三个小时。如果走小路的话，可以节约三分之一的时间。

（二）交通工具

当地的交通工具有以下几类：摩托车、三轮摩托车、小面包车和中巴车。无论山上还是山下的村落，都有村民购买了摩托车作为交通工具。有些年轻人把摩托车开到明中与公路的交汇处，等候那些搭乘中巴车从沅陵返回的人。如果他们携带了太多东西，就会搭乘摩托车到村子里去。同样的，小面包车也是经常跑岩脚村和池坪这一条路线的，村民甚至都存下了司机的手机号码。如果要搭车去的话，可以给司机打电话，他就在公路边等着，坐到岩脚村是 5 元/人。每逢赶集的时候，就有三轮摩托车到村口等着，坐三轮摩托车到池坪或者坳坪。

如果从明中村到沅陵，有三种交通工具可以搭乘：出租车、长安车和中巴车。其中中巴车是固定营运的，每隔 10～30 分钟，就有一班中巴车从沅陵开往竹园乡，从早上 8 点一直到下午 5 点收班。从竹园乡开往沅陵的班车是下午 2 点收班。池坪到沅陵的车费是 10 元/人。要搭乘班车的话，只需要在路边招手，班车就会停下来，等着乘客把行李箱搬上车。有一些乘客不是到沅陵，而是到邻近的乡镇，也搭乘这趟班车往返。下车的时候直接喊一声“有人要下车”，司机就会刹车停住。平时的乘客不是太多，首发站出来时空座位很多，慢慢地就不断有乘客上车。春运期间的中巴车几乎塞满了返乡的年轻人，挤得连站的位置都没有了。

错过了班车收班时间，或者有急事的话，可以站在路边拦长安车。有一些长安车也是跑这一条线，价格差不多，10～12 元/人。有时候甚至能拦到出租车，它们是送乘客到乡下，乘客一般是拼车组合，每个人都要按照路程付路费，从池坪到沅陵是 30 元/人，但这个价格不是固定的，而是要和司机讲价。

（三）外出安排

村民除了赶集和有事外出时间外，大部分时间都呆在村里。但是如果要外出的话，他们一般是早上 6 点多起床，吃过早饭之后就到村口搭乘三轮车到去集市，或者步行走到公路交汇处去等车。这是平地的几个村民小组的外出时间安排，但是山上又不一样。因为从山上走下来需要一些时间，山上的村民往往是 5 点多就起床，不吃早饭，直接下山赶到集市上去，卖/买完东西之后再买一些馒头、米粉之类的食物填饱肚子。

无论外出还是回来，村民都习惯将行程安排在清晨。沅陵至竹园的班车是从早上 8 点一直到下午 5 点都滚动发车，但是竹园至沅陵的返程班车在下午 2 点以后就没有了。山上的村民得早早地赶到公路边等车，也就意味着出发时间要提前几个小时才行。另外，已经通公路的扶持大队的村民，可以打电话给货车或长安车司机，预约好时间，货车司机提前开车上去接人，5 元/人的价格将村民从山上载下来，可以节省 2 个小时的行脚路程。

二、卫　生

明中村的村委会旁边有一间卫生室，山上的自然村也都有卫生室和医生，诸如感冒、腹泻等病一般都是向卫生室求医，医生有时也会出诊，到邻近的自然村落为病人诊治。复杂疑难病症则到池坪医院或县医院去求医，当地已经开始了新农村医疗合作保险制，村民可以按照所患病症和求医地点而报销不同比例的医药费。

> 生病只要是自己可以忍受，那就不会大惊小怪。以前主要是草药医生给我们看病，草药医生诊治感冒、咳嗽、肚子疼等一些常见病。后来除找草药医生看病外，平时就自己买点药放在屋里，如果是比较严重的病，就会到池坪卫生院去看病。①

山上的院子大多有卫生室。以岩脚村为例，墙壁上贴了村卫生室消毒隔离制度、村级妇幼保健工作制度、村卫生室药品管理及处方制度、村卫生室传染病管理制度、村卫生室门诊（急、出诊）制度。卫生室是一间平房，四间，在中间的房间里，墙壁上挂满了锦旗，建立卫生工作先进单位等等，一个挂钟。房间里一张桌子，旁边房间里还有床，打吊针的病人可以在这里躺着。墙壁左、右侧是药品交互影响过敏表，左侧还贴了一张"龙年好运"的年画，上面画了龙王送财图。卫生室的医生除了接诊本院子的村民以外，也到周围的院子出诊。村民生病后如果不方便出行的话，就打电话给医生，描述自己的症状，医生大体估计病情后，在卫生室里装上一些药品，挎着急诊箱到病人家里查看病情。岩脚村的马医生表示：

> 经常有病人打电话来喊去看病，大年三十和大年初一都还有好几

---

①　据访谈录音整理。访谈时间：2011 年 7 月，被访谈人：马姓村民。

个。感冒、拉肚子的多一些,也有其他病症的。[①]

该医生的技术是跟着他父亲学的,他父亲在世时是一名中医医生,用中草药给村民看病。但他本人是西医,另外还兼看风水、算八字等业务。戴家组原本有两名医生,其中一名医生因为孩子在县城工作后随孩子一起在沅陵县城居住。

新型农村合作医疗(由政府组织、引导、支持,农民自愿参加,政府、个人和集体多方筹资,以大病统筹为主的农民医疗互助共济制度)已经在整个荔溪乡开展,在一定程度上解决了农民看病难和医疗费带来的经济压力。截至 2009 年 12 月底,荔溪乡农合住院补偿率达到 47% 以上,2010 年新型农村合作医疗筹资和参合人员登记工作全面完成,全乡参保人数达 28102 人,筹资金额 562040 元,参合率达 91%;完成了 81 名农村部分计划生育家庭奖励扶助对象申报、核实,奖扶资金全部发放到位。全乡农村低保人数 1048 人,发放各种补贴资金 23.6 万元。对于新型农村合作医疗,戴家组的村民大部分认识到合作医疗的重要性,参合积极性高,主动缴费参合,特别是一些村民有家庭成员生病住院经历,通过自身体验,认为参加合作医疗还是可以大大减轻一些经济压力。也有仅仅是为了支持村干部工作才缴费的。

国家政策总是好的啊,交的钱又不多,生老病死哪个都不可避免,人或多或少都会生病的,病轻病重,合作医疗的好处就是生病住院了,国家可以报销,特别是大病,家庭的经济压力就会少很多。如果年年交钱不生病,我也愿意交,交了,你一年都可以放心了。

合作医疗村里要求人人都要办,说参加合作医疗有好处,你如果不办的话,村干部就会上门找你,以后你有什么困难求他时,他就懒得理你。讲良心话呢,办农合也花不了几个钱,只是我向来认为人的生死是天注定的,真的得大病了,医院也没有办法,国家能帮你报多少?现在医院看你有农合,就乱收费,到时钱花了,病还是整不好。还有你要报销的话,手续还很复杂,不懂得具体怎么操作,听说有熟人的话就可以多报销一些。[②]

无论山上的院子还是山下的村落,村里的垃圾处理分为三类:一是人畜粪便用作底肥;二是抛弃处理;三是焚烧处理。第一类主要是牛粪、猪粪等

---

① 据访谈录音整理。访谈时间:2011 年 7 月,被访谈人:马医生。
② 据访谈录音整理。访谈时间:2011 年 7 月,被访谈人:马姓村民。

和稻草一起放在地里做肥料用。第二类是各种生活垃圾，主要以食品塑料包装袋为主，还有破碎的玻璃瓶子等，倒在房屋旁边的空地处，或者公路旁边。第三类是做饭烧水时产生的一些垃圾，直接扔到火塘或者灶内，和木柴一起烧掉。婴儿在地上拉屎后，父母会等拉完给他擦干净屁股，抱进屋去，然后撮一些草灰盖在屎上，再扫干净了。

戴家二组的院落旁有一条小溪，桥对面有一口水井，井水清澈，平时的生活用水大多取自这口水井。不断有村民到小溪边钓鱼和捕鱼，溪水也比较清凉，但两边时有废弃的塑料袋等垃圾出现。经济条件较好的村民家里修了单独的沐浴间，挑水到沐浴间洗浴。

三、信息传播

当地的信息传播方式分为五种：托人捎话、放鞭炮、广播、手机与电话、赶集时偶遇。除了以上方式，还有在几个比较集中的场所交流信息，包括等车的小卖部、村前空地、某一个固定的地点以及村主任或支书家。传播的信息包括农用品价格等与生产生活相关的，以及与邻里乡亲目前生活状况相关的新内容。婚丧嫁娶等信息也是通过这些渠道和方式传播的。

（一）信息媒介

托人带话，是广大农村里常见的传达信息的有效方式。时至今日，明中村的村民仍然时不时地采用这一办法，与商贩或者其他人交流信息。尤其是对于山上、山下都有村民小组的明中村而言，平地的村民托人给山上的村民带话，以省下一段行脚路程。明中村的村民都使托人带话给废品收购的人，然后他再上门收购。当地的废铁和废品也有人上门收购，他们是坳坪人，到明中收购废品后背回坳坪，废品包括废铁管、胶鞋等。

鞭炮可能是最古老的信息传播工具之一了。当地人逢红白喜事，总是要以放鞭炮来告知周围邻居和亲戚朋友，发生了什么事情，进行到哪一个程序了。当地人过世以后，先要放一串鞭炮，被称为"落气炮"。在丧事操办过程中，每种仪式的开始和结束，都是以放一串鞭炮来作为标示的。

广播是大集体和生产队时期使用最为频繁的传播工具了。无论大事小事，一律用大喇叭喊出来，家家户户都通知到位。即使是要搞生产干农活，也是用高音喇叭通知大家，甚至连病虫害的防治，也是通过大喇叭来宣传农业科技和病虫害防治。现在的村委会还有一间广播室。

报纸也是当地信息传播的媒介之一。在 20 世纪 50—80 年代,《参考消息》和《人民日报》是村民了解国家大事的主要渠道之一。村支书将报纸上的新闻通过广播以及召开小组会议的方式通知党员和群众,而群众之间的口口相传,又促使了信息的进一步传播。但是 1980 年代以后,电视成为村民了解国家大事和新闻的主要媒介了,逐渐也没有多少人看报纸以及交流报纸上的新闻,而以前的报纸也被用来糊墙和包东西了。在石甜调查期间住的房间里,墙上就用了过期的报纸糊墙,报纸上的新闻依稀可见:"今日首都和各省市区报纸要目","全国青年田径冠军出现一批好成绩","英国女王到达昆明访问"等等。

2008 年,沅陵县通汽车村数 446 个,通电话村数 510 个,通电村数 637 个。荔溪乡有移动通讯基站 3 座,基本实现移动"村村通",广播电视、电话覆盖率达 98%。明中村许多村民都有座机和手机,相互之间打电话也比较方便。村民通常将电话号码随手写在木板墙壁上,一目了然,也好找。手机号码的主人包括流动商贩、其他乡的手艺人、长安车司机以及亲戚朋友。在石甜做田野调查期间,所借宿的房东大爷刚刚买了一部手机。在我们步行到山上的村子进行访谈时,房东大爷除了给我们打电话,还给村支书打电话,以确认我们安全到达。房东大爷非常热心自然是不必说,而传播工具的更新,使得信息交流更便捷了。

除了以上几种方式,还有一种方式就是赶集的时候或者其他场合碰面了就交流一下信息。去池坪集市时,村民在路上遇到了认识的人都会停下来说几句,聊几句,更新一下信息库。到了集市,平时在山上的村民有一些出现在场镇上,熟人见面了亦会交流几句。

(二)信息内容

信息传播的内容基本上与村民的日常生活息息相关,囊括了衣食住行的各个方面。以张贴在墙壁上的政策宣传为例,一些新的政策和发放标准一般都是贴在路边房屋的墙壁上,或者村委会外面的黑板上。

2011 年惠农补贴"一卡通"发放明白卡,惠农补贴主要项目及标准

农资综合补贴,综补,补贴标准:20.6 元/亩。补贴范围:计税面积的耕种面积。

种粮直接补贴,直补,补贴标准:13.5 元/亩。计税面积的耕种面积。

水稻良种补贴（中稻），良补，15元/亩，实际种植面积。

油菜良种补贴，油菜，10元/亩，实际种植面积。

玉米良种补贴，玉米，10元/亩，实际种植面积。

森林生态效益补贴，生态，8.5元/亩，林业部门核定面积。

渔民后扶补贴，移民，50元/人/月，移民部门核定人数。

补贴发放工作"五个严禁"、"四个不准"，张贴到村组。

沅陵县乡镇财政管理局制
2011年5月

在村委会的黑板上还写有脊髓灰质炎疫苗强化接种（免费）的通知："凡是2008年1月1日至2011年10月1日出生的孩子，毋论以前接种多少次，现在必须接种两次，希望各位迅速把孩子带到村委会来。第一轮是2011年12月5日，第二轮是2012年1月5日。"另外，还有关于学生到沅陵读书的招生广告："学生求学的信息。"宣传标语："疫苗接种连万家，儿童健康乐全家。"当地的长途汽车出行信息，例如"沅陵—深圳，途经广州—东莞。乘车地点：池坪麻溪铺车站"。

而有关婚丧嫁娶等重大礼仪的消息，据了解，以前当地老人过世后，孝子要自己跑到舅舅家跪着报丧，但是现在一般都是打电话通知了。不过，村里的长辈认为如果仅仅是打电话通知，就很失礼了，还是要上门去报信才行。结婚的消息也是通过口口相传、托人捎话以及打电话的方式告知。但因为这类信息只在亲戚朋友之间及时传播，除此之外，关系不是非常密切的人也是过了很久之后才会知道。我们为了现场参与观察结婚仪式，到处打听了哪个村民小组有没有接媳妇或者嫁女儿的，只有在蔡家村，支书告知，他的一个侄女要出嫁。这类消息一般仅是某一个院子的人以及亲戚朋友之间才及时获知。

（三）热　点

有一些地方是当地信息传播的热点位置。借用计算机信息的词语，热点（hub）的含义是指可以用来连接一个局域网内的多台主机的集线器。在这里，我们想用来形容那些专门供村民驻足交流的地方。

公路边的小卖部是第一个，也是最重要的一个地点。由于该小卖部的位置是在明中村的水泥路与乡村公路的交汇处，村民外出搭车的话都要在这里停留等着，同时也与其他村民交流。如果是熟人或亲戚，闲聊的内容从其他亲戚家的新事情开始说起；如果是不认识的人，双方各自说起自己村子，又谈起在对方村子里认识的熟人或亲戚后，聊一些共同的话题，包括经济状况、打工信息、农产品情况等内容。由于每天等车的人数不固定，交流的信息也不固定，上午来等车的人比较多，相对交流的信息就会多一些。

第二个热点是戴家二组的村前空地。平时村民经常在这里停留休息，一边乘凉一边聊天。小孩子在这里玩耍的时候，年轻的母亲就在一旁站着说话。交流的内容包括育儿信息、奶粉价格、谁家的孩子生病了等属于母亲们比较常见的话题，另外还有与打工有关的信息，农产品价格，在哪里打工挣钱等等。

第三个热点是固定的某一家或某一个地点。前面两个地点并没有性别差异，而这一个地点就有性别之分了，男性村民通常去某一家打牌，一边打牌一边聊天交流。女性村民去的地点又有不同，或相互间串门，结伴而行至下一家，常去的则是村里路边的一个简易棚子处，这里每到冬天的时候尤为热闹，村里的妇女在那里一边烤火一边聊天，内容与村落生活有关，如哪里拜菩萨比较灵，怎么炸糖馓，怎么做小孩用的围兜等，还有就是村里近期有些什么新闻之类的。

第四个热点是村主任和支书家。这个地点并不是村民经常去的，但是往往有事的时候必须去，因为需要村主任和支书盖章，出证明等等。而且去之前，需要先打电话确认村主任、支书等没有外出，才能找上门去。村主任和支书经常不在家，上山干活或者去集镇买东西之类的，村民一般是约好时间后再去。有时候没有提前打电话，直接上门去时遇到村主任不在家，留话给村主任的家属，约好什么时候再来。在村主任和支书家所交流的信息则与村民的具体诉求有关，例如出具证明要求补贴等。

第七章
婚姻、家庭与亲属制度

明中村村民的婚制是一夫一妻制，在中华人民共和国成立前有换亲、交表婚、平表婚的现象，在中华人民共和国成立后就逐渐消失了。传统婚嫁习俗，近年已有所简化。但由于打工潮的兴起，村里的年轻人外出务工，促使婚姻圈从邻乡扩大到全国各地，习俗上也发生了变化。在传统上，村民的家庭是从夫居、扩大家庭制，但舅舅在家庭生活中仍扮演着重要角色。

一、婚　姻

当地的婚制是一夫一妻制，婚龄是按照法定年龄，在结婚习俗上随着时代变化而有了变迁，同时也有不同的地域特征。在通婚范围上，二十世纪五十年至六十年代，主要是在本村不同村民小组和邻村之间；八十年代至九十年代，则是在本县城和邻县的范围进行；二十一世纪初至今，通婚范围扩大到全国。年轻一代在打工中认识，进而结婚，所以通婚范围上表现为广东—湖南的钟摆模式。

（一）婚　制

明中村的婚制为一夫一妻制，没有抢婚、买卖婚、服务婚、私奔婚等。当地不忌讳红白事轮流办，并没有守丧到一定时间才能婚嫁的禁忌。婚嫁双方的岁数大小没有限制，过去通常是 18～20 岁，现在是按照法律规定，女性年满 20 周岁，男性年满 22 周岁。

（二）婚　俗

以前，年轻男女之间有通过对山歌、赶集等形式认识交往的，但还是要靠媒人去撮合。当地的婚俗流程包括问名、讨庚、看八字、相亲、定亲、迎娶、回门。讨庚后看八字合不合,"子亥逢春,寅丑逢春",然后请媒人上门相亲、订亲。一般的规矩是"同姓不开亲",但如果该姓氏是离得比较远的,则无所谓。

媒人介绍后,双方不一定马上见面,而是在赶集的时候或者其他场合偷看一下,确认第一印象不错之后再正式见面。也有的是在其他场合遇到了,觉得印象还可以,就请家族里的长辈前去说媒。双方交往一段时间,互相感觉对方不错,就可以定亲了。订婚由媒人与男方一起带着聘礼前往女方家。聘礼包括首饰、衣服等,当天晚上男方和媒人可以住宿在女方家,而女方家要准备酒席款待。第二天,男方和媒人才回去,订婚的程序就完成了。

在1980年代以前,以媒人介绍为主,之后以自由恋爱为主。媒人介绍时首先看对方的品格和家庭情况,了解对方的经济状况,兄弟姊妹的年龄,婚嫁与否等背景信息,都是媒人要告诉男女双方的。其次看对方的容貌,相貌端正为主。村里50岁以上的村民告诉我们,他们认为选对象时更注重对方的性格人品,媒人介绍时也着重打听对方待人做事方面如何,家庭经济情况倒不是最重要的。结婚需按照问名、讨庚、相亲、迎娶等程序完成。

> 报道人,女,68岁,明中村一组,经媒人介绍与现在的丈夫认识,觉得两人都"有缘",就嫁到本组来了。

> 报道人,女,64岁,明中村戴家二组,经媒人介绍,嫁到一组。

从20世纪90年代末至今,由于外出打工的人越来越多,年轻人趋向于自由恋爱而结婚,婚礼仪式的操办程序也随着简化。

> 报道人,女,27岁,四川人,在广东打工时与丈夫认识,结婚八年了。

> 报道人,女,23岁,广东人,打工时与丈夫认识并结婚。

> 报道人,女,20岁,明中村人,在广东打工时与丈夫认识,丈夫是沅陵县筲箕湾的乡话人群,于是嫁去了筲箕湾。

结婚成本与双方家庭情况有很大关系,包括聘礼、嫁妆和酒席开支。传统上而言,聘礼以物品为主,首饰、服饰等,同时也要送一些钱作为聘礼的一部分。但是在1980年代以后,聘礼主要是以钱为主,还带一些物品到女方家去。同时,女方家要准备上好酒菜招待来客。这个环节的开支在1000元。举办婚礼时,女方家要准备嫁妆,包括全新的床上用品、被子、桌子、各种生活用品、家电等,视女方家的经济状况而定。男方前来接亲的时候要租车到女方家,并且要送礼钱、下轿费、车马费等等,还要在家里举办酒席。双方所花费的金额在 1 万～2 万元,同样要看家庭情况,如果家庭经济条件不那么好的,也就节约一些,大约在 1 万元。双方各自的亲戚朋友送的礼钱也不定,送得多的,加起来可以收到 2 万～4 万元,少的也有 1 万～2 万元。

目前,明中村的婚俗较之以前也发生了诸多变化,集中体现在结婚费用增多、同姓结婚、白天送亲、婚前性关系等方面。随着经济条件的变化,聘礼和嫁妆的开支都增加许多,村民说如果是关系非常亲的亲戚,送的礼钱就多了,有五六千元的,也有送 1 万元以上的。新娘家和新郎家请客也要摆二三十桌宴席,开支也猛增。择偶方面,以前是严格遵守"同姓不开亲"的原则,宗族内不婚,但是交表婚和平表婚的比例很大。现在逐渐放松,只要不是同一个地方的同姓,都可以结婚成家。以前送亲的时候是凌晨天未亮,现在是差不多上午的时候才能真正走到公路上送亲。以前在举行婚礼前几乎没有婚前性关系,但是现在也有一些年轻人尚未举行婚礼就怀孕生子的。

(三)婚姻圈

当地的婚姻圈即婚嫁关系的范围,具有明显的时代特征。20 世纪 50—70 年代,当地的通婚范围几乎在方圆十里以内。20 世纪 80—90 年代,通婚范围扩大到沅陵县城其他乡以及周边县城乡镇。20 世纪 90 年代末至今,通婚范围遍及全国南方众多省份,均为在广东打工时认识。从整体上看,通婚范围出呈现一个钟摆式模型。

嫁到明中村的中年妇女大多是来自附近村子以及池坪、坳坪等邻镇,经由媒人介绍认识的。以前,本村的姑娘也大多嫁到扶持大队等邻村和附近乡镇。这些村寨都是步行四五个小时才可以到达的乡镇。

　　报道人,女,65 岁,由明中村一组嫁到二组
　　报道人,女,62 岁,由明中村二组嫁到山上的院子
　　报道人,女,52 岁,由扶持大队岩脚村嫁到蔡家院子
　　报道人,女,50 岁,由从底坪嫁到明中村
　　报道人,女,40 岁,由蔡家院子嫁到戴家组

20 世纪 50 年代初至 70 年代末,由于交通条件、传媒的滞后(当地的信息传播方式几乎是靠人与人之间直接见面,以及在赶集等大场合见面时获得)及传统的婚姻观念的影响,明中村婚姻的大多数是靠"媒妁之言"式的亲戚朋友、熟人的介绍来实现的。

20 世纪 80 年代初至 90 年代中期,村里既有嫁到本县或邻县乡镇的,也

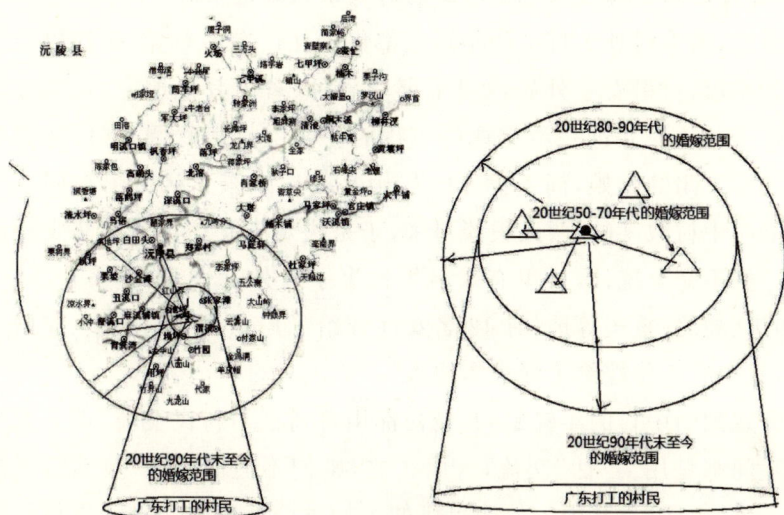

图 7-1　通婚范围模型图

有由附近乡镇嫁进明中村的,距离都是坐中巴车,一天内可以到达的地方。这个时期,国家进入改革开放时代,经济的开放促使明中村人开始走出山外,一些男性村民到其他乡镇去"帮忙",做点小生意或者打短工,进而认识了其他乡镇的姑娘。而明中村的姑娘也是经熟人或亲戚介绍,嫁到亲戚(姑姑或小姨等亲戚)已经在那里定居的乡镇。

　　报道人,女,30 岁,由明中村嫁到辰溪县船溪驿

　　报道人,女,32 岁,由明中村嫁到坳坪

　　报道人,女,39 岁,由竹园嫁到明中村

　　20 世纪 90 年代末至今,通婚范围上出现了"广东—湖南"钟摆式模式。随着村民外出往广东打工的增多,婚前交往和恋爱的可能性与渠道大大增加了,打工时双方认识后结婚的例子越来越多。传统的以"父母之命、媒妁之言"的方式缔结婚姻的随之减少。

　　村里的年轻人都外出打工了,他们交往广了,思想也变了,什么手机呀、电脑呀为男女交往提供了很多便利,自主选择的婚姻越来越多,不再依靠介绍婚姻的媒人和父母亲戚的介绍。山上的姑娘都想嫁出

去，外面的姑娘嫁进来也是打工的时候认识带进来的。[①]

据了解，明中村外出打工的年轻人都集中在广东的东莞、黄江以及广东省内其他城市，村里女子外嫁或男子娶妻省外、省内其他地方的，双方均是在广东打工时认识并进一步交往的。我们在明中村田野调查时，就遇到一位来自湖南永州的姑娘，尚不满 19 岁，她是在广东东莞认识了在同一个厂子打工的明中村戴某的，两人很谈得来，于是决定先交往再等到法定婚龄后就结婚。据不完全统计，村里有 8 名男性娶了省外女性，她们来自于广东、贵州、四川、湖北、重庆等地；有 12 名女性嫁给了广东、四川、重庆、安徽等省外男性，其中有 2 位嫁给了深圳本地人。

外省嫁到明中村的年轻媳妇，最初都用普通话与村民交流，由于明中村村民相互间都是用"乡话"交流，久而久之，她们不但能听懂"乡话"，渐渐地也学会了讲"乡话"。其中一位四川籍的媳妇被公认为是"乡话"讲得最地道的。另外一位嫁来才一年多的广东媳妇也会讲一些简单的乡话词句："刚开始来的时候很难受，完全听不懂，天天耳边都是乡话，慢慢习惯了，也就听懂了，学起来嘛还是比较难的。我去集市上买东西，和别人谈价的时候，一开口说话，别人就知道我不是本地人。"

二、家　庭

家庭是最基本的社会组织单位，作为一种社会结构，家庭以共同的住处、经济合作和繁殖后代为主要特征。一般认为家庭是基于婚姻关系、血缘关系和收养关系而形成的社会共同体，它涵盖着社会生活的方方面面，在相应的社会系统中占据重要的地位和作用。在中国农村，家庭往往既是生活的单元，也是生产的单元。若干个家庭，组成村落。

明中村的传统家庭类型包括核心家庭和扩大家庭，以扩大家庭为主，从夫居的居住模式。但是随着打工经济的增多，不少年轻人都携妻带子外出打工，村里实际上往往是一对老人在家，有时候年轻一代将孩子留在家中与自己的父母一起居住。所以不能完全用核心家庭与扩大家庭来区分，更多表现为卫星家庭的模式。

家庭的功能表现在育儿女并抚养成人，经济上帮忙协作，以及形成更大

---

① 据访谈录音整理。访谈时间：2011 年 7 月，被访谈人：戴德鑫。

的家族宗亲关系。本节只分析家庭的生育和经济功能,在下一章社会组织和结构中将重点介绍明中村的宗族结构和功能。

（一）家庭类型

一般地,人类学家将家庭分为核心家庭、多偶婚家庭和扩大家庭三大类型。核心家庭指的是由一对夫妻和其未婚子女住在一起的家庭;多偶家庭指的是个体与多个配偶以及他们的未婚子女居住在一起的家庭;扩大家庭指的是通过血缘关系把若干核心家庭联系在一起,并住在同一个家户中的集合。这种家庭,包括了血亲家庭和配偶家庭,也可能包括其他的亲属,例如祖父母、叔伯、堂兄弟姐妹等等。[①] 中国农村传统的家庭类型主要是核心家庭和扩大家庭(以主干家庭、联合家庭为主)。中华人民共和国成立前,核心家庭占中国家庭数不到一半。中华人民共和国成立后,特别是新时期以来,伴随着中国社会已经或正在发生的深刻变革,中国的家庭结构也在发生变动,不同类型家庭成员的生存条件和关系方式亦发生了相应变化。中国传统大家庭观念的淡化,自我意识的增强,至 20 世纪 60 年代中期或中后期,中国多数农村的核心化已经实现(即 50％以上的家庭为核心家庭,50％以上的人生活在核心家庭)[②]。主干家庭(指父母与已婚子女及其孩子一起生活的家庭)、联合家庭(同一代中有两对或两对以上夫妻一起生活的家庭)的数量均有不同程度的减少,其中联合家庭数量减少的幅度最大,有些地方甚至已经荡然无存。这是现代社会人格独立、经济独立、伦理关系逐渐淡化的必然结果。2014 年,人口学家通过调查分析,将当代中国的家庭结构进一步细化,认为中国的家庭结构主要有(1)核心家庭:由父母和未婚子女组成的家庭;(2)直系(主干)家庭:由父母加上已婚子女及(外)孙子女组成的家庭;(3)联合家庭:父母加上其子代中两对及两对以上夫妻及(外)孙子女组成的家庭;(4)夫妻家庭:夫妻二人组成的家庭;(5)隔代家庭:祖孙两代组成的家庭,以及不属于上述种类的其他家庭。[③]

---

① 参见哈维兰著:《文化人类学》,瞿铁鹏、张钰译,上海社会科学院出版社,2006 年,第270～278 页。

② 王跃生:《中国家庭结构变动与特征》,《人口与计划生育》2017 年第 9 期。

③ 参见国家卫生和计划生育委员会编:《中国家庭发展报告(2014)》,中国人口出版社,第33～46 页。

据了解，明中村历史上没有出现过多偶家庭，以核心家庭和扩大家庭为主。在20世纪90年代以前，主要是扩大家庭（其中以直系家庭为主，联合家庭很少）。

> 我们这里，以前家里有一个儿子的，结婚后肯定是和大人住一起的。两个儿子的，一个儿子没结婚，结婚的儿子也不分家的，大家一起住。等另一个儿子结婚了，就再分家，看父母跟哪个儿子住。也有两兄弟都结婚了，还和父母住在一起的，这种情况很少就是。①

从20世纪90年代末开始，明中村的家庭类型可以说发生了很大的变化，核心家庭成为主体结构，直系家庭次之。直系家庭主要是因越来越多的青壮年离乡进城务工，而不得不把未成年子女留给孩子的（外）祖父母照顾，越来越多的老年人需要承担起农业生产和抚养未成年下一代的责任。但这种直系家庭其实变成了"卫星家庭"，即过年过节或有事时回到村里，依然和父母住在一起，携妻儿外出打工时则是核心家庭，而这种关系并不与扩大家庭相背，只是基于不同情况下的调整。

核心家庭的个案：

> 报道人，男，40多岁，育有一子一女。与父母已经分家，举家外出，唯春节时携妻儿回家看望父母。

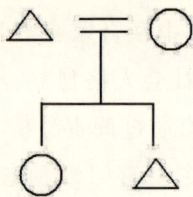

扩大家庭的个案：

> 1.报道人，男，65岁，有1个儿子和3个女儿。儿子育一女。三个女儿，其中一个嫁到沅陵县，一个嫁到竹园乡，还有一个女儿嫁到明中村五组。目前，报道人夫妇与儿子一家住在一起。

> 2.报道人，男，58岁，有1个儿子和2个女儿。儿子今年24岁，育

---

① 据访谈记录整理。访谈时间：2015年8月，被访谈人：颜姓村民。

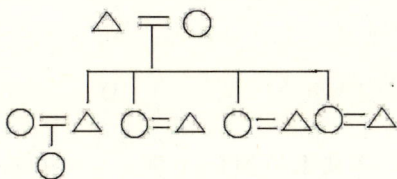

有1女。两个女儿,一个嫁到明中村另外一个组,一个嫁到辰溪。大女儿今年30岁,有一儿(6岁)一女(1岁);小女儿今年28岁,家只有一个儿子(4岁)。目前,报道人与老伴在家带孙女,儿子和媳妇外出务工。

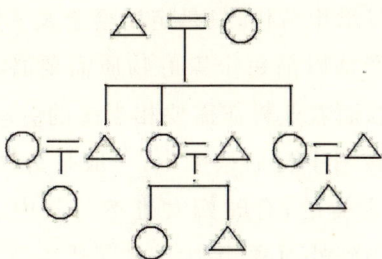

3.报道人,女,63岁,有1个儿子和2个女儿。儿子家有一儿一女,小女儿家是一儿一女,大女儿家育有三个儿子。目前,报道人与儿子住在一起。

在当地,过继和抱养一般没有文书和协议。但是养子、继子同亲生儿女一样,有相同权利和义务。明中村戴家组目前只有一例离婚的个案,离婚的原因是外遇。当事人40多岁,离婚前有一子,判给前妻抚养。他再婚后又有一子。蔡家村有一例离婚的情况，离婚后女儿归妈妈带走，离婚男现在就和自己的母亲住在一起。

（二）家庭功能

中国传统的农村经济基本组织形式是一家一户分散生产的小农经济，"家"是社会的基本生产和生活单位，家庭的主要功能是组织生产，除此之外，家庭还具有生育功能、赡养功能、消费功能、教育和抚育功能及精神生活的功能。在明中村，家庭功能也莫不如此。简单而言，就是共同生活、劳作、抚育子女和赡养老人。但是随着家庭类型的变化，在原本扩大型家庭中，四方面功能都具备。而在核心家庭或卫星家庭中，只有一两方面功能，成年人或只承担抚育责任，或只承担劳作，只是定期给老人一定的赡养费。

在明中村，组织生产是以前每个家庭物质需要必不可少的条件。明中村主要是稻作农业为主，而农业耕作需要相当多的劳动力。因此，无论是核心家庭还是扩大家庭，在明中村的家庭中，一般是男性负责重体力活，诸如犁田、插秧、种地、晒谷之类的，有时妇女也参与其中。如石甜借宿的房东家，需要将储存的谷子弄到外面晒，因为劳动量很大，两个儿子都在怀化，房东就叫女婿（房东家女儿嫁到底坪，现在在沅陵摆夜市摊子）过来帮忙。还有 1 户人家，是由已经嫁出去的女儿回到家里来帮父母抢收稻谷，因为该家庭的儿子儿媳都在广东打工，女儿出嫁到邻村，地理距离比较近，就回家帮忙了。

> 以前农忙季节，有临时的换工互助行为，就是以家庭为单位，互相帮助对方抢收抢种。通常是预先说好之后，家庭成员全部去对方田里帮忙，而对方的全部家庭成员也来自己家的田里帮忙。现在呢，很多人都出去打工了，这种家庭之间换工的情况越来越少了，大多是出钱租借一些小型农业机械来帮忙家里收割稻谷。①

除了农耕以及其他需要劳动力的场合，红白喜事的时候，家庭成员也悉数到齐，基本上无论再远都要赶回来。以石甜所参加的一次喜事和一次白事，对参加人的观察来看，事主家的年轻一代都在广东打工，特意带着妻子和孩子返回家中参加礼仪。等仪式结束后，他们又买返程的火车票，继续去

---

① 据访谈录音整理。访谈时间：2011 年 9 月，被访谈人：戴德超。

广东打工挣钱，以供孩子读书以及家庭的其他消费。

村支书对我们说，明中村人的生活总是围绕两项重要内容而展开：一是孩子的养育，二是老人的赡养。

（三）家庭决策与分工

家庭作为基本的生产和生活单位，内部事务的决策和必要的劳动分工是不可缺少的。在明中村，祖辈的权威高于晚辈，丈夫的权威高于妻子，长兄的权威高于弟弟，以此类推。家中的大事几乎由男性做决定，也有一些家庭在做出决定之前会与家庭成员商议后再说。

明中村的妇女在家中地位普遍不高，男性户主作为"一户之主"，在家庭中拥有绝对权威地位，掌控着家庭内部的事务决策权。比如有关家庭的事业和田地的经营，盖房子等重大事情，都是以男性户主决策为主；孩子的教育问题，因为随着计划生育的实施，家庭对孩子的培养看得越来越重要，除了户主做主外，妻子是可以参与决策的；家中财务以男人管理为主，日常生活开支则以妇女决策为主。但妻子如要外出打工是不能擅自做主的，必须要与丈夫商量，否则就会造成家庭的很大冲突。当然，随着国家政策的保护，妇女文化水平和地位的普遍上升，明中村年轻妇女在家庭事务上获得越来越多的发言权和决定权，由夫妻商量共同决定家庭大事。

在明中村，家庭的劳动分工上仍然透露着典型的"性别分工"——"男主外，女主内"。但妇女通常是内外兼顾的，既要与男子一起田间劳作，又要回家洗衣做饭。在个别特殊的家庭，家中有年迈的父母需要照顾，而丈夫又常年在外打工的，这个家庭的妇女就将承担家中里里外外所有的事情，包括对孩子的抚养。家务似乎是女人的"专利"，男性仅仅以生产性劳动为主，很少男子参与这些工作。很多时候，男人们聚起来打牌、抽烟、聊天，女人们还在忙碌。家务劳动以妻子为主，其他是母亲、女儿或媳妇参与。一般而言，子女的照料与煮饭，以妻子为主，次为母亲。日常的清扫工作，洗衣则成了妻子的"专利"，仅有女儿少量的参与。

20世纪90年代以后，许多家庭的妇女也与丈夫一起外出打工了，带孩子、做饭等家务工作就落在了老一代人身上。即使是妇女在家庭中经济地位有所提高，传统的"男主外，女主内"的家庭分工观念还是难以打破。

（四）分家与赡养

关于家庭，明中村有"树大分叉，儿大分家"的俗语。很多人认为分家（已婚的兄弟通过分生计和财产从原有的大家庭分离出去）是家庭繁衍过程中自然的事情，是合情合理的结果。按照当地的传统习惯，当子女都成家以后，父母渐渐地要考虑分家事宜了。尽管村民普遍认为无论从生产劳作，还是从宗族结构而言，或是住在一起更好一些。一家几代和睦住在一起，人丁兴旺，团结和气，总是村民夸奖的榜样。那些父母、兄弟、妯娌关系好的大家庭，通常在村民中口碑颇佳。但是，现实生活中，家有两兄弟以上并且都结婚的却很少一起和父母亲共同生活在一起。一般是只要有两兄弟结婚，就会开始分家，当然也有哥哥一结婚就开始分家的。因此分家问题很普遍。

综合报道人的说法，村民分家的原因并不复杂，除父母要求兄弟独立、各自发展外，主要是兄弟已婚，"人口多，吃住不方便"，分家就是从"住不住得下"来考虑的。而实际上，兄弟多了住不下的分家理由：大多是兄弟多了，媳妇多了。人多嘴多，常会产生口舌，经济收支又不容易公开，还是分家得了。分家可以防范家庭成员的不和，通过保持一定距离来维持永久性的对原家庭的凝聚力，也可以给予儿子们独立发展的机会，兄弟们可以各凭本事，按自己的想法管理小家庭，生活反而会更好一些。

与分家紧密相连的概念是继承。虽然国家规定子女对于自己父母的财产拥有同等的继承权，但是"嫁出去的女，泼出去的水"，女儿是不能继承父母遗产的，也因此并不承担赡养父母义务。财产由家中的儿子继承是天经地义的，儿子也因此对于父母的赡养具有不可推脱的责任。这里起决定作用的不是法律，而是传统的观念。分家由父母等人决定，把财产分给弟兄们，以平均原则为主，略兼顾个人对家庭的贡献和所尽的义务的大小，每个儿子的家产价值大致平等。

如果家里有三四个儿子，儿子们提出要分家，按老规矩，父母就要按照平分的原则，把房屋、农具、土地等均匀地分成几等份，再分给儿子。但是方桌要留在老房子里，神龛也不能分。

如果儿子的经济情况差别较大，家产可不一定绝对平分，适当照顾较穷的，但大儿子有权先挑选。因为大儿子对家中所做的贡献最大，创造的财富最多，让大儿子先选是表示全家人对大儿子的尊重。

以前分家一般没有留地给父母，而是要父母轮流跟着儿子生活。

现在呢,父母健在,就留一些家产给父母做老本,等父母去世后,就留给生前一起过的儿子。

以前决定分家的时候,父母会找本家和亲戚家的长辈在场做见证,子女一般都会服从长辈的分配,不会有什么意见。特别是现在日子好过多了,后辈们对祖产也没有太大指望,如果兄弟和睦,家产随便一分,也无人计较。后辈更希望通过自己的努力让家里人生活得更好。这样,分家就成为一件很普通的事,有些家庭分家时就不会有任何仪式。老式分家法已经越来越淡化了,只有兄弟间不和才会使用,要么请家族长辈主持,要么请村干部来协调。①

除了均分原则外,还有一种分家的方式不是均匀分割,而是按照类型来分,如果大儿子已经在外面修了新房子,则将老房子分给其他几个儿子,大儿子则分到较多的田地。如果其他儿子也准备在外面修房子的话,则处理方式同上,分到的生产工具、田地多一些,房屋就不考虑在内了。

明中村的家庭大都能遵守传统,等待兄弟皆完婚后分家。所以理想的分家时机是大儿子完婚后,大儿子有了下一代,而其他儿子刚结婚不久,因为"人多,住不下"的原因而分家。但是也有因为家庭不和的情况而分家的。这种情况下,父母在分家的时候就仔细考虑,甚至请家族中的长者前来主持。据村民说,村中曾有某一家户,共有3个儿子,两个儿子结婚后,妯娌两个经常因为家务事吵架,都不愿谦让,兄弟之间也不能像从前一样和睦相处,就要求分家,但是又都想多要一些财产,父母无力再管理调节,只好请家族里的伯伯来主持分家仪式,分家后父母和未婚的末子生活在一起。

分家,意味着财产的分割,父母亲将家产分割完后,也意味着自身生产资料的失去,这样老年失去劳动能力后的保障就交给了儿子们。所以分家的时候,父母的赡养方式就要一并交待清楚。通常情况下,父母健在,则需留一些家产给父母做老本。父母既可以选择和一个儿子共吃共住,也可以两个老人自己单独生活,几个儿子平均负责老人所有的生活费用。大多数的情况是父母选择跟着小儿子住在老屋(也有其他儿子一起住在老屋的,直到住不下才另修房屋),共同生活,共用一口灶,同食同宿。如果父母生了小病,也由与父母共住的小儿子负责。没有跟着父母住的儿子平时负担部分

---

① 据访谈录音整理。访谈时间:2011年7月,被访谈人:戴士虎。

粮食，要定期给父母少量生活费。一般是过年过节的时候到老屋去陪父母吃饭，然后把钱给父母。如果老人生了大病，则由几个兄弟分摊医疗费用，老人做寿、寿终之事的费用也是几兄弟均分。而在实际生活中，当父母有劳动能力时，儿子们往往不用在经济上照顾父母，村里一位老人对我们说："我现在身体还算硬朗，还有劳动能力，还能种点田，种些菜。菜还会拿到场上去卖，可以赚点钱来买需要的日用品。只要不生大病，自己供自己就够了。农忙的时候，没有外出打工的儿子、女儿都会来给我帮帮忙。"一旦父母丧失了劳动能力，儿子们须从道义上承担赡养父母的义务。在明中村，没有听说儿子不赡养父母的事，这种违反孝道的人定会遭到邻里的唾弃，可见社会舆论是维护孝道的力量。

说实话，我也很想出去打工挣钱，但是因为几个哥哥都外出了，我只能留在家里照顾父母，生活费用都由我负责。我们这个大家庭名义上未分家，实际上几个哥哥都拖家带口外出打工了，他们平时很少回家，只有过年过节的时候才回来，逢年过节的时候会给父母一些钱，多少没有固定，主要根据他们自己的情况或者是想法来，算是给父母的零花钱吧。若父母生病住院的话，他们是会平均分担医药费的。现在参加了新农合，看病的负担也减轻了很多。我母亲身体比较好，在家还帮我喂鸡、煮饭、带孩子。①

随着打工潮的兴起，明中村传统的分家已经越来越淡化，但"养儿防老"，几个儿子中一般会有一个儿子选择留下，父母就和在家的儿子一起组成主干家庭。也有个别家庭，儿子媳妇全都外出打工，只定期给老人汇些生活费，老人的饮食起居等由老人自己完成，并有一些年轻人把孩子留在村里，这样，老人除了要照顾好自己以外，还要承担抚育孙辈的责任，村里的留守老人和留守儿童的现象较为严重。

由于生产、生活方式改变，人们的思想认识转变，家族观念日趋淡薄，社会流动频率及范围加大以及通讯的日渐发达，以核心家庭为主过小日子的情况越来越多，儿女与父母家较远的，与家人团聚的时间频度越来越小，打电话问候的时间更多，"大家庭"的凝聚力渐渐降低，家庭成员关系较之以往淡薄，亲属之间感情也越来越淡化。

---

① 据访谈录音整理。访谈时间：2011 年 7 月，被访谈人：戴姓村民。

三、亲属制度

亲属制度是实现社会组织的重要方式之一。亲属制度可以通过亲属称谓来体现,但在日常生活中也不断地通过人际互动表现出来。当地乡话人群的亲属称谓表现出双重性来,一方面当地人认为父系这边的亲属更重要,但是在实际的称谓中对母系亲属做了更详细的区分。另外,这种双重性的亲属制度还在红白喜事等礼仪中有体现,即表现为"舅权"制的存在。

(一)亲属称谓和亲属群体

无论社会结构的类型怎样,无论继嗣制度怎样,任何社会都有不同的亲属称谓来区分不同的群体。亲属称谓反映了个体作为社会的组成部分,在这个社会中具有怎样的社会身份和地位。人类学家摩尔根将亲属称谓制度分为六个类型:爱斯基摩制、夏威夷制、易洛魁制、克劳制、奥马哈制和苏丹制。

1.爱斯基摩制:也称直系制,强调核心家庭,特别区分出母亲、父亲、兄弟、姐妹,而把其他的所有亲属都归入一些宽泛的范畴下。不区分父亲的兄弟和母亲的兄弟,统称为如 Uncle;不区分父亲的姐妹和母亲的姐妹,统称为如 aunt;uncle 和 aunt 的儿子和女儿,统称为如 cousin。爱斯基摩制为核心家庭的成员提供了单独而明确的称谓。

2.夏威夷制:又称世代制,因为同代同性别的亲属都使用同一称呼,通常与两可继嗣联系在一起。父母亲的同胞兄弟姐妹的子女通常被排除在可能的婚姻对象之外。

3.易洛魁制:父亲和父亲的兄弟用同一个称谓,母亲和母亲的姐妹用同一个称谓,父亲的姐妹和母亲的兄弟却给予单独的称谓。平表兄弟姐妹(与父母同一性别的兄弟姐妹的子女)被归入兄弟和姐妹之列,交表兄弟姐妹(与父母相反性别的兄弟姐妹的子女)则使用单独的称谓。交表兄弟姐妹往往是偏好的配偶。

4.克劳制:将父亲一方的亲属和母亲一方的亲属分为不同的组。父亲一方的交表兄弟姐妹等同于父母一辈的称呼,母亲一方的交表兄弟姐妹则与"自我"的儿女一辈等同。

5.奥马哈制:母亲及其姐妹共用一个称谓,父亲及其兄弟共用一个称谓,平表兄弟姐妹与兄弟姐妹共用一个称谓。母亲一方的交表兄弟姐妹提高一个辈分，而父亲一方的交表兄弟姐妹则降低一个辈分。

6. 苏丹制：母亲的兄弟与父亲的兄弟的称谓是有区别的，而父亲的兄弟与父亲的称谓也不同。母亲的姐妹与父亲的姐妹的称谓是有区别的，而母亲的兄弟与母亲的称谓也不同。每一个堂表兄弟姐妹的称谓都彼此区分，并且他们和兄弟姐妹也是有区别的。①

明中村的乡话人群同样通过不同的亲属称谓来将一个亲属与另外一个亲属区分开来，并且也有代际差异、年龄差异和性别差异。

表 7-1 不同亲属称谓

父系		母系
伯伯：po^{51} po^{51} 伯母：po^{51} niaŋ^{55}		舅舅：kuo^{35} kɚ^{51} 舅母：kuo^{35} mu^{51}
叔叔：a^{55} ja^{55} 婶婶：ɕi^{55} a^{55} ja^{55}		妈妈的姐姐：ʦou^{51} niuŋ^{55} 表哥/表姐：lau^{55} piau^{51}
爸爸的妹妹：a^{55} ja^{55} 姑爷：kuo^{35} t^{h}ian^{55}		妈妈的妹妹：o^{214} sɿ^{55} 表哥/表姐：老表（a^{55} kuo^{55}）
爸爸的姐姐：pai^{51} pai^{55} 姑爷：pai^{51} pai^{55}	自我 哥哥：a^{55} kuo^{55} 姐姐：ʨia^{35} ʨia^{35} 爸爸：a^{55} tia^{35} 妈妈：ɚ^{55} nuo^{55}	
爷爷：a^{51} po^{35} 奶奶：a^{51} niuŋ^{214} a^{35} po^{35} 奶奶的姐姐：niuŋ^{214} a^{35} po^{35} 奶奶的哥哥：a^{51} po^{35} 奶奶的弟弟：a^{51} po^{35} 奶奶的妹妹是 a^{51} po^{35} 奶奶的哥哥的儿子：老表/表叔"比父亲年纪大或小" a^{55} ku^{55} 爷爷的爷爷：lau^{51} a^{55} po^{35} 爷爷的奶奶：lau^{51} a^{55} po^{35}		外公：ku^{35} po^{35} 外婆：ku^{35} mu^{55} 外公的姐姐：lau^{35} a^{55} po^{35}，大一点 外公的奶奶：lau^{35} a^{55} po^{35} 外公的爷爷：lau^{35} a^{55} po^{35} 外婆的姐姐/妹妹/弟弟：a^{55} po^{35}

① 摘自哈维兰著：《文化人类学》，瞿铁鹏、张钰译，上海社会科学院出版社，2006 年，第 308～314 页。

从上表可以看出,父系这边,伯伯、姑妈与伯母共享同一个称谓,叔叔、婶婶和姑姑共享同一个称谓,爷爷的父母是相同称谓,奶奶的兄弟是相同称谓。母系这边,只有表哥表姐是相同称谓,还有外公、外婆的兄弟姐妹是相同称谓,而舅舅、舅妈、姨妈、小姨的称谓各不相同。

看上去,乡话人群的亲属称谓制度中对母系亲属做了比较详细的区分。但是实际上不少亲属称谓,是我们根据亲属称谓表追问出来的。报道人在实际代入自己或自己孩子的身份后换算出来应该怎么称呼,而且报道人回答我们的提问后又补充说:"我们这里不分爷爷、奶奶、外公、外婆。"

根据报道人的说法,所谓的重要亲属,就只是父系亲属这边的亲戚,看上去父系亲属在他们的生活里可能更重要些,居住模式是从父居,而且男性子嗣的班派字辈几乎不混乱,并且在族谱上往往只有父系男性的姓名。而实际的亲属称谓却反映母系亲属更重要,区分度更高。事实上,这也可以从红白喜事中外公、舅舅的地位可以看出来,娘家的人必须到场,且充当重要角色。过年过节走亲戚的时候,娘家的亲戚是必须去拜访的。

(二)日常生活中的亲属关系

亲属关系并不仅仅反映在亲属称谓上,更反映在日常生活中。在居住空间上,扩大家庭中往往是父母住在底楼的房间,大儿子的房间也在底楼,其他孩子的住所在楼上。即使孩子都外出打工了,房间依然保留着,平时也要打扫干净。

在红白喜事的场合,一般由大儿子出面主持打点。在喜事场合,大儿子要负责点酒,祭祀祖宗等程序。在白事场合,大儿子要唱主角,每一次的祭拜,都是大儿子跪在灵堂前,按照执事者和道士先生的指示行事。

母系亲属在当地人的亲属称谓制度中占有重要地位,这同时也体现在日常生活中舅舅的地位上。舅权是指舅舅对外甥的特殊权力,代表男性在母系社会中的家庭和社会地位,也是"娘家"人的全权代表。在外甥结婚、分家析产等事务中,舅舅具有很大的仲裁权力。例如外甥女出嫁时,须到舅舅、外公所在的村子去"哭嫁",领着舅舅他们回到自己的村子。在进村子的路口上,婚礼执事人要给舅舅"点酒",报道人特地强调说,一定要是大舅舅,如果母亲没有任何哥哥和弟弟,则由外公代替。其实从红白喜事的礼仪过程中也可以看出母系亲属在当地的社会地位。我们认为当地的继嗣制度是父系制度,但同时母系制度也有存在,表现为"舅权"的习俗。

第八章
社会组织与结构

　　明中村的社会组织既有正式的行政组织如村民委员会、村党支部等，又有非正式组织如宗族和各类临时组织。他们在村落公共事务中发挥不同的作用，扮演不同的角色。村民需要遵循的村规民约包括两类：一类是村委会、党支部等正式组织所做出的规定，一类是各个宗族针对自己宗族子弟所做出的族规家训。但随着宗族势力的弱化，这些族规家训较少为年轻一代所知晓。明中村党支部在乡村治理中发挥着领导核心作用，只在一些具体问题和利益上，依然有宗族的区分。

一、社会组织

　　目前的乡村社会组织可以分为正式组织、非正式组织和非法组织。正式组织是指按照党和国家的有关法律和规章制度建立并履行一定的政治、社会功能的组织；非正式组织是指法律上没有明确规定，也没有明文禁止，但在实践中有一定数量的民众参加或者拥护的组织；非法组织是指法律明文禁止的民间秘密组织。

　　明中村的社会组织有三类：第一类是传统的宗族组织，第二类是中国共产党基层党支部和村委会，第三类是临时组织，例如操办红白喜事的委员会、水利自保组织、花灯组织等等。三者在当地分别扮演不同的角色。下面着重介绍在明中村社区发挥重要作用的宗族、村委会和村党支部以及一些临时组织。

（一）宗　族

　　明中村的几个姓氏，分别形成了各自的宗族，其中马姓家族人数最多，蔡氏家族、夏氏家族的人数也不少。现在的明中村是由原来的明中大队和扶持大队合并而成的,其中扶持大队的岩脚村是两个大队里人数最多的自然村落(即当地人说的"院子"),全部是马姓家族,有800多人。蔡氏家族的人数也不少,他们从沅陵县麻溪铺搬过来都有二十二三代了。

明中村戴家组以戴氏家族为主,还有其他几个姓,但是只有几户人家。戴氏家族在明中村定居已有六七百年的历史,现在的村落聚落情况几乎可以反映戴氏家族的发展史。

> 我们的祖先是从桐车坪搬到这里来的,我们的祖先嫌桐车坪的青蛙叫声太吵了,就搬到现在的地方,大约有五六百年的历史了。桐车坪本来是两兄弟,兄长搬到明中村了,桐车坪那里留下的就是弟弟。①

据了解,戴氏家族从桐车坪搬来后就有家谱记载,最早的家谱是几百年前的(具体时间不明),被称为"老谱",用毛笔写在宣纸上,很多页面已经破损不堪,字迹残缺且无法辨识。对于其中记载的戴氏字辈,村中65岁以上的男性大多能用普通话进行背诵。

> 我们戴氏家族辈分是八句话四十个字,上了年纪的老人都会背,就是"远继钦宏文,思志子金明。国(万)大尚朝宗,天自永兴士。德业承先祖,熙雍一道同。声名多丕振,远会庆崇隆。"现在都还在用。村里还有戴氏新谱,是浙江那边弄来的。②

在我们田野时所能见到的戴氏新谱首页上,用钢笔写了一段说明文字,言此谱系在德盈、德荣等提议下,前后两次去信浙江瑞安戴氏大宗祠恳求,族胞世杰邮来当地编纂的宗谱一本给明中村戴氏子孙保存的。并说:"同意远祖微子启传至九世戴摄公系我戴氏始祖之说","我们湖南戴氏祖宗从何迁来,演变及现状有待我们去寻根探源。……我们过去曾说我们祖宗是江西来的,今后我们是否从迁方去寻根探源。"认同其为迁湘始祖千胜公戴远昌之后裔。

下文有关族谱相关内容,皆出自我们田野调查期间所搜集到的族谱资料,系照原文摘录,未予以勘校。

《浙南戴氏族谱统编》序

在我国数以千计的姓氏中,戴氏是一个历史久远的古姓。据近年

---

① 据访谈录音整理。访谈时间:2011年7月,被访谈人:戴士虎。
② 据访谈录音整理。访谈时间:2015年8月,被访谈人:戴士勇。

的全国人口统计，戴姓大约居于五十多位之列，估计人数在五百万左右。据历史资料记载，戴姓的祖先是商汤的后裔微子启，原为子姓。微子是殷纣王的长兄，周初受封为宋国，建都商丘（今河南省商丘市）。至春秋时代，其第八位公子申又名㧑，佐宋君有功，封为邑侯，周宣王二十九年（公元前七九九年）即位，在位三十四年，以仁爱著称，为民众所拥戴。卒谥戴公，因称"宋戴公"，其后人遂以戴为姓。因戴公居焦邑，焦邑于秦时置为县，改名曰"谯"，东汉末年建为谯郡（位于今安徽省亳州市），故称"谯国戴氏"，以表明其来源。

春秋战国以后，原居焦邑的戴姓子孙或北移或南迁。至唐代，遂有远迁福建、浙江者。其中一支原居于河南安阳，唐初名臣戴胄、戴至德父子的后人即至德公的曾孙玄昭公，时为河南推官，在唐玄宗天宝末年（公元七五六年）因避安史之乱，携家南迁，到福建长溪县（今霞浦县境内）。不久，其嗣洽公又自长溪迁至仙游。

戴胄及其嗣子至德于唐太宗、高宗朝先后参与朝政，刚正不阿，有声于时（见《旧唐书》卷七十与《新唐书》卷九十九）。据旧谱宋代《世居莆阳戴氏家族谱》云："（至德）传三世而又安史犯顺，河北先陷。吾祖弃家南奔，只赉道国公诰敕与飞帛书入闽避难，到福州长溪县鹤衣山落洋村宅之。"按长溪系唐置县，故治在今霞浦县南三十里。居不多年，至德公五世孙洽公又南迁至仙游县香田里钟亭村。这是戴姓自河南安阳迁居仙游的始祖。

（戴氏）老谱的序

□□□□□城寺□□□□诗书好斯□□□□福田泉赐有□□□□四字确据是以若天有意怜德行连生四子长廷忝次廷宪三廷志四廷思二公于安香莺于常德唯忝也宪也专读书史幸于嘉靖丙辰岁科中七名后官至户部□□□乙卯岁亦身登□□□贵常累素娴□□□对龙虎将□□□移□□定□铺□□□名祠□□□□再迁□□□□石家冲居焉忠让公移居齐天江口瑄生五公长思聪次思明三思遴四思源五思用以桐车坪为以居由二公竣有自荔溪而辰邑溆邑有自荔溪而北河施南他若近而比溶竹坪远而贵州西蜀要皆本乎琼瑄公与由公之功德衍于无穷也□□□□旦多紊乱□□□及子□□□□如布□□□皆可按谱而得□v□姓异宗得不冒入籍内□□祖墓且预定者每户发一俾世子孙不致错乱若十世已满又矣子孙之贤而有志者另增十字合成五言排律一首不

发先后同心名乘竹帛公孙合志声震楚南岂不美哉岂不美哉天自永兴士家荣礼有生

明中村的蔡氏家族，据说是从麻溪铺神仙坨搬来的，至今已经有二十多代人，几百年历史了。根据他们的族谱，其系谱应当为禄公长子能公—北山公—显公—次子启虎—三子麻阳塔，然后就是搬到明中村这一房支。

蔡氏源流考

约五千年前，黄帝有熊氏长于姬水，始姓姬，到公元前11世纪商殷时期，西部侯周文王姬昌生十子，其次子发灭商朝最后一个国王纣王建立周朝而得天下，封其五弟姬度于济阳而为蔡国，指国为姓，姬度即为蔡叔，始称叔度公，乃蔡氏始祖。武王去世后，成王当政，但年幼，由周公旦（姬旦）摄政，叔度不服而被周公旦放逐。后成王又封其子胡（字仲）于此，以奉祀叔度，建都上（今河南上蔡县西南）。春秋时期，受楚国逼迫，多次迁移，平侯迁新蔡（今属河南），昭侯迁州来（今安徽凤台），称下蔡，白叔度开始，蔡国侯王传二十二世二十五王约600年，即始祖叔度。二世仲，三世荒（荒侯），四世宫（宫侯），五世厉（厉侯），六世武（武侯），七世夷（夷侯），八世所事（厘侯，在位四十八年），九世兴（恭侯，在位二年），十世戴（戴侯，在位十一年），十一世措（宣侯，在位三十五年），十二世封（桓侯，在位二十年），弟献武（哀侯，在位二十年）。十三世盼（缪侯，在位二十九年），十四世午（庄侯，在位三十四年），十五世（文侯，在位未详），十六世申（景侯，在位四十九年）。十七世般（灵侯，在位五十二年），弟卢（平侯，在位九年）。十八世（悼侯，在位三年），弟甲（昭侯，在位二十八）。十九世朔（成侯，在位十九年），二十世产（声侯，在位十五年），二十一世元（元侯，在位六年），二十二世齐（齐侯，在位四年）。到了约公元前五世纪，齐侯四年（公元前447年），蔡国被楚惠王侵灭。从此子孙以国为姓，散居梁、卫、燕、齐，而梁的陈留（今河南开封东南）一支，尤其兴旺发达，世称济阳蔡，其忠臣孝子，历代不乏名人杰士。

散居其间，有蔡淑，字师圣，号敏肃公，拜秦国左丞相。有蔡泽，秦昭王经秦国原丞相范雎推荐，拜为秦丞相。后遭谗言，辞去相位，封纲成君，居秦十多年。蔡淑世守祖居，传十七世至起问公，迁徙福建建阳县之西崇泰里（宋朝时），又传四世至蔡拱生白麒公、蔡挥生白凤公。白凤生子蔡襄，字君莫，军籍知福州时，聘周希孟以明经授学，接见处士陈烈，以师礼相尊。后为泉州太守，造洛阳桥。

蔡氏族谱，济阳堂，三修族谱理事会立，2002 年壬午季春榖旦。

蔡氏宗祠

石渠堂，坐落在沅陵县麻溪铺镇李子溪村神仙坨（古称神天坨），千户蔡略英画像。略英公乃我辰州蔡氏启祖，明洪武年间，因征战古滇有功，朝廷敕封武职千户总管。蔡略雄画像。略雄公乃略英公之胞弟，随兄征战古滇有功，明朝廷敕封武职总管。

老谱序选登

吾祖虽元定公西山先生之后裔也，然稽历来之原，自皇帝有熊氏长于姬水，始姓姬氏。于是以一人之身，而有帝喾、高辛、少昊、颛顼，发而有帝舜，有后稷，继而有弟（叔度），于济阳而为蔡国，指国为姓，蔡氏始称焉。其地在河南汝宁府新蔡县是也。厥后其子胡字仲克庸祗德率乃祖之彝训，佑启后人。相传二十五君至齐侯四年，国除封绝，子孙散处梁卫燕齐间。惟拜相敏肃公讳淑世宗祖居，传十七世至起问公，为建阳令，因家建阳县之西崇泰里。又传四世至伯麒公，其堂弟讳伯凤，生子襄，除泉州太守，造洛阳桥，为端明学士。而麟公生子发，号牧堂，祥发建阳九派贤人，生西山公讳元定，朱子称为老友。西山生九峰公讳沈，为朱子高弟，讲贯五经，旁通列传，作《书经集注》。而沈公之子讳枕，赐进士出身直号园阁转工部侍郎，除丞相，生二子，长子讳文肃字理儒，宦榜眼为春官伴读。次子讳文贵公，宋末元兵逼闽广，由建阳徙吉安之南街泰和，县之西地名大洲上，百有余年矣。文贵公生子回陆公，陆公生子九人，后元末大明兵起，陈友谅之变，吾兄弟九人由江西迁湖广，至中途打破铜锅，誓之为记，逢田落籍，令后嗣孙知异地同宗，世相往来。其约已定，即始其言，次居攸县之隶田，三居宝武之抱田，五居益阳之桑田，八与一居梅城之车田，后八弟移居邵邑西坪蔡家硐，四与九仍归江西。自洪武而历今，予年九十有余年矣。故叙次数语，俾后嗣子孙知所从来焉。

蔡氏辰郡里居源流序

吾始祖略英公，元五公之子也。偕弟略雄公，自益阳迁辰郡，时当大明初定，伏莽犹时蠢动，强二公相从。二公义不屈，遂避郡城西白岩山洞。贼兵追围之，二公抛石御敌，正危急间，向天祷曰：吾兄弟果应世于死贼手耶！不尔愿沙石成兵以相救。祷毕忽沙石飞腾，若蜂布满空际，对贼轰击，贼畏，遂解围去，二公免于难。及明太祖即真，闻二公兄弟忠烈,诏授武职。征古滇,后以征滇有功,封英公千户,雄公总管。旋雄公奉旨征交趾,遂家于滇。英公年迈,解组归田,居白岩山洞侧神天坨寿终。子其禄、其爵遵礼殡葬。未几雄公回旨归道过辰,访兄弟得凶耗,悲哀成疾,亦卒于神天坨。其禄其爵刻二公象,立庙以祀之。爵公无嗣,禄公生佳俊公及弟佳能公。能公远迁建阳,俊公移茅坪,后卜桐车坪,生北山,孙曰显公。显公生启龙公及启虎公,龙公生五子,长子永富居桐车坪,次子永贵居牛婆溪,三子永全居杨家坪,四子永忠居蔡家湾、老屋场、金子坪,五子永成居后社。虎公生三子,长子永明迁宝庆,次子永光居大渭溪,三子永高居麻阳塔。吾族象要皆英公之子孙,而八公之所分派也,妥略叙之以志。

蔡氏合谱源流序

尝读易禁恍然有感,曰乾坤即判六子,分列、司、震、兑位东南之向,坎列左右之门。于是相磨相荡,为云雷,为山泽,历千古不变,无非一元所鼓也。因思生民,伊始别子为祖,继别为宗。于是乎渐拆渐衍,为本支为族业,越百派而云。实仍无非一仓所缠绵也。余于易得谱之源,于谱得易之粹。我氏自叔度公为得姓受氏之始,后嗣世居河南汝宁府新蔡县,所谓无极而大也。由是历周、秦、汉、晋以至于唐,迨后唐庄宗时,支分派别。则起问公由河南徙居建宁之崇泰,生传九世,至文贵公由建宁徙江西泰和县之西(地名大洲),递传至元一,兄弟迁居宝郡新邑之车田。一则昭祖由河南徙居洪都高安县城乡,传二世至郢公,郢公领洪所下该谱亦无所不备,是易与谱一而二,而而众者也。余者任监修,因撮易说而为文叙。

※以上三则序,皆选自二房沅陵用坪乡高炉村所存老谱。

蔡氏谱序

尝思水有源流,木有根干,惟人亦然。是故流长则派别枝繁则绪多。清源,方知流之所出;理其根,始知干之所发。观此则谱牒之宜修。诚亟益谱修,则祖宗来历必茫然不识。其有一本之亲,觌面而视若路人,同公之子相视而呼为友朋。且叩其上下房族,几世几代,并诘其祀田丘墓,何乡何井,往往默低头无应。噫!人生高厚之间,不知姓氏所从出,以昧昭穆次序,耻熟甚焉。蔡公官印略英、略雄授武官于辰,遂家鸾,以至启龙、启虎及裔孙永富、云礽之替,班辈之尊卑与房分之亲歼,里居之远近,更兼坟墓之彼此,且终不能暇疑了熟心胸也。顾《周礼•

小史》辨世系，序昭穆，无非欲世人一一得明其宗派，而婚娶之间无违，百世不易之典。则也予生也，晚去祖逾远而财力不逮，禀性愚而诗书不明，敬抄此卷置之案头。异日或有英物相继而起，纵不垂功名于吊，享庙祀于千秋，赤当丕振家声，永绍书香。彼狃于目前之利视，族谱为不之务者，予实非之。是为小序。

光绪十一年（1885 年）孟冬月初旬裔孙蔡明金字德纲序

再 序

蔡氏宗族，启处周初，自叔度封于蔡，遂以国为姓。溯厥由来，系姓分源。故《书经》有云：蔡仲克庸敬德，周公以为至亲。孔圣册书，载有蔡仲之命，此其源也。然由周而来，千百余岁矣，自列国以至唐宋，其间杂居宇内者或在江南、江西，或在闽中广东、广西，或在西蜀东、蜀西、鲁以及楚南不可胜纪。历考汉唐以至炎宋若九峰、道明，若君莫，若伯皆、伯贵，若伦、若炎、若甲诸公，皆保叔度子孙，蔡仲苗裔。至宋鼎兴之际，户口日增，人烟愈繁，贤士济济，难以屈指。惟元帝时，河南东留郡。适有蔡略英、略雄授武职官于辰，因国法错乱，暴雪蒸民，二公遂隐白岩洞内，兵周洞，二公抛石御敌，寇退。及至明帝即位，闻其忠烈，招授武职，奉匠讨剿贼于古滇，立功于王室。荷蒙圣恩，敕封略英公千户，略雄公总管，雄司室人耿氏，奉旨南征，镇守交趾，落业云南，难详其派。英公同室人潘氏把守洞口，后因年迈解组归田，择居白岩洞下神天坨告终，生子其禄、其爵，遵礼殡葬。雄公镇交趾有功，同室人耿氏回旨北京，转归桑梓，亦老于神天坨。侄其禄、其爵奠礼安葬，竖立庙宇，雕刻神像，永垂不朽。其爵乏嗣。其禄生二子名佳俊、佳能，能偕妻子远移建阳，生一子西山，孙名杭姑置不论，俊同妻子近居茅坪，后移桐车坪生一子北山，孙名显人庠。显生二子长启龙，次启虎字云、风从。后因代远年深，风雨飘零，祠庙崩颓，族等往祭触目惊心。咸丰十年（1860 年）孟冬，合族公议建立宗祠，谁料人心不古，阳为祠宇，阴为私室，众等始勤终怠，至今数载难以成功。蔡之位、蔡政秀、蔡必旺、蔡明玉、蔡光清、蔡桂宗日夜思念，欲合族再认，奈何三圣圣渭混杂，居心不愿，欲袖手旁观，眼视财坏良善，不忍此半途而废。不特先祖经雨露风霜之苦，即予后裔居不孝不慈之名，后若遇众务，必奎以蔡氏宗祠为口宴，其臭名必至永代难忘也。

※以上二则序，选自长房沅陵张家滩沿头村所存老谱。

石渠堂铭

石渠者,邕公之藏书阁也。邕公乃棱公之子,为东汉末文坛俊士。少时精敏过人,无不通达,俊杰廉悍,议论证据今古,出入经史百家,率常居其坐人。年少便取状元第,为当朝丞相驸马。邕公行孝廉而名振天下,志高而射牛斗之虚。为保存当代史册,藏百家之言,以智黔首。邕公者,吾蔡氏之辉也。吾辰州蔡氏宗支启祖,乃略英公也。其弟略雄公,当时是也,大明初定,草莽蠢动,二公辅佐朱元璋,深入南蛮不毛之地,平云南守交趾,受封于千户、总管之职。英公因喜沅邑风俗业茂,便弃职留居于神天坨。洎吾身几数拾世焉,梓属离久。为继英公土严,为承邕公之志,吾族前辈,于清雍正年间而立宗祠,名曰"石渠堂"也。誓以英公之辉,邕公之志,递传千秋。我辰州石渠宗祠,坐落于荔溪中游,麻溪铺李子溪村神仙坨,麻池公路擦边而过。纵横通达,广运百里,车水马龙,恒兀兀以穷年。宗祠大二百八十见方,构制之精,憾之败落。然其周之壮观,无不醉人。背有古木参天,桑竹点翠。前有良田旷野,放眼难收。每当春至,桃红李白,花香鸟语,欣欣然,如画如仙。此乃吾辰州宗支之始居地也。国之将兴,必有贤士能臣。夫贤能者,明纲纪政事之施也,明条理节文之著也。吾辰州蔡氏族秀济济,精英辈出,为国栋梁,殆不可数。钩其玄,而悟其道,乃英公之辉,邕公之志,明其途而坚其志也。故铭曰:"凡我石渠之嗣孙,务继英公之辉,务效邕公之志。政大光明世泽长,传遗经典绍书香。"

宗族的功能体现在维系整个家族宗亲的团结上,以及在政治事务中参与博弈。

> 以前,宗族都有自己的家族田产,但是在土改之后,当地的几大姓氏家族都没有田产了,也没有宗族的祠堂了,家族祭祀的时候只有某氏师宗的牌位。过年过节的时候,村里人还要去祭拜。目前没有什么族长,以前是有威信的老人才可以做族长。①

看上去似乎宗族力量很微弱,但是它恰恰隐藏在了日常生活中。这些年,当地的几大姓氏家族都纷纷组织重修族谱、寻祖认亲的活动,以壮大宗

---

① 据访谈录音整理。访谈时间:2011年7月,被访谈人:戴士虎。

族的力量。近几年，戴氏家族中的老人回江西去寻根，还把戴氏的血脉与春秋时期中原的戴氏相接。

浙南戴姓认祖归宗统一辈议决议

一、经过广泛酝酿，浙南戴姓制定的八十字新辈分，名字优雅，取词精美，词组严密，词语丰富，字味顺畅，内容深涵，朝气蓬勃，不计韵律，力避重复，一致决定作为浙南戴姓的新辈词，始祖戴×公第九十八世孙起使用第一字，下代后裔世孙依次排列上谱使用。鉴于少数支派使用的原辈词，目前更改有困难的，可实行双词制使用，但不得再行创造新辈词组，并将八十词组向全族世孙广为宣传，使之深记熟念。

二、戴姓认祖归宗统一行辈活动，为国争光，为族添荣，起了荣宗耀祖，勉励后代的作用．其功业无量，全族皆欢。新制的谱序，采古通今，古今结合，详述了这次统一行辈的活动过程，制定了全族应遵守纪纲，提出了后代应遵守的规言行为。今后各支派修谱，一律载入谱序，以示记录，并作为为祖国现代化建设，达到政通人和，国富民强的美言。

三、为了继承祖德，宣扬祖业，挖掘列祖文物，会议提出了捐资活动。大家一致赞成，并决定由各支先行动员，待明年清明时做出正式决定，开展筹集。

四、制定启用"谯国郡戴姓一统理事总会"印章，并按历史、地域等条件，建立分会，同样刻章启用，以便今后加强联系，通融合作，共达富荣。

五、新定行辈八十字，如遇兴前行辈有重复的字，可按以付字自行代替。

浙南戴族一统理事总会

1995 年 12 月 28 日

戴氏族谱

戴家村桐车坪

1992 年秋

洼礼堂

戴氏大宗根基

谯国郡

他们到浙江去寻祖认亲后带回一本全国戴氏宗谱，并将该谱与明中村戴氏的老谱、旧谱放在一起保管。蔡氏家族同样也发起了重修族谱、重新修订班派的活动。

《蔡氏族谱》内容包括：总理事会名单、编辑校对财务组名单、分房理事会名单、各县市联络点、各居地村房理事分会名单、理事扩大会议纪念照、正副理事长、组长个人照、编辑组集体照、大额赞助芳名照、赞助芳名录、国家伟人论族谱、老谱序选登（五篇）、石渠堂铭、蔡氏源流考、蔡氏三修族谱新老班派序、三修族谱统一班派诗、蔡氏三修族谱序、感（两篇）、三修族谱序、多年的愿望、蔡氏宗祠瞻仰记、泸溪潭西口蔡氏来源小序、中国蔡氏名人传略、蔡氏先贤录、略英公后裔名人传略、优秀人才（名人、人才、任事）录、族谱延续及祭祖文告、蔡氏家训族规、蔡氏族规四字经、名人题词、对联集锦、三修族谱记事、三修族谱代跋、沅陵风貌、沅陵景点彩图、蔡氏居地分布示意图、蔡氏三修族谱人口统计、关于修复蔡氏宗祠的决定、世系图。

蔡氏三修族谱理事会

壬午（2002 年）孟春

在这本族谱里，编纂者表示，由于各房支迁到其他地方的时间久远，连班辈字派都出现了差异，使得同龄人见面都乱了分寸，不知道互相是属于什么字辈，也不好称呼，这使得宗族受到根本的动摇和威胁。于是重新修订班派字辈就显得非常必要了。

经公元二〇〇一年农历五月十一日在沅陵县城召开的各村房代表会决定，为使我略英公后裔统一班次，使长平晚辈有其明，支派大小其有别，加深支房子孙团结，发扬互助互爱精神，从第二十九代起，改用新班派。即长房、三、四、五、六、七、八房原班派用到香字班，香字班下一代启用新班派贤字班；二房原班派用到盛字班，盛字班下一代启用新班派贤字班，辰溪仙人湾罗家等个别地方，原班派已出生显达自三代，即显同新班派贤、达同新班派诚、自同新班派宽，可等同继续用原三个班派，也可改为新班派。但自新谱办法之日，新生的子孙，必须用新班派取名。

辰溪石碧乡凉亭湾等原班派用到天字班，天字班下一代用新班派贤字班。辰溪龙泉岩乡板溪村大水田乡中庄村山界坪原班派用到兴字班，兴字下一代用新班贤字班。

湘西花垣当时未参加会，后来代表来理事会联系，也同意统一班次，原班派用到庆字班，庆字下一代用新班贤字班。

其他各地如有不同班次的，自行依次类推，套用新班派。

以上希各村房遵照统一而行之。

蔡氏三修族谱新老班次序

大房永富公沅陵沿头村所存老谱班派载明：

略其佳山曰启永　　志廷金朝仲兴文

正大光明世泽长　　传遗经典绍书香

克敦孝友崇家政　　应重芳声效洛阳

二房永贵公牛婆溪所存老谱班派载明：

略其佳山曰启永　　善添聪全志　　杰(月富贵长)

学加国月正　　明宗文绍光　　超拔仁德盛

显达自荣昌　　九峰登甲第　　青骑裕映香

二房辰溪凉亭湾从第十一代起班派为：

秀凤腾云世绍正　　必拔仁泽兴明良

俊义朝天子,仕志尚大臣

五房后山所存老谱班派载明：

文思廷天兴书成　　士道芝先必显明

周武锡风同雨泽　　洪图丕成逢林升

三房张家滩所存老谱班派载明：

奉汝天金　　孟文国治

正大光明世泽长　　传心经典绍书香

克敦孝友崇家政　　应重芳声效洛阳

八房永高公麻阳塔班派为：

永文志思廷　　金孟兴立国

正大光明世泽长　　传新经典绍书香

克敦孝友崇家政　　应重芳声效洛阳

八房永高公居花垣县龙洞村后裔班派为：

文思廷仲恩书成　　仕大芝仙必显明

周武锡风国日庆　　宏图振丕配麟森

蔡氏族谱济阳石渠堂

蔡氏辰州宗支三修族谱班次序

世次：1 2 3 4 5 6 7 8 9　10 11 12 13 14

班字：略其佳山日启永志廷　金　朝　仲　兴　文

善 添 聪 全 志 杰 学

世次：15 16 17 18 19 20 21 22 23 24 25 26 27 28

班字：正 大 光 明 世 泽 长 传 遗 经 典 绍 书 香

加 国 月 正 明 宗 文 绍 光 超 拔 仁 德 盛

世次： 29 30 31 32 33 34 35 36 37 38 39 40 41 42

班字： 贤 诚 宽 厚 定 高 尚 和 贵 平 安 能 瑞 祥

世次：43 44 45 46 47 48 49 50 51 52 53 54 55 56

班字：丰 茂 裕 惠 发 宏 富 前 程 远 浩 越 顺 畅

三修族谱统一新班派诗

贤诚宽厚定高尚

和贵平安能瑞祥

丰茂裕惠发宏富

前程远浩越顺畅

蔡氏家族的人还告诉我们，溆浦那边的人，更热心修谱，他们还帮修了麻溪铺的祠堂。那座祠堂以前是被破坏了，后来又被人为损坏，现在已经重修得非常漂亮，在公路边都可以直接看到祠堂的山门。

另外，家族力量体现在村委会换届选举的时候，都倾向于选自己家族的人。不过诸如村委会选举之类的事务以及红白喜事，麻溪铺的人并不参与到明中村蔡氏家族的事务中来。

（二）村两委

历史上，明中村先后在郡县制、都图制、保甲制度等制度下接受国家政权的掌控。从中华人民共和国成立以后，执行着党和国家规定的组织模式。

我们村一直都跟国家保持一致的，国家说怎么搞，我们就怎么搞。在"文革"时期，把支部、大队的书记都撤了，要"斗、批、改"，要"建立新政权"，大队重新建立了一个支部。明中村分为两派，斗争得非常厉害，其中一派是大队长的哥哥当了造反头子，两派都合不来，互相不服气，斗争了好几个月都没有结果。然后上面就派了地区党校的一位南下干部来管工作，这位郭姓干部非常善于做工作，也善于处理和调解纠纷。之后，村里就推荐了蔡家村的一位老党员当任支书，一直到他退休为止。

还有"文革"期间，一位戴姓村民家里搞买卖，村里就曾召开过批斗大会。搞买卖在当时是不允许的呀，村里人反映后，他觉得不服气，因为他家里生活困难，不这样做的话就没饭吃了。但是按照当时的社会氛围，不开批斗会是行不通的哦。支书就说："没办法，别人告你了，就要批评你。"就把他带到原来仓库的位置，开大会批斗他。不过呢，批斗大会比较温和，指出缺点，批评一下，让他认个错，没有打人。①

目前，明中村不仅有村两委（即村党委支部和村民委员会），也有一整套有关人事选任和两委工作的制度。村两委的工作重心是体察民情，传达民意，关注民生，为村里百姓做实事行好事。具体就是通过贴告示、广告、宣传标语、开会等各种方式，向村民传达党的方针政策和国务院各项制度条例；配合上级组织带领全村人民发展经济，满足人民的衣、食、住、行等基本需求；要致力发展教育事业，负责调解民间纠纷、协助维护社会治安，还要教育群众知法、懂法、守法。还有一些涉及国计民生的事务，如扶贫项目、新型农村合作医疗等，大大小小。另外，由于明中村是中国传统村落，又是省级文物保护单位，宣传和用心维护明中村古民居，也是村干部的主要职责，每当有人慕名而来时，往往都是村干部热情地带领他们实地参观。事无巨细，村干部时时刻刻都在发挥着作用。

由于村党支部是荔溪乡党委在村级的代理人，接受荔溪乡党委的领导，是党在农村的最基层的组织，因而是本村各种组织和各项工作的领导核心。目前明中村一共有 60 名党员，其中前妇委会主任的大家庭中就有 4 名党员（她本人、她妈妈和她两个弟弟）。这些党员在明中村的社会发展各个方面都起了带头作用。

村党支部的功能主要是通过村委会的工作直接处理村里公共事务，协调村委会与其他组织的关系，并支持和保障村委会的自治活动。老支书说：

村党支部有什么作用？我认为主要就是上传下达，将党的政策传达到群众中，通过村委会来组织群众搞生产，提高生活水平，帮助群众解决生活中的纠纷和困难。在生产队和集体建设时期就组织了村民修水库、修公路等自发性的生产劳动。现在嘛，主要是搞产业发展经济，让村里人都脱贫，都过上好生活。

以前党支部也要集中学习的。一年至少要开两次大会吧，"七一"

---

① 据访谈录音整理。访谈时间：2011 年 7 月，被访谈人：戴德超。

116

开一次,春节开一次团拜会,所有党员都要在场。平时呢,村里有什么事,也都是党支部开会商量决定了。现在新时代了,党员的学习活动也比以前多很多了,主要是谋发展,党员就要发挥模范作用。党支部不仅是上传下达,还要推进下情上传哦。①

（三）临时组织

临时组织是为了某一个具体的事情而发起的组织,例如以前村民出工修路,大家就要选个头子来管理。这类组织还包括红白喜事委员会、水利组织、花灯组织等等。其特点是临时起意,某个村民带头喊几声,大家搭伙。例如舞龙灯,有几个老人吆喝起来,其他人跟着搭伙到处舞龙灯。但是随着老人的故去,现在没有人出面组织舞龙灯和花灯了。这也是这类临时组织的最大特征,"临时"不固定。

一些手艺人也会临时形成一个组织,例如木匠、八仙等。木匠常是包括所有木工活儿,也修木房子,木房子一般要两三个月,而且一个木匠往往没法赶在时间截止前做完。于是有些木匠接了活儿以后忙不过来,就找其他木匠来帮忙,工钱由主人家出。虽然木匠没有正式的协会组织,但是相互之间都知道谁是做木工的,有需要的时候就请对方来协助,形成一个临时的组织。

特别值得一提的还有"八仙"组织。"八仙"是指在葬礼仪式上负责敲锣打鼓、做道场以及主持祭礼的人,包括三秀才、道士先生和敲锣打鼓的人。他们也是临时形成的一个"组织",在葬礼期间互相配合做法事。虽然在超度仪式中,道士先生是主要人物,但是也离不开其他人的协助。

二、乡约与习惯法

明中村人遵守的规则主要有三类:第一类是国家法律法规,例如婚姻法、劳动法等现行法律规定;第二类是村规乡约,包括了正式和非正式的规定。这是村民在日常生活中主要遵守的行为准则,一旦违反了,就会按照习惯法来惩罚。前提是并没有违反国家法律,换句话说,村规民约与现行法律并不相背;第三类是传统上的宗族惯例,要求属于该宗族的成员们遵守其规

---

① 据访谈录音整理。访谈时间:2011 年 7 月,被访谈人:戴德鑫。

则,但是对非宗族成员则没有约束力。而且随着社会变迁,宗族力量的式微,宗族惯例越来越少受到年轻人的重视。

(一)村规民约

村规乡约有两类:一类是正式行文的规定,包括村委会的各类规定,还有各宗族写在族谱上的规定,希望宗族子弟能够遵守族规;另一类是口头的形式,包括平时的劝解,一些潜在的规则等等。第一类包括村里对于保护明清古建筑的村规,村规写在村口水泥桥旁边的黑板上,要求村民自觉维护古民居。

明中村古建保护公约

为了保护我村古建院落,根据国家文物保护政策,特制定本公约。

一、维护古建原貌,禁止非法拆毁、买卖,禁止新建、改建、添建建筑。在保护范围内,不得进行建设工程活动爆破、钻探、挖掘等作业。

二、对古民居的修缮、维修应遵守国家文物保护法,不得破坏古建筑的历史风貌。

三、加强安全用火用电,消除各种隐患。

四、加强村容村貌整治,严禁乱倒乱堆垃圾、禾秽物,柴草、粪土应定点堆放。

五、违反本村规民约的,除触犯法律由有关部门依法处理外,村民委员会可做出如下处理:

1.予以批评教育;

2.责令其恢复原状或作价赔偿;

3.取消享受或者暂缓享受村里的各种优惠待遇。

(二)宗族规诫

宗族对于自己家族子弟的规诫,写在族谱上。但是随着宗族力量的消减,这些规定并不完全为宗族子弟所知晓。同样的情况还包括一些家训、族规,也较少被贯彻执行。

蔡氏族谱管理延续及尊宗祭祖文告

蔡氏族谱是我蔡姓人氏生存繁衍、兴盛发展历程的文字记载,是重要的家族历史资料与家族传统文化,同时也为地方政府编写史志提供资料和为国家进行宏观研究提供充分依据。为使我蔡氏族谱能妥善保存和不断延续,代代相传,特立本文告,望我后辈务必遵。

一、一切修谱祭祖活动,在国家宪法允许范围进行。

二、常设修谱祭祖理事会,沅陵设总会,各居住地设分会,负责族谱延续和组织祭组活动。理事会成员随缺随补。

三、每个分会推选有一定文化素质,责任心强的族谱管理员一至二人,负责保管谱牒,与有关记载,并代代相传。

四、要用专门的金属箱或金属柜存放谱牒,以防虫鼠侵蚀。

五、每年六月初六要晒谱,防止谱牒受潮。

六、各分会要建立生、老、娶、嫁、迁徙人口登记簿,由族谱管理员用墨笔或碳素笔登记,以为续修族谱积累原始资料。

七、迁出人员要与原籍家族保持永久联系,要持有蔡氏族谱,要把祖宗根源世代相传。

八、我蔡氏略英公后裔每三十年续修族谱一次,本次二〇〇一年为三修族谱年,下次二〇三一年为四修族谱年。到时由总理事会组织进行,往后依此类推。

九、要加强族谱保管和后传,蔡氏子孙人人都有保护、保卫族谱的责任,如遇外界或社会原因侵害,蔡氏族人要千方百计保护好族谱,使我蔡氏族谱代代相传,千秋永存。

十、祭祖活动。各分会每年清明期间在当地举行祭祖活动,总会从二〇〇二年起,每三年(九月初一日)在沅陵神天坨老屋场蔡氏宗祠举行一次祭祖活动,各分会均派人参加。(即二〇〇二年、二〇〇五年、二〇〇八年……依次类推,为祭祖年)

十一、凡我蔡氏族人,人人都要自觉承担续谱和祭祖活动所需要的经费开支。

蔡氏辰州略英公后裔续谱祭祖理事会

公元二〇〇二年壬午孟春立

蔡氏家训

忠孝　　仁智　　立业　　循规

具体细则

忠孝,是要忠于自己的国家,热爱祖国,为国家多做贡献。保家卫国,要敬父母,尊敬长辈,尊崇祖宗,继承祖上优良传统。

仁智,为人要有良好品德,要善良宽厚,爱护关心他人,助人为乐。

要努力读书求学问，摆脱愚昧，丰富智慧，积累才识。

立业，要努力创立自己的事业，大则成为国家栋梁，祖国英才，成就大业。小则创立家业，过上安居乐业生活，不虚度年华。

循规，指行为要有规矩，要遵守家训族规和乡规民约，要遵守国家法律法规，做蔡氏好后代，当国家好公民。

蔡氏族规

我蔡氏各村房，凡女儿招郎上门的，以及丧偶少妇招夫上门的，其生育的子女必须姓蔡。否则，不能在蔡氏村庄居留。

蔡氏族规四字经

爱我中华	遵守国法	履行义务	决不拖拉
公粮国税	按时交纳	义务当兵	积极参加
尊师重教	孝敬爸妈	和睦邻居	助残恤寡
叔侄兄弟	团结合把	以理服人	切莫打骂
游手好闲	脸上无光	勤劳致富	不可偷扒
讲究道德	行为检点	嫖娼乱伦	族人唾骂
学习科学	娱乐正当	打牌赌博	莫去沾它
婚丧喜庆	不要铺张	精打细算	勤俭持家
庭院经济	生财有方	科学种田	财富增加
担任公务	职责尽到	廉洁奉公	人人都夸
蔡氏族人	遵规守法	团结一心	兴旺发达

据了解，目前明中村的宗族力量主要是在促使宗族团结等事宜方面进行作为，惩戒、威慑等方面的表现已经相当弱化。一旦村民有纠纷或打架之类的事件出现，当地村民会直接找支书调解，而并不寻求宗族内部人士来评判。

（三）纠纷与治保调解

民间纠纷是村民生产、生活矛盾的集中反映。民间纠纷可大可小，涉及经济、政治、医疗、卫生、教育、文化、娱乐等方面。

宗族是瓦乡人传统社会的一种社会组织单位，并无明确的族长，但由于其层级结构特点，在其内部可分化为不同的人群组合，构成互动的局面，必然会产生各种复杂的关系，有各种利益争夺的矛盾。明中村，作为一个单姓为主的村，曾经在相当长的时间内，宗族制度发挥着整合村落社会的作用。

但宗族内部的争端,至今村里老人仍口口相传着:

> 大约是明代中期,发生过宗族大事。宗族戴氏开会,为了山林问题发生了争吵。先是口头上的,后来就开始上升到动武。一方煮了稀饭,上瓦浇下去;另一方搞了辣椒水,浇向对方。双方的男人不是拿刀就是拿枪,准备搞大事。宗族见势,就又召集开会,摊开来说,不要让太多人受伤,我们都是一个宗族的,何必搞架。后来当地县衙也出面进行了调解。[①]

民国时期,明溪一带的宗族也曾经发生过家族间的争端。

> 我们这边的张姓和颜姓两个家族,他们自己有火枪,他们家里有人在外面当官,后来是政府出面,老人家都调解不了。[②]

1949年后,宗族不再参与政治,宗族的财产被没收,宗族势力被视为封建的余孽加以扫荡。在后来的政治运动中,宗族是革命的对象,遭到毁灭性的冲击,宗族原有的功能已丧失。近几十年来,宗族之间大的矛盾再没有发生过。

据戴士勇介绍,和解是如今村民解决日常纠纷的主要方式,特别是在婚姻家庭纠纷和邻里纠纷方面,多是村民自己解决,或者由德高望重的人,或者做中人的人出面,来评判和解决纠纷。只有调节不下的情况下,才会请求村组织或者乡上机关出面。

> 村里人,各有各自的性格、习惯,处事方式也不同,肯定有矛盾的。以前,就请村里的老人出面讲话。集体时候,村里有什么矛盾就是找大队长调解了。村里有生产委员一个,大队长一个,有支书一个,民连一个,自保主任一个。自保主任又称为调解主任,专门负责扯皮打架的调解。

> 曾经有一次,有一位村民与别人生冲突,发怒放话说,一把火枪(当地人自制的火枪)搞死你!调解主任听说后,就上门劝说,后来派出所的都来了,把火枪缴了,当时才没有人被打伤。[③]

而更多涉及经济利益的纠纷,如果实在解决不了,有的只好诉诸于法律,经过法律程序来解决。但是不可否认,调节人们社会关系主要运用的还

---

① 据访谈录音整理。访谈时间:2011年7月,被访谈人:戴姓村民。
② 据访谈录音整理。访谈时间:2011年7月,被访谈人:戴姓村民。
③ 据访谈录音整理。访谈时间:2011年7月,被访谈人:戴德鑫。

是"习俗规定"、"情理"、"说法"等等，这就是与法律法规等"正式制度"相对而言的"非正式制度"。

> 以前有人专门管水，分田以后，地坎、田坎这些由村民自己来管，就产生一些矛盾，怎么办？请村干部出面来解决呀。有时候要村支书和村主任同时到场才行。

> 还有以前有偷树的，比如说你的地里有树，我就去把你的树偷了。偷树被抓到了，就要把树吊在胸前或者背上游街，还要一边走一边喊，"我偷树，别人偷树莫喊我"。现在有加工厂以后，也有偷树的，主要是把树卖给加工厂。偷树被抓到就要罚款，还要把被偷的树还给对方。再就是偷牛的，偷其他的。偷牛的要是被偷的人找到了牛，知道是谁偷的，就要被判刑。

> 我们这里，以前还有个别恶性事件。双河那里，有两个男女关系恶劣，男的把他们捉到了，就搞死了那个男的，后来就被抓了，判刑了。还有一个案子是两个人打牌赌博，为了五块钱，一个人身上有刀，就用菜刀砍死了对方。后来就跑了，但肯定跑不脱。①

显然，相比较于苗族社会内部维护当地社会秩序、调整内部关系的"合款"（流行于湘西、湘西南及邻近的鄂、川、黔、桂边苗族地区）、"埋岩"（流行于广西大苗山融水及黔桂边苗族地区）、"议榔"（流行于黔东南、黔南和黔中苗族地区）等社会组织形式以及各苗族地区普遍存在的一种重要管理体制寨老和理老制，明中村是以一个宗族为主体、多个宗族聚居的村落，更多体现了汉族的家族宗亲的影响。

家族是汉文化中的一个重要概念，《管子·小匡》："公修公族，家修家族。使相连以事，相及以禄。"早在春秋战国时期，以"侯服、甸服、绥服、要服、荒服"五服和"九族"为核心的宗族，构成了中原汉人社会的主要社会结构。在人生礼仪中，每个家庭成员根据自己与对方的血缘关系和当时的社会公认形式来表达自己的身份，例如丧礼中的披麻戴孝，婚礼中的司仪、司酒等等，都由家庭成员在宗族结构中的具体角色来决定。在五服九族的宗族关系图中，年纪最大的往往具有权威优势，但同时又与社会身份相结合，如果社会身份更高，即使年轻一些也无妨。

---

① 据访谈录音整理。访谈时间：2011 年 7 月，被访谈人：戴德超。

　　明中村人的行为、规范呈现出的也是这种以家族为核心的宗族制度,即制定族内规定来约束家族子弟,这和各地苗族普遍流行着的各种习惯法,包括"古理古法"、"榔规"、"款约"等相去甚远。尽管宗族是一种适应能力很强的社会组织,宗族作为一种认同有着很强的凝聚力,但在社会变迁的当下,新一代对宗族的观念淡薄,宗族的知识也缺乏,宗族作为一种社会制度,一部分功能失去了。在这一点上,明中村人的宗族制度与苗族民间的习惯法一样,都出现变迁的趋势。国家法律法规取代了乡约民俗,年轻一代往往更加具有"个体主义"的特征,无论是理老还是寨老,都再也没有重现历史上的重要角色,而是将权力重心转交给了村主任、支书和党支部。村里的民间纠纷,往往是由乡上的人民调解来协调,而不是交给宗族的老人调节。

第九章
生活习俗

物质生活习俗包括饮食、服饰、居住、建筑及器用等方面的民俗。[①] 其不仅体现了经济与物质生活的内在逻辑，而且还体现了在适应、利用自然的长期过程中形成的文化逻辑。随着社会不断地发展与变迁以及农村生产生活水平的不断提高，明中村的日常生活也在发生着变化，而最明显的变化就体现在他们的服饰、饮食、居住以及器用的改变。

一、服　饰

在日常生活中，明中村村民的穿戴多以市面上购买的成品为主，个别人买布回来请附近的裁缝做衣。据村中一位 80 岁左右的报道人回忆，以前村里几乎家家都有纺纱机和织布机，都是自己纺纱织布，村民穿的衣服、鞋子，包括戴的帽子都是自己制作的。

夏季，明中村的成年女性多穿白色、灰色短袖上衣，青年多着黑色短裤，中老年妇女多着灰色、褐色、黑色长裤。男性村民大多光着上身（也有身穿白色或天蓝色衬衣，将衬衣扣子敞开的），穿深灰色和黑色不系皮带的中腰短裤（个别老年人穿中腰、浅灰色麻纱裤子，裤腿往上卷起，腰上系了皮带之后翻一截出来以防止滑落）。无论男女，或打赤脚，或穿一双塑料凉拖（各种颜色都有）。小女孩多穿短裙和短袖上衣，颜色以粉红、红色、白色为主，小男孩多以短袖 T 恤和灰色、白色短裤为主（也有部分上身赤裸，只着短裤的），或赤脚，或穿凉拖。

春秋季时，村民身穿浅蓝、深蓝色和黑色长袖外衣，面料以氨纶、涤纶、

---

①　钟敬文主编：《民俗学概论》，上海文艺出版社，2004 年，第 73 页。

腈纶等化学纤维为主，里面穿高领或浅领的 T 恤。天寒时，再加一件毛衣在
T 恤外面。毛衣多为妇女买毛线手工编织而成。成年人鞋子以解放鞋、皮
鞋为主，小孩子主要穿运动鞋。

　　冬季，村民无论男女，着装颜色以深色为主。多穿棉衣（男性中有穿黑
色皮夹克的），着黑色或青色长裤（青年女性中有穿浅蓝色牛仔裤的），出门
穿皮鞋（有的青年女性穿长筒皮靴），在家穿棉鞋。上年纪的男性多戴皮帽，
上年纪的女性或用毛巾把头部包裹一圈或戴自织的毛线帽。小女孩和小男
孩的棉服多以亮色为主，为让棉服耐脏，大一点的小孩往往在棉服上再罩一
件单衣，小一点的则围上一个围兜，戴上袖套。鞋子，女孩以红色为主，男孩
以黑色为主。

图 9-1　女性服饰(唐世兴摄)

　　明中村村民干农活、放牲口、做家务、去赶集，在衣服穿着上没有什么特
别的讲究。但是"吃酒（红白喜事）的时候就一定要穿好一点，新一点的衣
服"，"去祭拜菩萨时，最好是换上整齐干净的衣服"。

　　显然，现在明中村人的衣着已然与时代是同步的。那么明中村人记忆
中的服饰又是怎样的呢？

　　　　以前，村里 3 岁左右的小孩子不分男女，都穿短小掩胸衣，开裆裤，
穿手工绣花鞋，胸颈部围口水围巾或围裙。3～5 岁后，女孩穿掩胸花
衣、花统裤、花布鞋，男孩身着对襟小童衣、统裤，穿布鞋不绣花。

　　　　青壮年男子穿的是七扣对襟短衣，老年男子穿的是掩胸衣，衣长齐
膝，下身都穿长筒裤，腰围青或蓝布长巾，头包青布或丝长帕，脚穿长筒

布袜、布鞋。

村里的妇女喜爱制作和穿那长襟、大袖、矮领、掩胸、镶花色边的绣花衣，更喜欢胸罩镶边绣花或是挑花的满胸围裙。围裙上挑绣的图案多种多样，有牡丹、菊花、山茶花，还有谷穗、丹凤朝阳、狮子滚绣球等。穿的裤子呢，除裤脚边有挑花外，有的裤管至膝盖附近也都有挑花。她们头上都要包头帕，没结婚的和新媳妇包的是白布挑花帕，中年包的是蓝色挑花帕，头帕的四角都要挑满花，挑花颜色多以黑白或蓝白对比。老年妇女包的是黑色布帕，不挑花。女子都习惯穿尖头、船形大花鞋，后面有花鞋跟。结婚时，鞋面红色，全部绣花。中年蓝色，老年黑色。另外，女子结婚时，还要按祖上兴起的习惯，备有一件红夹衣。面料多是蚕绢的，用朱砂染红制作而成。都说这件衣服，可以防虫毒，还可以驱鬼除邪。所以这件衣服就很珍贵了，在出嫁新婚时穿一段时间就换掉了，只在特别喜庆的日子才又拿出来穿上它。而老年妇女满花甲以后，就要想方设法制作一件红棉衣，作为寿衣。还要准备一双红色尖头绣花鞋。[①]

图 9-2　挑花围裙(唐世兴摄)

[①]　据访谈录音整理。访谈时间：2011 年 7 月，2015 年 8 月，被访谈人：戴姓、马姓、蔡姓村民。

　　村民对服饰的某些记忆,与 1983 年瓦乡人张永家、侯自佳在《关于"瓦乡人"的调查报告》一文中对服饰的描述不谋而合:

　　穿着:爱穿花衣服。不分男女,年幼时总穿着妈妈或姐姐用丝线绣的花鞋和花裤。穿着花鞋和花裤的姑娘,虽然年幼,也学着妈妈、姐姐的样儿挑花和绣花。人们进入"瓦乡人"居住的村寨,就会看到年轻姑娘除穿花鞋花裤外,身上穿的是衣襟和衣袖上绣满花的花衣服,头上包的是四角挑满花的花头巾,胸前还围着挑满花的花围裙。所挑绣之花,五颜六色,千姿百态,栩栩如生。姑娘身上的花,鲜艳夺目,中老年妇女身上的花,青蓝紫橙,并且衣是滚边无领的。"瓦乡"妇女,除会挑花衣、花裤、花鞋、花帕外,还会挑花被子、编织花带子等。爱花绣花,是"瓦乡人"的一种爱好。旧时,妇女还穿紫红色的百褶裙,戴琳琅满目的银首饰。[①]

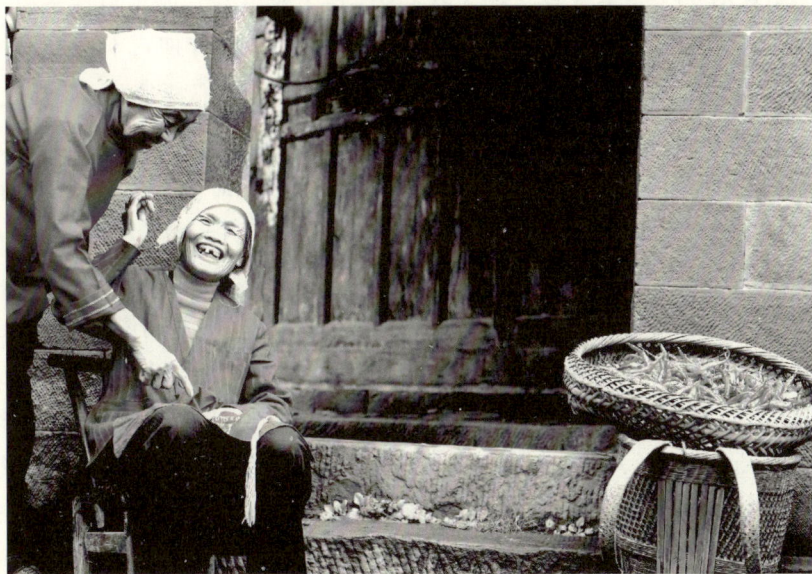

图 9-3　绣围裙(唐世兴摄)

　　如今,明中村的男子只有极个别老年人包青色长帕,妇女旧的绣花衣也

① 张永家、侯自佳:《关于"瓦乡人"的调查报告》,《吉首大学学报(社会科学版)》1984 年第 1 期。

都藏入家中箱内了,女子包头帕和围胸裙的人已经越来越少,制作绣花衣裤就更少了,连头帕也很难见到有挑花的。但由池坪经明中村往麻溪铺镇赶场的路途中,可以看见许多包有头帕和围着挑花围裙的妇女。她们的围裙一般为深蓝色,满胸,胸前有银质盘扣,围裙上端用白色、红色等丝线绣有图案,襟边也绣上了花纹。头帕有白、蓝、黑三色,据此可以判断她们不同的身份。至于结婚时穿的"红夹衣"在明中村依然盛行,只不过发生了变化,越来越跟进时尚。

现在都兴穿那种红底缎绣金纹的嫁衣,都是从市面上直接买回来的。与这里相隔不远的竹园乡的女子在结婚时,还时兴穿红色老衣,她们上身穿的是那种右襟长衣,下身穿绣满了花鸟凤凰图案的裙子,颜色是深蓝色和黑色的。①

明中村 1～2 岁的男孩几乎都剃光头,3～7 岁的男孩以平头或光头为多;1～5 岁小女孩的头发要么朝天扎起来,要么剪短发。成年男性多以平头为主(一般由集市上专门给男性剃头发的流动理发师打理),女性多蓄中长发,或披肩或扎成马尾。未婚女子已经很少有像以前那样梳发辫缠于头顶或吊于后背了,而结婚妇女梳高髻在脑后的也多为五十岁以上的中老年人。

明中村的男性村民多戴石英手表,不是为了装饰,而是为了方便看时间。已婚妇女大多戴没有特别图案的金戒指或银戒指,也有个别年轻人戴钻戒。

以前村里时兴 3 岁左右的小孩戴绣花狗头帽,帽子上除用五色丝线绣"喜鹊闹梅"、"凤穿牡丹"、"长命福贵"、"福禄寿喜"等字样及花草、图案外,帽沿正面还缀有"八仙"、"十八罗汉"等银质菩萨,有的两边还吊有响铃。还兴戴银器,颈上戴银项圈,手腕上戴银手圈,脚上戴银脚圈,5 岁后所佩戴的银器去除,由父母保存留作纪念。大多数女子平时不怎么戴银器,但出嫁时要盛装打扮,穿裙子,耳朵戴银耳环,头上戴满银花,插银梳子,银链子要垂到新娘的额头前。用银链子系花围裙,银排扣要垂于胸前背后,手上戴银镯子和银戒指,银手镯上面的图案以福寿刻字和花鸟图案为主。全部佩戴的银饰加起来有好几斤重。②

---

① 据访谈录音整理。访谈时间:2012 年 2 月,被访谈人:夏姓村民。
② 据访谈录音整理。访谈时间:2011 年 7 月、2015 年 8 月,被访谈人:村中三位女性村民。

如今,已很难见到有小孩戴银饰,穿绣花鞋,戴狗头帽了。至于女子出嫁时的银饰盛装更是难以得见了。

赶场的时候,在池坪的集市上还能见到专门给男性剃头发的流动理发师。

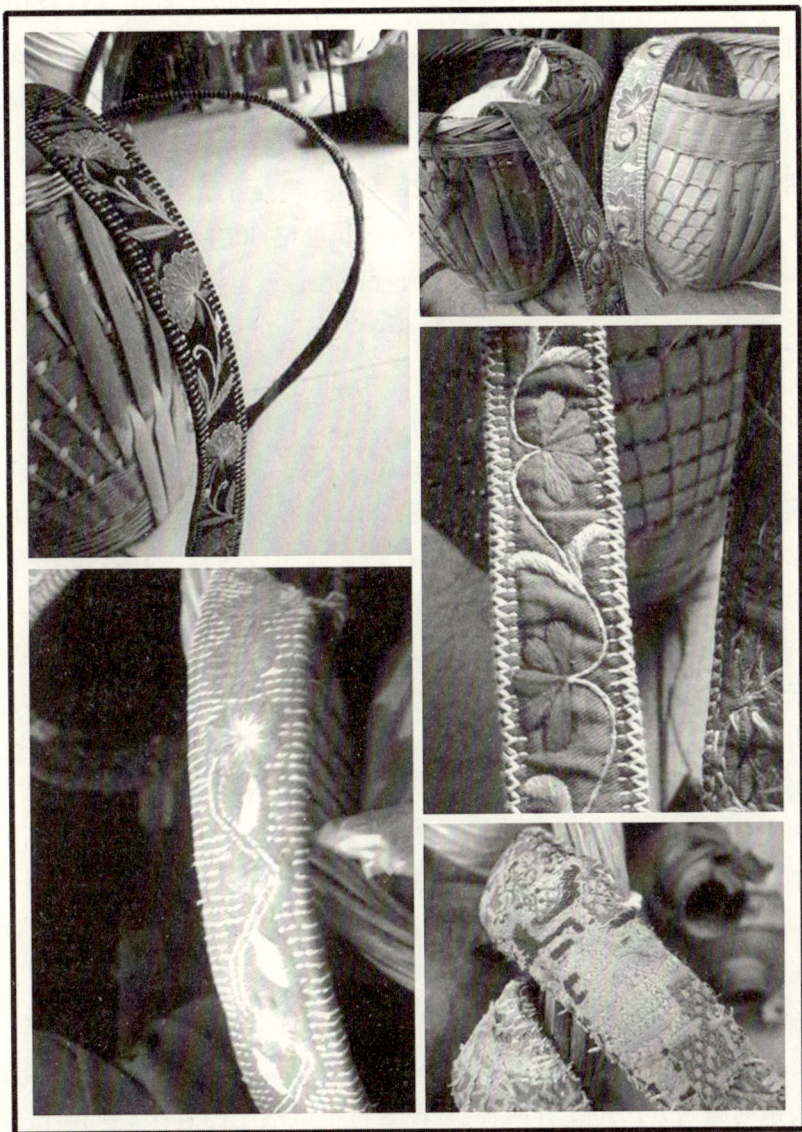

图 9-4　背篓肩带上的绣花

二、饮　食

明中村人日食三餐，也有少许人家在"立冬"之后，因日子要短一些，改为一日两餐的。夏季早餐时间一般是7～8点之间，冬季略晚一些；中饭一般要到下午1点左右，农忙时延至2～3点吃；晚饭在7点多。据村中老人讲，以前生活十分艰苦，一日三餐难以维持，都是日食两餐，早餐一般安排在上午九点左右，晚餐则是下午收工后，五点左右吃。主食为大米（年成不好时亦靠玉米和红薯来充饥）。

明中村人的主食以大米为主，包谷、红薯、荞麦等杂粮为次。如遇灾年，便主次颠倒，有的甚至上山挖葛充饥（自20世纪90年代以后，村里吃饭已不成问题）。偶尔在赶集时兼食一些面食，如面条、包子、馒头、油条等。

（一）菜　肴

日常菜肴主要是自家园地里的时令蔬菜、自制腊肉、腊豆腐、酸菜等以及在集市或流动商贩所购买的蔬菜、豆腐、肉类。其中辣椒和酸菜是最为常见的家常菜，特别是辣椒，对明中村人来说，没有辣椒，吃什么都没有味道，因此家家户户都种有辣椒，辣椒烹调有炒食或制成酸辣、酱辣、腌辣等。蔬菜大多可以自给，春夏吃苋菜、菜豌豆、豇豆、四季豆、茄子以及黄瓜、冬瓜、苦瓜、丝瓜、南瓜等，秋冬吃白菜、萝卜、莴笋、茼蒿、芹菜、胡萝卜等。豆类食品包括豆腐以及各种豆腐制品，如白豆腐、油炸豆腐、腊豆腐干等。肉类以猪肉为主，大多人家是3～5天吃一次，村里富裕的人家几乎天天吃肉。至于像鸡、鸭、狗、鱼之类，则要等到过年过节时或有特殊情况时才能吃。明中村人嗜食辛辣，亦喜食酸，每家每户均备有若干酸菜坛子，多者达二三十个，有青菜酸、萝卜酸、胡葱酸、芝麻叶酸、芋头酸、榨菜酸、辣椒酸、豆角酸、刀豆酸、茄子酸、薹头酸、蕨菜酸，等等，还有糯米酢辣子以及上等的酸肉、酸鱼、酸粉肠等。

酸菜味鲜可口，健胃生津，是明中村人用来佐餐的一道家常菜。酸菜既可炒食，也可开汤就食。特别是暑天将酸菜开成清汤，是十分可口的解渴饮料。酸菜的腌制方法主要有两种：一种是将稍微晒干的青菜、萝卜、白菜、黄瓜、大头菜、苞苞菜、辣椒、花椒、大蒜、姜等装入明水坛子里，然后加入凉开水和食盐，与菜拌匀，泡上3～7天就可以食用了；另一种是将青菜、白菜、韭菜、萝卜等洗净晒干，切细，调上盐，然后装在坛子里，再用粽叶压紧，最后把坛口用塑料纸封住,倒扣在盛有水的盘子里。两种不同的工艺所腌制出来的酸菜在口感和味道上都各有特色。

表 9-1　主食与肉菜

时间	地点	人数	主食	菜肴
2011 年 7 月 20 日 18 时 51 分	石甜借宿的房东家堂屋	房东夫妇和石甜	米饭	炒豇豆、红辣椒炒猪肉、酸菜
2011 年 7 月 21 日 7 点 50 分	石甜借宿的房东家堂屋	房东夫妇和石甜	米饭	炒南瓜丝、炒豇豆、酸菜
2012 年 2 月 5 日 19 点 20 分	石甜借宿的房东家堂屋	房东夫妇和石甜	米饭	凉拌酸萝卜、腊豆腐干炒腊肉、炒白菜、酸菜
2012 年 2 月 6 日 7 点 40 分	石甜借宿的房东家堂屋	房东夫妇和石甜	米饭	青椒炒肉、腊豆腐干炒腊肉、炒白菜、酸菜
2012 年 2 月 7 日 15 时左右	蔡家院子	某户 10 人左右	米饭	炖鸡肉、炖猪蹄、红辣椒炒肉片、炒香肠、辣椒糯米酿、糯米辣椒、酸菜、炒白菜

糯米酢辣子既是明中村人的一道家常菜,也是用于待客的一道开胃菜。其制作方法有两种:一种是先将糯米打成粉,再将红辣椒砍细倒入糯米粉中搅匀,装进陶罐压紧,用棕叶将坛口塞紧,倒置于水钵中密闭,约 5~7 天后即可食用。食用时,加适量盐和清水用文火油煎成一大张薄饼,出锅冷却后,切成小块,装盘即食。也可加入鲜鱼汤内,或鲜泥鳅汤锅中食用。另一种是将粗大的红辣椒,去其肚内蕊和籽,将糯米粉按入,再装入坛中腌制,半月后即可煎焖而食。

酸肉、酸鱼、酸粉肠等大多用以待客。酸肉的制作方法是:先将鲜肉(以肥肉为主)切成片状,置于盆内,拌上适量的食盐,腌泡一两夜,然后取出滤水干净,和上黏米粉或糯米粉,然后分层装入可以倒置的陶瓦坛或顺置的明水坛中,边装边压实,以防空气进入导致变质。盖好盖子,在坛舷里放足水,千万不能让水干,这样待十天半月左右即可取出炒食。酸肉吃起来肥而不腻,略带酸味,香味绵长可口,回味无穷,既不失鲜肉色味,又增添了特有的酸香。酸鱼一般是用溪沟里的小鱼或者水田里放养的鲤鱼、鲫鱼加工腌制而成。具体方法是先将鲜活的鱼，放在清水里回气一个多小时，让鱼腮里的泥土全部吐出。再洗干净，从背部剖开剔除内脏，剖开后不能再沾水，更不用洗，一定要带血裹上米粉（米粉中放少许食盐，调匀），然后放进菜坛内，密封坛口，放阴凉处，夏季约3～5天，冬季一个月便可发酵而成。出坛的酸鱼色泽暗红，酸香诱人，一般以茶油用中小火两面慢煎，等煎透再加一些青椒、姜末、大蒜，和少量水，盖上锅盖稍闷即可。酸鱼味道酸鲜可口，余香无穷。制作酸粉肠的方法与酸肉的差不多。

腊肉和腊豆腐是明中村人自食和待客的佳品。每年临近年关，家家户户都会请来屠夫及帮手，将一年辛苦养大的肥猪宰杀。除去送人的和当天吃的，其余的猪肉全部切成三至五斤一块一块的，揉盐和各种香料后，丢进缸里，一层层码放，最上一层用重物压住。每隔2天翻倒1次，淹浸一段时间（10～15天），待盐及香料浸进肉内后，取出用棕叶或藤条穿串，挂在火坑上，以烟火慢慢熏烤。有的人家还会用松柏树枝熏，或用橘子皮熏，熏好的腊肉更是油中透红，红中透亮，其色更显好看，其味染上淡淡的松柏或橘香味，入口时香味回溢。腊肉吃时，须洗净，可生蒸，可清炖，亦可煮熟切片加佐料炒制，吃起来味道醇香，肥不腻口，瘦不塞牙，风味独特。明中村的火熏腊肉，往往可放隔年而色泽不变，所以一年四季都可以吃到腊肉。

熏制腊豆腐干也是村民每年冬至过后就着手准备的食物。制作腊豆腐干，一定要选用比较细嫩的白豆腐。白豆腐一般都是选用自家种的上好的黄豆，经过浸泡、磨浆、过滤、点卤、压榨而成。先将刚制作的新鲜水豆腐切成正方体（或长方体）形状，冷却后浸泡在配有香辛料的盐水里，浸泡三天后，将腌制好的水豆腐用竹筛子稍微晾干，然后放到火炕上用烟火熏干。腊豆腐干外表干硬，里面细腻光滑，富有弹性，可以单独炒，也可做配菜，炒腊肉、芹菜、做干锅，是村里人喜食的佳品。

另外，村民还常自制魔芋豆腐，其制作方式是把魔芋用石磨碾烂，加石灰水煮熟，然后冷却成豆腐块状，吃时切丝或切片，放盐，加上辣椒、姜、葱等辛辣调味品炒吃，是开胃的好菜。

每到春暖花开，草木发青之际，香椿树发出鲜红的嫩芽，村民喜欢将其采至家中，或凉拌，或做佐料，尤其是香椿炒鸡蛋，味道格外香美可口。还有山上的野胡葱、野芹菜、小竹笋等都是村民餐桌上的美味。

农忙的时候，明中村人早餐还会吃水煮荷包蛋或煎鸡蛋等补充营养和体力，晚上散工回家会炒鲜猪肉或者腊肉吃，并备有米酒或啤酒。天气特别

图 9-5　腊肉(唐世兴摄)

热的时候,村民会熬绿豆稀饭以清热降火,吃的时候放一些白糖。

(二)小　吃

米豆腐则是村里的传统小吃,在这边的夏日十分盛行。明中村几乎家家都会做米豆腐。据了解,米豆腐的制作一般分为选料、浸泡、磨浆、煮浆和成型等五道工艺:

(1)选料:原料一般为大米、大豆、石灰。大米以早、中、晚稻籼型为好,碎米也行,但粳稻、糯稻米不行,因为黏性太重,不易制作。石灰以新石灰为好。

(2)浸泡:浸泡前除去米中的杂物,淘洗干净,然后放入盛器中,加水至淹米 3.5 厘米为宜。斤米放 50 克粉状石灰。石灰要先调成溶浆,加入淹水的米中,然后搅拌均匀。浸泡 3~4 小时,使米变成浅黄色,口感带苦味后,取出放在清水中淘洗至水清为止。

(3)磨浆:将浸泡好的大米和大豆用石磨磨细,磨浆的水和米的比例为 1 比 2。

(4)煮浆:在洗净油污的铁锅里放入适量的水(1 公斤米放 2 公斤水),然后倒入磨好的米浆或豆浆。煮浆时边煮边搅,开始用大火煮,至半熟时用小火，边烧边搅，煮熟为止，约需 15 分钟。

（5）成型：当煮熟的米浆变成糊状，趁热装入预先准备好的盛器内。盛器的大小以米豆腐的厚度来选定，一般以 3～10 厘米为宜。盛器内要铺薄布，装时要厚薄均匀。等冷却后，色泽金黄，柔嫩滑口的米豆腐也就做成了。

米豆腐的口感清香，软滑细嫩，既可冷食也可热食，倍受明中村人的青睐。他们在食用时，一般用细线将成块的米豆腐划成 1～2cm 的小颗粒。冷食，就是将配好的综合配料如咸萝卜丁、大头菜粒、酸菜末、折尔根（鱼腥草）、黄豆、油作花生米等放进盛装米豆腐（有的用井水浸泡冷却）的碗里进行搅拌，想吃辣一点就多搅拌一点辣椒，想口味淡点的就少搅拌一点辣椒。热食就是用热水温烫，再捞起沥干水，盛于碗中，将辣椒、香葱、姜末、西红柿酱、味精、酱油等佐料搅拌即可。佐料中特别讲究的是辣椒，可以分油辣椒和酸辣椒。油辣椒一般都是自家做的，从市场上买回辣椒面或自家将晒好的干辣椒切碎，将锅中烧的滚烫热油，倒入盛有辣椒的容器中，"哧啦"一声，辣椒就靠着油的热度炸好了。酸辣椒，是放在坛子里腌制的，从坛中取出切成碎末即成。有的人吃米豆腐既放油辣椒也放酸辣椒。也有人将青椒切碎，皮蛋切成小块，用菜油略为炒一下，舀到米豆腐上。值得一提的是与米豆腐做法类似的还有一种叫凉虾，其做法只是倒米浆的时候在盆上放一个漏勺，米浆从漏勺倒入，漏下去的米粉就像一个个虾仁，所以明中村人就给取了"凉虾"一名。

除了米豆腐，明中村人还喜欢到赶场的集市上买各种特色小吃，有油粑粑、糯米汤圆、灯炸窝、蒿子粑粑、猪脚粉等等。油粑粑里面有的包豆子，有的包菜，菜馅有黄辣子、萝卜、虾米、豆腐。糯米汤圆则选用上等糯米磨成细细的糯米粉，然后和少量的水揉匀，做成小粉团，再放入沸水中煮软即吃。灯盏窝，有的人也称它为灯铲窝，将糯米粉加水和稀，然后将一部分糯米浆用勺子舀进一个类似小灯铲的工具里，然后在放进各种各样的馅后，再舀进些糯米粉浆，最后提着小灯铲放进油锅里炸成金黄色。现炸现吃，其味香、辣、脆、软。蒿子粑粑主要材料是糯米、香蒿、馅及桐叶，这是沅陵境内村村寨寨都流行的美食，也是池坪集市上最为行销的食品之一。据了解，有的明中村人也常做蒿子粑粑，即将采回的香蒿叶洗净，用开水烫过，拧干，除去蒿叶中大量墨绿色汁水和细毛，再将蒿叶切碎，拌入到水分沥得差不多的米浆中，用力揉，使之溶合在一起，然后像做包子似的，将芝麻糖或豆沙或炒好的腊肉、香干、酸菜等各种各样的馅子夹在中间,捏拢后,再用洗净的桐叶一个一个地包起来,放进甑笼中蒸熟就可食用了。猪脚粉是用米粉(具体可分为米粉和米面,圆的称米粉,扁的称米面。米粉由大米经浸泡、蒸煮、压条等工序制成,米面则是由大米浸泡后,磨成米浆,加水稀调相宜,上特制的笼蒸熟,待冷却后切成细条),配以调制好的熟猪脚做佐料而得名。当然,集市上的粉馆或粉摊上,什么三鲜粉、扣肉粉、酸辣肉丝粉、牛肉粉、肥肠粉等等,种类很多,但在赶场时去吃碗猪脚粉,成为明中村人的一种享受。

明中村人还习惯秋季农作物大收之后,上山采挖野生葛根和蕨根。采挖回家后,进行清洗、粉碎、反复过滤、沉淀、去杂质、晒干等多道工序后,即得出葛根粉和蕨根粉。葛蕨根粉可开水冲泡,也可做油炸煎饼,用以待客自食。

逢年过节,亲朋到来,还讲究吃糯食,用糯米打糍粑,做团馓等。尤其糍粑是明中村人过年或建房、婚嫁等重大活动必须准备的食品,在自用之外,还是送人情的主要礼品。又糯又黏的糍粑寓意亲情和友情。送人情的粑粑,通常要在中心染一个大红点,表示对他人的一片诚意。糍粑的制法是将上好的糯米(有的人家也掺上少量的黏米、小米、高粱、玉米)用清水浸泡几个小时,然后用筲箕将水滤干,再用木甑蒸熟,趁热倒进粑粑槽里,用粑粑锤打烂。粑粑锤为木制,手柄一般长 120 厘米,前面圆柱形锤头大概直径 15 厘米,高 50 厘米。打糍粑时要将木槌扬起大概 1 米高,再捶下去。蒸好的糯米会越打越黏,因此打糍粑是一项劳动强度大的体力活,一般由男子汉打,两个人对站,即便是寒冬腊月,打完糍粑都会是一身汗。当把糯米打得比较细腻柔软时,就放在事先准备好的木板上,用手(为了防止糍粑黏手,可以用蜂蜡或茶油涂在手上)扭成一个个小坨,再捏成圆形的糍粑。一般 4 个糍粑叠在一起,为一沓。有的还放入木质雕花模型中,压制各种图案的粑粑。糍粑的吃法很多,可煎,可炒,先煎后炒,可以拌糖吃,也可炒腊肉、炒鲜肉,还可烤来吃,等等,都是美味佳肴。糍粑的储存一般是放在水缸里泡着,不定期地换水,大致可以保存两个月左右。团馓的制作一般在秋收后,先将糯米用清水浸泡后滤干,再用木甑蒸熟,然后将蒸熟的糯米放入直径约 30～40 厘米大的竹圈内压成大圆饼,并在上面用红色可食用色素写上"喜"字和"万事如意"、"心想事成"等字,或者一些写意纹样,冷却后晒干收藏。做成的团馓形圆而馓凸,造型十分美观。待过年时,或留以自食,或送亲友。吃时用食物油炸酥,膨胀后比原来的面积大 2～3 倍,味道又香又甜又脆,十分可口。

（三）饮　品

明中村人不太嗜好饮酒，但是亲朋好友来了喝酒是必不可少的，过年过节也少不了。且饮酒必须大碗、大钵，接待客人，或逢红白喜庆，必酒足肉饱，一醉方休。除在集市上购买度数较高的湘泉、邵阳大曲等白酒和青岛、珠江等啤酒外，村民也在家用糯米和酒曲自酿米酒（也叫"甜酒"）保存在酒缸里，常年饮用。米酒不仅是招呼客人的饮品，还是平时日常消费品。米酒的制作方法比较简单，其制作工艺流程大致如下：

（1）将糯米洗净，浸泡大约两三个小时；

（2）将洗干净的糯米用筲箕沥去水分，用木甑蒸熟；

（3）把蒸熟的糯米放在簸箕上晾，待待凉后放入酒缸中；

（4）将酒曲用凉开水拌开，跟装入缸中的糯米混合均匀；

（5）把糯米压紧，中间挖一个洞，倒入一点凉开水，然后盖上酒缸盖，使之密封隔绝空气。每隔2～3天，要用筷子搅拌，把米饭等压下水面，使其下沉而更好地发酵。

一般冬天大约20多天，夏天10天左右，坛内就会发出浓厚的酒香，米酒即酿成。取出可直接食用，或兑适量开水，也可以用来煮鸡蛋、汤圆、糍粑等。米酒还是村里妇女坐月时必备的饮品。有的人家在米酒开坛后即倒入酒箩里进行压榨，让酒糟分离。压榨出来的酒通过沉淀后，再分装于酒坛或酒瓶内。米酒香气浓郁，口感醇甜，酒性温和（度数一般在20度左右）。冬天多用温饮，放在热水中烫热或隔火加温后饮用；夏天多用冷饮，即不做处理，开瓶倒入杯中或冲上清凉的井泉水饮用。

夏季的时候，大部分村民喜喝从山泉中汲来的新鲜凉水，又凉又解渴。冬季一般用小瓦罐煨茶或烧开水泡茶。村民家中常备的茶叶，多为集市上购买的沅陵县官庄镇、齐眉界林场等地生产的绿茶。

（四）其　他

明中村人家中做饭一般由家里年长的妇女承担，家中有女孩的话，往往习惯将其叫到厨房里帮忙，就是小女孩也不例外。每到做饭的时候，总是可以看到小女孩在厨房里跑来跑去的场景。

明中村人使用的餐具主要是瓷碗和瓷盘。吃饭，总爱蹲着吃，说什么

图 9-6　糍粑(唐世兴摄)

"坐着吃难得饱"。另外,待客热情,吃肉要大坨,饮酒要大碗。女性和小孩通常不上桌吃饭,但外来的女性客人是必须要入座的,由家中男性作陪。

婚丧嫁娶时会专门请一位"炒肉师傅",宴席菜肴由这位"炒肉师傅"拟定,宴席的荤菜主要有鸡、鱼、肉、牛肉等等,如果不含酒和饮料的花费,一般一桌酒席的价位在 150 元左右。一般是 8 个客人坐一桌,一桌菜在十大碗以上,其中肉有好几种做法,什么扣肉、炒肉、灰面炸肉等等。以石甜参加的婚宴和寿宴为例,喜宴的主要菜品:蹄膀 1 份、红烧鱼块 1 份、红烧肉 2 份、糖醋排骨 2 份、凉拌酸萝卜 1 份、油炸豆腐 2 份、青椒炒肉 2 份、扣肉 1 份、炒肚条 2 份、花生米 1 份等;寿宴的主要菜品:干锅红烧肉、凉拌酸萝卜、萝卜炖肉、青椒炒肉、卤肉、青椒炒猪肚条、凉拌凤爪、香肠等。为了省事,现在宴席的吃饭餐具大多是一次性的碗筷。

食用油除猪油外,多是自家产的茶油和菜油。做菜的调料除葱、蒜、辣椒等是自家园地里产的,其余的如五香粉、姜、胡椒粉、八角、桂皮等多从集市上购买。盐、味精、辣椒是日常最基本的调味品。以石甜所借宿的房东家为例,厨房里的调料有海天牌 500 毫升装上等老抽,长康牌 500 毫升装陈醋,黎红牌 110 毫升装鲜花椒油,白胡椒 25 克装(牌子看不清楚),太太乐牌100 克装鸡精,雪天牌 250 克加碘精制盐等。

明中村人的日常三餐基本上没有太多剩菜剩饭,不够吃的话再添加,如有剩菜剩饭的话,一般都会拿去喂猪。节日的菜肴较之日常,用村民的话来说,就是吃得比平时好一些,种类多些,什么鸡肉、海带炖猪脚、腊肉、鱼、香肠、豆腐、粉蒸肉,等等。随着农村生活水平的提高,特别是冰箱的普及,人们能够更长时间保存新鲜的食物,加之越来越关注饮食健康问题,因此腊制品在制作时也有减量,坛子菜也是作为下饭菜偶尔搭配着吃,已经不作为主要菜品了。过年期间,除吃糍粑和团徽外,现在也时兴吃饺子了,有的人家在大年三十的时候会包上很多饺子,一连吃上几天时间。元宵节不吃元宵,常以煮糍粑代替。端午节吃粽子,粽子大多自己包,不会去集市上购买。包粽子的粽叶是上山采的,糯米是自家种的,一般不包馅,煮熟后蘸着白糖吃,个别人家用腊肉切成小块,放点调料,将肉炒成半熟状,包一些腊肉粽。中秋节吃大月饼,该月饼为沅陵县麻溪铺镇的生产商出品,外面是一层厚厚的芝麻,里面包有花生、桂花、白糖等。

村里大部分男性都好吸烟。年轻一些的吸成品烟(白沙烟、金芙蓉等),在村里的小卖部或集市上购买;年纪大一些的多吸"草叶子烟",也被称为"晒烟"(种植的土烟叶在成熟后,收割下来,用竹子给烟叶编个罩子,晾晒在家门前风干,等晒干之后再切成烟丝,想吸的时候装入烟斗点火即可)。晒烟的烟叶厚,叶形宽大,叶柄粗壮,劲大烟油重,很多年轻人不习惯。

图 9-7　吸草烟(唐世兴摄)

明中村人四季皆有水果吃。在培植家果的同时,具有采摘野果的习惯。周边山上的野果很多,如山樱桃、山葡萄、刺梨、山柿子、毛桃、猕猴桃等。春有茶苞、三月苞,夏有桃、李、杏,秋有板栗、八月瓜,冬有柚子、柑橘等。

三、居　住

明中村的民居建筑大致分为三类:第一类是明清古建筑群,据沅陵县文物局核实,有省级文物保护单位 5 处,即 1 号院戴业炳古民居(清代,建筑面积 510 平方米)、2 号院注礼名家古民居(清代,建筑面积 375 平方米)、3 号院大哉乾元古民居(清代,建筑面积 356 平方米)、4 号院曲苔训士古民居(清代,建筑面积约 300 平方米)及震宅宏基古民居(清代,建筑面积 300 平方米);第二类是围绕古建筑群的木屋,其中建于民国年间的有 23 栋;第三类是新修的砖瓦房。其中古建筑群是在村子最前面,拐过道路,首先映入眼帘的便是戴业炳古民居。在其右侧,有一栋刚修好没几年的水泥砖房,其余两侧均为高大的木屋。

图 9-8　明中村戴家组建筑现状图(沅陵县文物局提供)

(一)古民居

明中村古民居建筑群是 2011 年挂牌的湖南省文物保护单位,始建于元代,现遗存建筑大多为明清时期建造。当地村民提到古建筑群,都说起码有六七百年的历史。村支书戴士勇据村中老人的回忆,将其来历讲述如下:

相传明朝永乐年间,风调雨顺,粮仓充实,俗话说:"收了几粒谷,就得修房屋。"于是伐木修建了现存的 3 号、5 号古民居。明末崇祯年间,同样也因为五谷丰登，修建了现存的 2 号、4 号古民居，同时在 2 号古民居旁专门盖了一间古粮仓，所以传说才有"马家庄半仓，戴家村满仓"，也证实了戴姓先人丰收的历史。先辈除了辛勤的耕耘外，还利用农闲伐木，河水暴涨时，冒着危险放木排做生意，清朝乾隆年间一位戴姓宗字辈先祖放木排至常德赚了很多银两。俗话说："庄户人有了钱，不修房屋不安闲。"于是就地取土，修建了现存最大、最完好的 1 号古民居及旁边的附属高墙。据说这位先祖起初的规模是现存的 4 倍大，房基都已建好，但因为一位孩童的不吉利言语才缩减。4 号民居就是曲莒训士这个院子，据说是村里教书和唱戏的地方。①

图 9-9 明中村古建筑群

明中村的古建筑群坐南朝北，核心是别具特色的窨子屋，建筑形似四合院，神似小型的客家围屋，四周用封火墙环护（具有防火防盗的作用），开大门在西北角。里面是木质房舍（挑梁穿斗式木结构），保证冬暖夏凉。屋顶从四围成比例地向内中心低斜，中间的方形天井可满足采光与通风的需求。

① 据访谈录音整理。访谈时间：2015 年 8 月，被访谈人：戴士勇。

图 9-10　马头墙及纹饰　　　　　图 9-11　　民居大门细部(唐世兴摄)

建筑门楣、马头墙、花窗、雕饰等细部极其艺术特色。明中村的古建筑群建材主要有砖、石、土、石灰浆、木头等。外围的墙体为清水墙,砖缝用灰浆勾填,以防止雨水和风的侵入。有些地方砌了砖花墙,图案简单明快。每座古居各有两个门进出,门楣上刻有大字和乾坤的符号,门的上方有工艺精湛的屋檐。如注礼名家古民居门楣上有阳刻着的横批"注礼名家",横批两旁是图案,分别雕刻着麒麟和凤凰的图案。门楣下方贴有红色的符,和红底金字的纸质对联。

图 9-12　民居花格窗　　　　　图 9-13　民居石质门楣

古建筑群的戴业炳古民居、大哉乾元古民居和震宅宏基古民居内均为两栋挑梁穿斗式木构建筑,分前、后厅,两建筑大小一致,面阔三间,进深二间,小青瓦盖面,前后厅之间设有天井、天井窗,东西设有厢房。注礼名家古民居则内为三栋挑梁穿斗式木构建筑,分门厅、前厅和后厅。建筑大小一致,面阔三间,进深二间,小青瓦盖面,三建筑之间开两天井,东西设有厢房。

古民居现在均有村民居住,如戴业炳古民居有 6 户,大哉乾元古民居有 4 户。古民居房门上、窗棂上的飞禽走兽栩栩如生。房屋一些部分已经腐朽，被村民用水泥和新木材替换。戴业炳古民居坐南朝北，四周用封火墙环护，封火墙开大门在西北角。从正大门进入，抬头可见两道天井，正对面是明间，悬挂了两盏大红灯笼，对面的木板墙壁上同样是神龛，神龛下方摆放着方桌，和其他一些杂物。古民居的窗棂门楣上都有镂空透雕的花纹，门上有浮雕的图案。柱头上雕刻了南瓜状图案。窗的空档处雕了花结，十字窗和如意窗。因时间久远，门窗都呈深红色和灰黄色。由于古民居里空间比较大，村民在窗棂之间架上竹竿晾衣物。古民居的角落里摆放着一个石磨，上下磨盘都在，搁放了衣物鞋子等杂物，看得出磨盘已经很久没有被使用过了。

图 9-14　民居木质门头（唐世兴摄）

图 9-15　民居巷道（唐世兴摄）

天井总长 2.78 米，宽 1.12 米，深 0.22 米。地砖每一块长 28 厘米，宽 3 厘米，高 14～15 厘米，砖与砖之间有白泥。天井正对面是神龛，神龛正中间写了"天地君亲师位"，左右分别写了"是吾宗支"（左）和"普全供养"（右），红底黑字。背后贴了龙凤图案。两侧对联为"家学渊源悬礼记"和"功名奕业绍曲台"，只有一个横批，写的是"佑启福后人"。神龛前的案台上也供了香炉，下面是一张"××××百无禁忌"的红底黑字条。再下面贴了两副对联，围绕着正中间的"喜"字。最外侧的对联是"堆金高北斗，积玉满南山"，里侧

图 9-16　古民居空间平面图

的对联因为被牌匾挡住了下面部分,只能看到露出来的字样是"安神
□□□□"和"万事如意□□"。神龛底下放有一块结婚的牌匾,牌匾系红底
金字,由左右两侧的对联和正中间的结婚照两部分组成。对联为"龙凤呈
祥,鸳鸯比翼",中间的结婚照上写着"紫燕双飞"和"喜"字。结婚照上的新
娘穿着白色婚纱,手捧一束粉红色玫瑰,新郎穿着黑色的西装,与新娘伴立
着。在结婚牌匾的下方堆放着化肥包、打农药的器具以及其他杂物。

居住在古民居里的村民,平时烧柴火做饭。灶大多是两孔的,以水泥和
砖砌成。木柴是村民从山上砍来的,不用的菜板往往立着搁置在灶台的
墙边。

古民居的正门前有一空地,每至夏秋之季,村民经常坐在门前乘凉
聊天。

(二)木　屋

众多的木屋在古建筑群周围延伸,据说是定居这里的戴氏子孙后代繁
衍生息,渐渐地扩大了整个村落的居住区域。建屋大都建在祖传的屋基上,
很少在村寨之外另开屋场,其原因是聚族而居可防止坏人和野兽的侵犯。
虽然是老屋场,但也要请地理先生择竖屋的吉日良辰,用罗盘定向。建房

143

图 9-17　古民居内部结构

时，不可高于后邻，与左邻右舍高度应相同，不可孤高太多。

图 9-18　木质民居（唐世兴摄）

木屋多为歇山顶，盖小青瓦，进深 6～12 米。建造木屋不是往地下打地基，而是用条石砌成平台，再在上面搭木板，最后在外围建木板墙，以至两个侧间要高出地面 50 厘米左右。住房形式普遍是三开间,称为一字形屋。中间那间为堂屋,上方安神龛,是红白喜事宴客的地方。堂屋两边的两间各分成内外两部分,内为卧室,外间有的放沙发或置客铺,大多数外设火床,火床的火坑内置三脚铁架,上空悬坑架(熏腊肉和熏腊豆腐等食物)。全年除夏季外,都在火床上做饭、吃饭。吃饭时,在三脚铁架上放一口锅,锅上放锅盖,菜就放在锅盖上,全家人围锅而食。平常招待客人也是如此。有时各种菜放在锅里,边煮边吃。喝酒时,常蹲踞而食。

　　以前,火床上放有一些"蒲墩"(用稻草编的圆形直径约一市尺,高约四市寸的坐具),火床上的座位有严格限制。卧室门口是主人(主要是主妇)的座位,主人座位的左方是长者座位,右方是晚辈座位,对方是客人座位。如在村内串门,除主人座位外,其余可随便坐。火坑烧火时,木柴只能由晚辈座位那一方放进。不能把脚放在三脚铁架上,那是欺主。①

图 9-19　蒲墩(唐世兴摄)

图 9-20　火床(唐世兴摄)

---

①　据访谈录音整理。访谈时间:2015 年 8 月,被访谈人:蔡姓村民。

家庭富裕而屋子的地基又比较宽广的户，常在屋后建"偏厦"作为灶屋。在屋的侧面，另建猪牛栏以及厕所。

明中村人视建立房屋为千秋基业，为人生大事之一，都是尽力而为，并有自己的一整套习俗。

奠基是盖新房的第一步，也是最重要的一步。修房子奠基破土的时候要杀一只大公鸡"消煞"，大公鸡的颜色可以是红色、黑色、花纹的，但是不能是白色的。第一铲是主人自己挖，然后才是其他的人动土。地理先生杀了公鸡后，绕一个圈，拎着公鸡的脖子喷鸡血。奠基、破土、打夯、起墙、上梁、钉椽、盖顶等建房程序整个过程都是男的，没有妇女。[①]

建房使用的木料（以杉木为主，大都用杉木做柱头，也有用松木做柱头的）多出自后山上，村民之间互相帮工。建房子的木料中最神圣的是梁木。梁木用椿木，如没有椿木就用杉木，杉木又以板栗杉为最好。用杉木的居多。梁木必选生长位置高的，其树形要高直挺拔，最好一蓬三株中间的一株。枝杈小而少，两头粗细相差不多。梁木树不能用自家林山中生长的树，也不能买，而必须是"偷"来的。所以事先必须认真观察好某处山中的某株树，是他家理想中的梁木树。待屋架竖好后，便选定吉日，就请木匠师傅带人去砍。砍梁木要天不亮就去。在砍伐梁木前，主人要焚香烧纸，要给木匠封红包。木匠要对着梁数念诵诸如"一蔸杉树青油油，主东拿来做梁木。左砍三斧生贵子，右砍三斧出状元"等词。伐梁木只能向上倒，不能朝下倒。梁木下锯，削皮下斧后，即放挂鞭炮抬走，在树蔸边留下一包红包作为"购树礼金"。

"偷梁"红包中的钱数，必须是那株梁木价的两倍以上。梁木的山主人听到山间的鞭炮声，知道有人在他的林间偷梁树，不骂、不问，也不追查，因为"越骂越发"。早起后，即取走树兜边的红包。[②]

梁木必须一气搬运到新建房屋的基地边，东家要放鞭炮迎接，并用两张高凳架起，不能让人从上面跨过。木匠对梁木进行加工时，主人要鸣放鞭炮，给木匠送"利事（礼金）"，还要烧香纸敬鲁班师傅。梁木制好后，中央用朱砂画太极图，太极图中的龙画成红黑二色，红进黑出。据说这样画，主人

---

① 据访谈录音整理。访谈时间：2011年9月，被访谈人：戴士孝。
② 据访谈录音整理。访谈时间：2011年9月，被访谈人：戴士孝。

家才会兴旺发达。两端书"金玉满堂"或"荣华富贵"等词。两端梁口边要画上八卦中的乾坤二卦图形,梁的腰间系上红布,置于两张高凳上,等待吉利时辰一到便上梁。此时,更不能着地,不能让任何人跨越或骑在梁上玩耍。

图9-21　木屋二楼走廊(唐世兴摄)　　图9-22　房屋梁架结构

上梁仪式是房屋修建过程中的大事。明中村人认为梁是全屋根本,象征着主人龙脉旺盛不衰,所以很讲究。上梁时间,须由地理先生根据主人生辰八字事先择定,一般是寅、卯、辰、巳四个时辰进行。上梁时,周围数里的村民和亲友,都会前来祝贺和看热闹。

正式上梁这天,有很多亲友来祝贺。一般友人只送点礼金,血缘关系近的内亲,除送礼金外,还要送红绸做的彩(挂在屋前)、横匾(挂在堂屋,如匾多,也有挂在屋外的)、木质对联(挂堂屋)、灯笼(现用马灯代替)、糯米、粑粑、包子等。主人要摆酒席招待客人,但与婚事不同,建屋只招待一餐饭。[①]

上梁是用红布把梁木提到屋脊上去的。清晨时分,天刚刚亮的时候开始提梁。提梁前,木匠要斩雄鸡敬梁,回煞,用鸡颈毛沾点鸡冠上的血贴在梁木的太极图上,并高声唱道:"东家赐我一只鸡,头又高来尾又低,身穿五色色花毛衣。先在昆仑山上叫,后在主东家中啼,别人拿来待宾客,主人拿来断煞气。"然后用斧头敲打梁木,同时唱道"左敲左发,右敲右发,当中一敲,两头齐发"。此时,爆竹齐鸣,由两个父母双全的年轻人将大梁提到梁口上,木匠师傅站在院子中央,在梁木上提时开始"发梁"(讲吉利话),诸如:

"东边升起,千年发达;西边升起,万年兴旺;中央升起,两头齐发。"

"一步梯,金银财宝满堂堆;二步梯,代代儿孙穿朝衣;三步梯,儿孙做官

---

① 据访谈录音整理。访谈时间:2011年9月,被访谈人:戴士孝。

锦衣归。"

梁上好后，屋脊上挂红、蓝、青各色布匹，其长度要超过两边的屋檐。然后由主人家挑选的人来"抛梁"（在梁上把糯米粑粑抛向四方，让观看的人争夺）。挑选的标准是要"会讲梁的"，大多木匠师傅能够胜任。先是到堂屋唱："一行一步到屋场，二行二步到华堂，三行三步生贵子，四行四步状元郎……"然后着梯子上登，在攀登时唱道："脚踏云梯步步高，手攀仙树摘仙桃。左手摘桃千千个，右手摘桃万万双。千千个来万万双，恭喜主东架栋梁。"师傅登上屋脊后，看着屋场唱一些奉承主东的歌，诸如：

"当家此我一面，左转三大出贵子，右转三大出状元……"

"坐在梁头观四方，观得东家好屋场。屋场坪屋场坪，早落黄金夜落银。满得金银有用处，买田买地为儿孙。买得长田好跑马，买得团田好养鱼。养得鲑鱼生贵子，双双贵子跳龙门。"

接下来就是抛梁。抛梁开始，先抛给主人，木匠师傅唱道："你抛东来我抛西，东家荣华富贵。请问东家娶富是要贵？"东家答："富贵都要。"木匠师傅问："请问东家要金是要银？"东家答："金也要，银也要。"木匠师傅边唱边往下丢"贺梁粑粑"，主人在中堂下用系在腰间以两手执角的包袱盛接。然后木匠师傅把糯米粑粑向四方抛去，观众呼叫着奔去争抢。

以前，抛梁是用糯米做成的糍粑，现在是洒纸烟、水果糖、板栗、橘子等等。上梁时所有在场的人，包括主人家和客人，都只能是男性，年纪大小不论。抛梁结束后，就把未钉的橡皮钉完，在檐口把橡皮锯齐，这叫"齐檐口"。吃饭后盖瓦，盖瓦时檐口不用瓦当，只用几片破瓦把檐口的公瓦垫高盖一点，以免滑落。屋顶用竖瓦压脊，在屋梁太极图的正上方用睡瓦重叠成品字形。[①]

新屋落成后，要择吉日进新屋。一般会请地理先生看日子再搬。大多是下半年比较空闲的日子里搬新房子。搬运家什，什么东西先搬进屋，什么时间搬，都有规定。据报道人讲，按古传习俗，最先搬迁进新屋的是祖先神龛上的香炉，再就是火。搬新屋，一些亲友又会前来庆贺一番。

村民居住的房子大多是两层，第二层的梢间带有阳台，阳台上搁置了一些杂物。村民的房屋往往是紧挨着的，左边人家把木柴倚靠在墙上，旁边就

---

① 据访谈录音整理。访谈时间：2011 年 9 月，被访谈人：戴士孝。

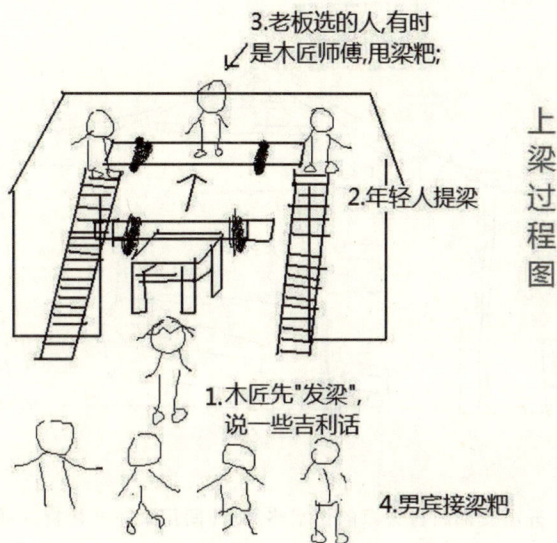

3.老板选的人,有时
是木匠师傅,甩梁粑;

2.年轻人提梁

上梁过程图

1.木匠先"发梁",
说一些吉利话

4.男宾接梁粑

图 9-23　上梁过程图

是右边人户的台明和过道。阳台为台明遮挡风雨。有些人家的正大门是两层,第一层是一米高的木栏,九块木板横着钉在一起,反面再把五六块木板竖着钉。木栏可以是一个,也可以是对襟开的两个。木栏后面才是正大门,门边贴了对联。也有人户的大门上用铁皮围了一圈,正中间是环形,门扣也是铁质的。环形以内有图案,环形的外侧是用铁皮将大门分成了上下两截。

房屋一般朝向北方,正间(堂屋)正中设有神龛,下一般会放一张四方桌和四条长凳(四方桌要么是老人传下来的,要么是媳妇陪嫁过来的)。正间宽敞明亮,是整个房屋最重要的部分,结婚等仪式都在正间举行。面积大小为宽一丈三或一丈四,一般可设宴四桌。正间两边是次间和梢间,给下一辈居住。如果家里只有一个儿子,随便住在哪间房间,如果有三个儿子,就得另外起房子了。

以石甜田野期间所借宿的房东家为例,房屋坐南朝北,单幢"一字"形三开间结构瓦房,全部采用木料做成。房屋的后面搭有"偏厦"。

正中的一间为堂屋,堂屋后墙壁上设有神龛,门的左侧是一个柜子和洗脸盆架,架上放置毛巾。洗脸盆是房东在镇上买的,材质是不锈钢的。柜子分为上下两层,最顶上的空间用来摆放物品。中间那层放的是杯子,下面那

图 9-24　开小卖部的村民家的住宅格局：外间用来对外售货，内间做家用

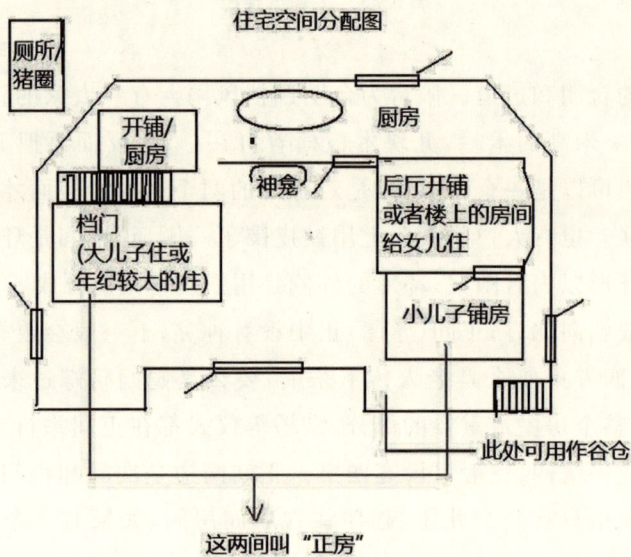

图 9-25　住宅空间分配图

层是抽屉。柜子旁边放了寿木，寿木用防水布盖上，并用绳子扎住。屋梁上
垒有燕子窝。神龛左侧的板壁上还存留着一张 1990 年 5 月湖南农学院农

学系为房东儿子被评为系优秀学生干部而颁发的喜报。

神龛右侧的墙壁上贴了一张送春牛的图,右边稍间的过道里也放了一个寿方。墙上挂着各种杂物,以及通往二楼的木梯。

堂屋两侧均为住屋,又各隔成前后两半间。石甜田野期间所住的房间,大约 15 平方米,开有一个小小的窗户,里面陈设有床、书柜、衣柜、椅子等少量的家具。床为实木架子床,靠墙,墙壁上用陈旧的《人民日报》报纸糊得满满的。床的旁边放了一张竹子做的逍遥椅,床的对面有一个书柜,里面放了一些故事书和农学方面的书籍,书柜旁边立有一个衣柜。衣柜上雕刻有简单的花鸟图案,顶上放了一口皮箱子,衣柜里储放了许多闲置的衣服和手工制品等。在书柜的旁边还有一根晾衣竹竿,上面挂了一排的衣服。房间里的照明是一只吊在房间正中间的 40W 灯泡。为了让石甜住得舒适点,房东戴大爷还特地从集市上花 200 元买了两张沙发,还添置了一台小的台式电风扇。

堂屋后面的"偏厦"是厨房,有大灶和火坑。大灶靠墙而砌,呈长方形,灶台上安有两口大锅,放了两个大小不等的塑料盆。在过年过节或家里有比较多的客人时,需要做比较多的食物,两个大锅可以同时炒菜,大大节省了时间。灶台的左边依次摆放有一圆形米缸、一长形案桌和一简易厨框,案桌上放了一个木甄子和一个木盆子。因为家里吃饭的人少,做饭的分量也少,做饭基本用电饭煲,这个木甄子似乎很久没用了,甄体上竹篾编成的箍已经松垮。灶台右边不远处设有一火坑,火坑为正方形,周围石砌一坑框,框长约 1 米,高约 20 厘米。火坑旁放置一张小方桌和四个小条凳,供吃饭时用。据房东说,灶台是一家人烧饭的必备器具,在风水上代表财源。修建灶台时很有讲究的,一定要先请泥水匠来撵走蚂蚁才正式动工。厨房里没有安装自来水,厨房用水需要拎塑料桶到门外的自来水龙头去接水,再提回厨房,用买来的锡瓢或塑料瓢盛水。

房东家在"偏厦"的右侧还修建了一间简易洗澡间,面积大约 3 平方米,洗澡时需要用水桶提水过来。

在房屋的右侧靠后不远处修有一个木栏杆猪圈,紧靠猪圈旁边用木板搭建有厕所,男女同用一厕。

明中村像这种传统木屋,有的人家还在正门前做有"腰门",顾名思义是一种齐腰高的门。"腰门"是一种"有礼貌的距离",这种含义很亲切也很委婉,它让你一览无余地看清楚屋里的细节,却仍然矜持地把你隔离在主人家

图 9-26　厨房里的灶

的领地之外。正门的门扇开着，而腰门紧闭，还可以防止家里的孩子跑到屋外，或者猫猫狗狗闯进家来。

有的人家，门上的对联为多年前婚嫁时所贴，色旧破损。例如一家门上贴了对联："洞房喜论兴家计，合卺欣谈话□神。"横批为"鱼水合欢"。再如两副对联："嫁男婚女喜事新，吉月良辰逢佳期"，"灿□盈门□□喜见乘□□□，梧桐滴翠欣闻□前途光明"。横联均已模糊不清。

（三）水泥砖房

明中村的水泥砖房屈指可数，都是外出打工的村民回来修的。在 1 号院的对面修有一栋三层楼的水泥砖房，据村支书戴士勇介绍，那是戴业炳、戴五炳、戴六炳三兄弟合伙出钱出力修的。三兄弟各住一层，戴业炳住一楼，戴五炳二楼，戴六炳住三楼。对于修砖房子，村里老人却有不同的看法：

> 我的思想比较保守，住习惯了，觉得修木屋好一些。但他们年轻人在外面打工多年，认为还是修砖房子要实用一些，比木屋敞亮，特别是洗澡更方便些。[1]

新式水泥砖房大多是独栋的三层或两层楼房，个别人家修有围墙和院

---

[1]　据访谈录音整理。访谈时间：2011 年 9 月，被访谈人：戴兴福。

子,院墙大门用琉璃瓦覆盖,刻有二龙戏珠的雕刻,飞檐也雕刻着龙头和龙尾。有些人户在楼房旁边还单独建造有一个小平房作为厕所和猪圈,修有沼气池。

建水泥砖房屋的开工、奠基等也要选择"吉日吉时",方能动土兴工。一般自备材料,请人来做,由于事务繁杂,所以亲友仍得互相帮忙。水泥砖房大多为平顶。其修建程序是先挖地基,用混凝土浇圈梁,拐角处用螺纹钢做成包角。在灌完圈梁之后,结合混凝土强度发展的速度,一般是三天以后才可以砌砖。砌剪力墙,拐角浇注,柱体包住砖体一部分,做砖混结构。然后盖房顶,粉刷墙面,做好地平。

当地使用的砖是烧结红砖,又被称为标准砖,尺寸为 $2.4×1.15×0.53$ 厘米。在砌墙的时候,一般用"匹"作为量词,"一匹砖"指的是一层砖厚,砖之间抹上灰浆(水泥和沙),灰缝的宽度一般在 $8\sim12$ 毫米厚。用一匹砖的长作为墙的厚度,习惯称为 24 墙。但这只是墙体相对厚度,没有计算砖块两侧抹灰的厚度,另外还有 12 墙、18 墙、37 墙等说法,同样用来指代墙体实体的相对厚度。

水泥砖房落成后,依然要举行上梁仪式。

　　水泥砖房子也兴上梁,只是将抛梁耙改成在水泥房的二楼扔糍粑。由木匠或会讲抛梁词的人把主人家和亲戚送来的糍粑用箩筐装好,抬到二楼去,一边讲"上梁上梁,子孙满堂"、"立下千秋业,奠定万年桩"、"子孙登高第,金马对玉堂",等等,一边往一楼空地抛,大家在楼下捡抢,来抢糍粑的人越多,主人家就觉得自己面子大,光彩,越喜气。反之,则主人家面子无光。抢到抛梁耙的人都相信,抢得越多越有好运气。所以整个场面很壮观、热闹。糍粑里面有的还包了钱,谁抢到说明运气很好。有的人家还扔饼干、水果糖和香烟。[①]

可见上梁仪式预示着主家建房大吉大利,兴旺发达,在明中村人已成为无法舍弃的一种情怀。

　　进住新房,是要请酒的,宴席就摆在新房屋内。要燃放鞭炮,请家里的老人点第一炉火,然后办酒菜,请邻近亲友来吃饭。[②]

新房建好乔迁入住后,第一年要在新居家过年。之后,则不一定要在新

---

① 据访谈录音整理。访谈时间:2011 年 9 月,被访谈人:戴士孝。

② 据访谈录音整理。访谈时间:2011 年 9 月,被访谈人:戴姓村民。

居里过年。

随着社会经济的不断发展，特别是与外界的接触，明中村现代钢筋水泥结构的砖瓦房在逐渐增多，从某种程度上也破坏了古村落的景观。如何改善人居环境，又有效加强古村落的保护与管理，保持和延续其整体格局和历史风貌，延续多样文脉，建构古村整体印象和文化图景，已成为明中村亟待解决的重大问题。

四、器 用

明中村人根据自己生产生活的需要，除了家电的购买，还创制、使用了多种经济实用的各种器物，是其村落文化的重要组成部分。

（一）家具与家电

明中村人的家具大部分以木制品为主，柜子、盆子、水桶、板凳、桌子等等。各种家用电器则购买于集市和县城。

村民家中的传统家具几乎都为木制，堂屋里摆放的家具，除了一腿三牙罗锅枨加卡子花方桌（明代家具中最为标准的一种方桌形式，因每一条腿与三块牙子相交，下又有罗锅枨而得名）以外，还有凳子、椅子和柜子，具体视家庭情况而定。

板凳有大大小小各种式样，最简单的是直接用直径约 20 厘米的圆木截制而成，或用两块木板作为制衡点，上面再搁一块木板制成。经常使用的板凳主要有两种，一种是高 50～55 厘米的长条凳，可以坐 2～3 人；另一种是小方凳，大多为高 40～48 厘米无束腰直足直枨式。条凳大多为木头本色，有的上了一层清漆，有的漆成红色，两侧装饰有云水花纹。

椅子的材质有竹的和木的，实木靠背椅几乎家家备制，多者二十多把，少者七八把，有的人家中还置有折叠式竹躺椅，村里还可以找到年代久远的太师椅（体态宽大，靠背与扶手连成一片，椅背、扶手、椅座都是方的）。

圆角柜是村民常使用的家具之一，圆角柜有两个明显的特点：一是柜顶有三面喷出，称为"柜帽"，柜帽转角处多被削成圆角；二是它的门扇不靠合页开启，而是利用设在门上的门轴开关。这种柜式造型挺拔，侧脚显著。

家具的使用也因繁就简，有时一根木棍中间削了几道凹槽，凹槽向内钉在木板墙上，就变成了放置刀具的刀架等。木质碗橱一般放在厨房内或者靠近厨房的杂物间里，可分为三层，由上往下，第一层会在手把附近装有透气的窗口,并用透气网封住,以防老鼠、蟑螂的侵入,主要放置物品为碗、盘子等餐具;第二层较为宽敞,主要放置一些尚未吃碗的食物等;第三层为最底层,没有木片挡板,主要放置一些杂物,如烧水壶、竹篮、竹筐等。

明中村人的睡床大部分是木架子床,请木匠师傅上门打造或在集市上购买成品。请木匠做床一定要做架(就是在床两头的四个角分别装上一根木柱子,撑起后再横插上四根木柱,类似棚子),架高一般1.8米。床檐要高出床板大约4厘米。因为床多为二人共用,故做床又讲究所谓"一不离九,二不离半"。"一不离九"指做6尺长的床,只做5尺9寸,象征天长地久。5尺9寸的末一寸又只做一半,象征"终生为伴"。到了20世纪80年代中期,兴起了高低架床的潮流。高低架床构造简单,床两头竖起两块一高一低的木板,床上方没有架子床一样的架子,整体看起来更为简单、灵活。至20世纪90年代末,出现了席梦思床。村里近几年结婚的人几乎买的都是席梦思。

据村中70多岁的老木匠说,以前制作家具的木材主要是从村后的虎叫山上砍伐回来,请木匠师傅打制的。在制作家具时,选料得注意木材的纹理、颜色和大小,便于刮刨成型。板材选择好之后,锯成部件毛料,再用刨子加工成符合标准形状、尺度的精料。再根据家具各个部位连接的不同,采用不同的榫卯结构,开榫凿眼。用墨线在木料上标出位置,再用锯拉榫,榫口连接处严丝合缝。"认榫"时检查榫卯是"涨榫"或"亏榫",有无"不方"或"皮楞"等情况。最后才是雕刻纹饰和精细磨光。将打制好的部件按次序摆放后,在鱼鳔热好后,分别在榫头和榫眼中分别涂上热鱼鳔。装好后,用布擦去挤出来的鱼鳔,用尺子校验装配精度,再等鳔干透,稍微修正、染色和烫蜡。一件柜子或其他家具就这样完工了。

现在,传统的手工制作已经让位于机器制造了,池坪和坳坪镇上都有专门卖家具的商店,所出售的家具几乎都是现代机器对板材进行加工制作而成。工人按照设计图纸,在基层板上用木工铅笔画出具体尺寸,再锯成不同部件板块进行固定,裁剪饰面板后用白乳漆贴到已成型的柜体上,固定好后进行接缝刨平,打磨,上漆。与手工制作相比,工艺流程上大有不同。而明中村的年轻人如今置办结婚家具的话,已经很少专门请人上门打制了,大多是去集镇上购买。

电视机是明中村最普及的电器,家家户户都有。电冰箱和洗衣机就不普及了,村里用电冰箱的,主要是生意上的需要。村民认为冰箱耗电,实用性不大，一天的食物基本当天就吃完，没有多少剩余，家中也很少另外储备食物。所以没必要购置冰箱，即使有的年轻人结婚时为了面子购置了冰箱，实际用的也很少。洗衣机也是耗电的奢侈品。村里人平时洗衣服都到村前的小溪边洗，主妇们还能边洗衣服边唠家常。电风扇也相当普及，没有电风扇的已很少，可能是电风扇相对来说比较便宜、实用。其余如电饭煲、高压锅、电磁炉等诸多小家电在明中村已是家中必备。

在（20世纪）七八十年代，我们村哪里能看到电视机，那可是稀罕物，要跑老远，到池坪去才能看到的。一直到九十年代，我们村口的小卖店买了一台黑白电视机，大家都特别兴奋，小卖店经常围满了人，大家都去看。后来渐渐地，电视机变得便宜了，甚至还出现了彩色的，家家户户就都开始买。再后来，连冰箱、洗衣机也开始有了。不过冰箱耗电多，我们也不常用。洗衣机的话比较耗水，我们有时候只是把洗好的衣服、被单之类的东西，放到洗衣机里脱水。①

（二）生活用具

明中村人传统的炊具，主要是鼎锅、铁锅等。鼎锅用生铁铸成，上部为圆柱体，下部为倒圆锥形，似玩具陀螺状。鼎锅的规格有大有小，大者直径和深度均可达32厘米以上，小者直径16厘米，深度20厘米，上有铁铸的盖和手提的系。鼎锅有客来时则熬茶，平日里则做饭。铁锅亦为铁铸，常用的直径约30～40厘米。现在，鼎锅已很少人用，电饭煲、高压锅等取而代之。除了铁锅，还有锑锅、铝锅等等。烧开水用铝壶。

厨房里常用的切菜的刀长约25厘米，宽16厘米，硕大而重；菜板长约60厘米，宽约50厘米，大而厚，连刀一起搁在灶台边。切菜时，将菜板平置于灶台或火塘边，边切则边往锅里或鼎锅里放。还备有各种大小不一的陶坛、陶缸。陶坛小口大腹，用来腌制酸菜。陶缸用来装米、水、面粉等。菜刀和锅铲请铁匠打制或者购置，所用的碗、筷、盘子都是集市所买。

装水的工具除了水缸、水桶（有木桶、塑料桶两种）外，还有木制、塑料制和不锈钢制的大小不一的盆子。舀水用瓢，自制的瓢或全木或楠竹篼挖制。楠竹篼挖制的瓢，留有约30厘米长，3厘米宽的竹片为把。小的者可打酒舀

---

① 据访谈录音整理。访谈时间：2011年9月，被访谈人：戴德超。

汤,大的可舀水,亦可作喂猪用。上山劳动饮水用胡芦或水壶盛水带上山。
洗衣被常用茶枯搓(现多用洗衣粉),拿到村前的小溪边用木槌捶打,清漂。

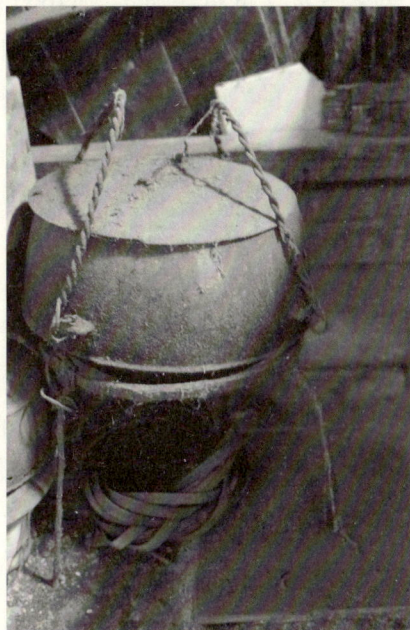

图 9-27　鼎锅(唐世兴摄)

图 9-28　量粮食器具"斗"(唐世兴摄)

床上用具主要是被、枕、席、床单等,一般没有太多讲究。据说,以前的被面、枕巾、垫单、帐檐等多为妇女自纺、自织的家机布。有的还在被面、枕巾、帐檐等物品上面挑花刺绣，如被面挑花树，帐檐挑花枝，枕上绣鸳鸯等，垫单多为土法蜡染，图案多为花鸟虫鱼。如今，明中村已难见到家机布了，被面、枕巾、垫单等均买自集市。席子分草席和篾席两种，也都是购置的。

明中村人冬季取暖，除火床的"火坑"外，还用"火箱"、"火桶"与"烤火架"。

火床，设在堂屋右侧厢房或设在厨房里。火床所置火坑为正方形，边长1～1.2米，四周嵌条石或砖，高约20厘米。火坑中内置圆形三脚架为灶，架上置放鼎锅或铁锅煮饪食物。三脚架系生铁打制，上边似圆形铁环，铁环直径约20厘米，环下有三根铁柱为脚。火坑上方有炕架，木方做成，呈长方形，长约1.1米，宽约0.6米，炕架上端用绳索牢固地吊在房屋檩子上，中间竖几根排列整齐的木方，做烤烘腊肉、腊豆腐等之用，并可挂壶烧水。火坑四周设20厘米高的草墩或小木凳数个。冬日，在火塘做饭，全家围火塘取暖，环坐以食。还作为接待宾朋之所。火坑中的三脚架是安居乐业的象征，不能随意移动，更不能用脚踏踩三脚架。山上的院子，大多是直接在火塘里生火取暖就餐。

火箱，全木制作，呈正方体，高0.8～1米，边长1.2～1.5米，沿宽20厘米，四周用木板密封，其内上下皆空，下置火盆，距火盆上边10～15厘米处有一踏脚的木架，取暖者坐于箱内四沿，脚踏木架上，共盖小被于膝，微火即暖。20世纪末，出现了将底部改用电的红外线管"火箱"，大小不一，有方形和长方形，比传统火箱低矮很多，火箱上往往覆盖一床小被。

火桶，全木制作，呈圆筒状，通高48厘米，桶高30厘米，直径约31厘米。上有一木板做的长方形靠背，厚1厘米，高18厘米，宽10厘米。桶的顶部呈椭圆状，中间留有三条梯形的空隙（如图所示），既便于热气通过圆筒表面的空隙传出去，让人们可以坐在圆筒上取暖，又便于手提空隙处，以便携带。桶的底端用木板做实，内置一铁架，上放炭盆，炭盆直径约15.5厘米。桶身的正面离底面约16.5厘米处有一开口，便于生火加炭。冬日，小孩常提火桶上学，亦有提火桶赶集者。

烤火架，铁制，形似方桌，高约0.7米，宽约0.8米，四面通透。在铁架下面放一电取暖器或者火盆，桌子上罩一块厚布，再压一块80×80厘米的桌板或瓷砖。烤火的时候就把桌子四周的布搭在腿上。

取暖用的木炭每到农历十月以后，集市上就有卖的了，大约150元/百

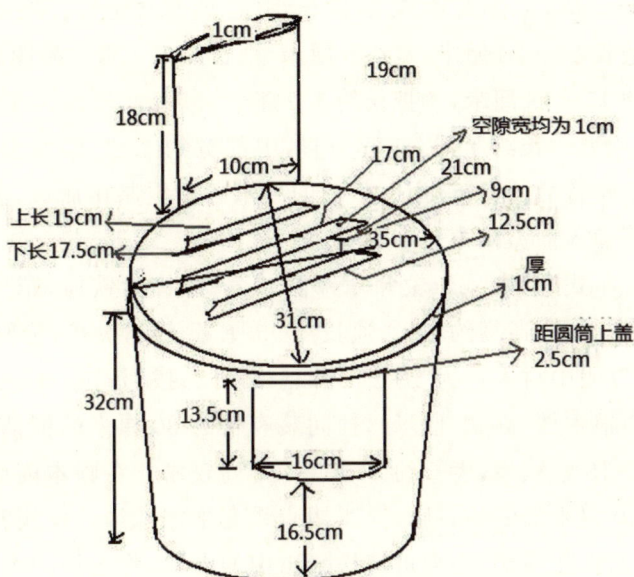

当地用来取暖的烤桶

图 9-29　当地用来取暖的烤桶

斤。火塘里烧的燃料,要么是炭蔸或柴蔸,要么是用锯子锯成一截一截的杂木棒,或掰掉玉米后的玉米棒等。火钳和吹火筒是冬天常用的工具。

明中村人出远门必带雨具,俗话说:"晴带雨伞,饱带饥粮。"在 20 世纪 80 年代前,雨具主要是油纸伞、蓑衣、斗笠等。蓑衣用棕制作,分上衣与下裙两块,穿在身上与头上的斗笠配合使用,用以遮雨。斗笠有多种,呈圆锥形,直径 40～50 厘米,不少人在外出时,不管天晴下雨,都习惯备用。大多戴棕丝斗笠、篾斗笠,个别人用光油斗笠。现在,流行市面上的各种雨衣、雨伞和雨鞋(穿草鞋的已少见了)。

(三)生产用具

明中村人长期从事农业生产,犁、耙、锄、柴刀、镰刀、晒席、斧头等都是必不可少的工具,目前村中处处可以见到这些东西。其中常年使用、用得最多的是锄头和柴刀。

锄分挖锄和薅锄两种。挖锄主要用于翻地，薅锄主要用于除草，均由锄把和铁锄两部分组成，上部有锄笼和卡子，锄把安于锄笼内。挖锄铁锄窄长，锄口锋利，通长24～35厘米，宽约3厘米，把长约1.2米。薅锄锄口通长约18厘米，宽约15～18厘米，锄把长约1.2米。

柴刀（又叫砍刀），长约1尺，前弯中直，中部宽约3寸，厚而刃，锋利如斧，走路时，别于腰背后的刀匣（用一坚韧的硬木方挖空制作而成，空度以刀的前部和中部可插入而刀柄不落下为宜）中。

普遍使用江东式犁，犁分犁辕和犁铧两部分，犁铧为铁铸，犁柄和犁底为整木做成，二者合壁，通高约1米，通长约95厘米，转弯灵巧，轻便实用。

耙可分"耖"（明中村人称为"力拔"）和耙梳。"力拔"是在一根长约1.35米的圆木上竖两根木柱（高82厘米），柱间装有长约80厘米的横柄，并在圆木条上装有11～13颗铁齿，齿长约24厘米，排列较密。在圆木前面装有一用铁打或木制40厘米长的牛打脚（拴牛用），系套牛的棕绳。使用时由牛拉"力拔"，人在后面扶住横柄，耙齿可疏松水田中的泥块，将土块弄细，使地平整。耙梳由铁梳和木柄两部分，铁梳为4～5齿，齿长约18厘米，通高约16厘米，上有笼和卡（多为木卡），柄长约1.2米，连卡斗入笼内，用于掏稀泥筑水田的小面，或沤肥时掏干粪，或掏泥用。

收割农具主要为镰刀，镰刀形如弯月，内有齿，铁把装上木柄即成。晒席用篾编成，主要用于晾晒物谷，长约6米，宽约3米，不用时从一端卷曲成筒，搁置堂屋内。

传统的粮食加工工具主要有石碓、石磨、水碾。此外，还用风车、竹筛和簸箕。

村里以前几乎家家都有石碓和石磨。碓可将稻谷、包谷、高粱、小米、辣椒等去壳或加工成粉。用石头打制，由碓窝和碓啄两部分组成，碓窝口为圆形，直径50厘米，深约50～60厘米，下端大部窖入地下，只留窝口部分约10厘米露出地面。碓啄呈丁字形，中间有一横梁做支架，脚不断踩击尾部，让碓啄将谷舂去壳。磨和碓常被安放在一处地方，有所谓"公不离婆，秤不离砣，碓不离磨"之说。以前每逢年节或红白喜事时，做粑粑、豆腐等，磨子就难得空闲。现在磨粉机普及，磨在村里已所剩无几，用的人也越来越少了。磨用石头打制，主要用于磨黄豆、米、包谷等。大的直径50～60厘米，小的直径30～40厘米。磨分上、下盘，结合部有齿，下盘固定在方形的石头上，磨盘离地50～60厘米，用石头做成，边长约1.2米，四周凿有12～15厘米深的凹槽。上盘顶挖有一圆形小洞(形如漏斗),名"磨眼",一侧装有方形横木,横木伸出一端挖有磨啄眼。推磨的磨啄呈丁字形,横梁长约1.2米,竖梁长约2米,竖梁弯钩的下部有一圆形磨啄。推磨时,将磨啄装进磨啄眼,手握丁字形横梁转动。

图 9-30 舂碓(唐世兴摄)

图 9-31 推磨(唐世兴摄)

关于水碾,据村中老人讲,以前在村前的溪边有一个。碾窠是用石打制的,镶在圆盘的四周,圆盘大概直径3~4米。中轴是用木制作的,上端设了一支架,支架的横木一直延伸至碾窠,下端支撑着石头打制的碾滚。这个水碾主要用来碾米的,大约在1950年就毁坏了。现在都用电机打米。

风车用于扬谷,以前在秋收之际使用得比较多。但现在已经使用得很少了。风车外形如车,全木结构,外装木板,通长2.4米,通高1.3米。内安风轮,外有手把,尾部为风口。风轮转动,则生风,转速越快,风越大。谷壳与杂物会从尾部的风口簸出去。

筛子和簸箕是日常使用最频繁的用具了。二者均用篾编成,呈圆形。筛子中部如网状,可分米筛(主要筛大米,网眼稍大,又叫"粗筛")和粉筛(筛包谷粉之类,网眼小,又叫"细筛")。筛子直径约50厘米,四周有沿,沿高

图 9-32　风车（唐世兴摄）

图 9-33　水碾（唐世兴摄）

5～8厘米。筛时，双手端住两边的筛沿，朝左右转动。如用粉筛筛包谷粉，细的就从网眼筛下，粗的就留在筛内。簸箕底部衬以格状硬竹片。簸箕直径 60～80 厘米,用以簸去谷物中的空壳,或包谷粉中的糠皮。筛子和簸箕还常用来晾晒豆角、茄子、小干鱼等。

明中村人在生产劳动和家务劳动中,还善于背负。背的工具多种多样,有背篓、背架、背带、背桶等,其中以背篓的种类最多。背篓一般是用于背小孩或背菜、背粮食等重量不多的东西。背架一般是用于背柴背草,背带子主要用于背小孩,背桶用于背粪。

背篓按用途可分为柴背篓、花眼背笼、儿背笼等。均以硬竹片为经,用篾丝或篾片编织,由背筐和背系两部分组成。背篓呈扁圆柱形,亦有呈圆柱形的,上大下小。背系有为篾编或棕编,上呈带状,下呈索状,共两根,上端从背篓的中部穿进,底部穿出系牢,肩带会包一层布,布上大多绣有花草图案;下端用绳与背篓下沿相连,中空视使用者的身躯大小而定。

柴背篓篾粗肚大,呈网眼状,经得摔打,为砍柴、扯扯猪草、摘桐子、背包谷棒等用,大的背高 1 米以上,口的最大直径约为 75 厘米,最小直径为 60 厘米;小的高 50 厘米,口的最大直径 32 厘米,最小直径 28 厘米。

花眼背笼篾丝细腻,紧密无缝,呈椭圆形,做工精细,可背米、麦等粮食之类,也可作下河洗衣之用。一般大的背高 75 厘米,口的最大直径 45 厘米,最小直径 42 厘米,底部最大直径 18 厘米;小的高 50 厘米,口的最大直径 32 厘米,最小直径 28 厘米,底部最大直径为 15 厘米。

儿背篓专用来背孩子,有两种:一种呈长筒形,高 50～60 厘米,腰小口大,上下皆密,中部呈网眼状,在网眼部后边横置一木板,供小孩坐;一种叫轿椅篓,高 50 厘米,以小竹管编成,上沿向下 30 厘米处向前边移 15 厘米后再往下编织,后部呈一天然竹凳,可供小孩坐。现在有的人家从集市上购买小孩用的藤椅,背面有"长命富贵"的字样,中间是菱形花纹,两侧是波浪纹。还有人用背带来背小孩,背带约长一丈,宽 20～30 厘米,有纯色和挑花两种,均系自织自绣。

明中村人对背篓的使用十分广泛,同是一个背篓,赶集卖农产品和山货时它就是一处摊子,看戏时它就成为一张凳子。还值得一提的是,与背负工具配套的还有"打杵",呈"丁"字形,横梁约 13 厘米,竖干长到 90 厘米,背负重物,上坡做杵路杖,雨天可防滑,歇气时可支撑重物。此物方便适用,至今仍然盛行。

背架主要用于背柴背草,偶尔有用于背肥猪的。背架为木方制作,两直柱中部和下端有两道横梁,横梁中部有一竖板斗榫衔接于直柱与上下横梁

图 9-34　背篓(唐世兴摄)

图 9-35　背篓(唐世兴摄)

之间,其带为棕编,上下两端分别系于直柱的中部和下端。背物时,上端刚好伸过头顶,所背重物用绳或藤捆扎于架上。

　　除了以上背的工具外,还有背桶,可惜村里已难寻踪迹。据村里老人介绍,以前村里有人用背桶背粪上山。背桶系全木制作,上大下小,呈扁圆形。从上部到下部,都用细篾条丝横箍在桶周围五道至七道。有撮箕口和平口两种,高0.8~1米,口的直径为30~40厘米,底部直径约18厘米。撮箕口背桶的口不齐整,靠人背的一面的木板要比背后面的高出6~8厘米,平口背桶的口是齐整的,但上有盖密封,背粪时不会荡粪水在头肩上。背系用棕编织,上扁下圆,长短因人而异。

　　明中村挑的工具主要有箩筐、扦担、水桶和粪桶等。箩筐用来装谷子,或其他物品。用篾丝编成,无缝,呈正方形或圆形,高43厘米,边长46厘米,可分有盖和无盖的箩筐。同样大小的两只箩筐为一挑,用以挑米、谷和其他物品。扦担用圆木棒做成,长2米,中间粗,两端细,粗的直径达6厘米,越往两端越细,两端尖如锥,用着挑稻捆或柴禾,两端各往两个捆的中间一插,即可挑着行走,使用方便。

　　抬的工具主要有提篮、抬杠与绳索。提篮以硬竹片为经,用篾丝编织而成,长条形。现在一般放在家中使用,主要用以放蔬菜或水果。提篮一般通高20~28厘米,提手高10厘米,篮高10~12厘米,长25~40厘米,宽15~18厘米,四角为弧形。抬杠与绳索供抬重物用。抬时,先将重物用绳系上,再将抬杠穿过绳索,抬着走。

　　村民在闲暇时间还会用竹篾编制各种实用工具,像用来装麻雀、斑鸠等的鸟笼,用来罩鸡仔的鸡罩子,用来捞虾的虾壕,等等。

第十章
节日与游艺

　　明中村的传统节日文化丰富多彩，是一种生活的节奏，也是维系、发展亲属关系的好契机。其节日风俗伴着岁月行进，在变化中继承，在传承中发展，体现了瓦乡人特有的民俗风情。而以消遣休闲、调剂身心为主要目的各类游艺活动，在民众生活系统中也占有较为重要的位置。

一、岁时节日

　　岁时节日主要是指与天时、物候的周期性转换相适应，在人们的社会生活中约定俗成的、具有某种风俗活动内容的特定时日。[1] 过年过节，是明中村最热闹的时候之一。尤其是过年，外出打工的年轻人一般都会设法回家来，全家老少欢聚一堂，共度佳节。除过年外，明中村人主要过二月二、清明节、四月八、端午节、五月十三日、七月初一日、八月初二日、中秋节等，每节之前几天，各家各户都必备香烛、纸钱、鞭炮、供品等用于节日祭祖拜神。

（一）过　年

　　过年是明中村人最大的节日，从内容到形式上都较其他节日隆重得多，持续的时间也最长，从腊月二十四日至新年的正月十五日。

　　明中村人一年四季辛勤耕耘劳作总是忙，连"过年"也不例外，有所谓"忙三十夜"的说法。自进入腊月开始，村民就开始忙着准备年货和过年的物品。除了杀年猪熏腊肉、磨豆腐熏腊豆腐、打糍粑、酿米酒等会提前一段时间早做准备外，其余诸如炸团徹、发海带、炖猪头、洗猪脚、杀年鸡公等临

----

　　① 　钟敬文主编：《民俗学概论》，上海：上海文艺出版社，2004年，第131页。

时加工制作的物品,往往是在团年当天或提前一两天才动手准备。而新衣、新裤、新鞋,香纸蜡烛、鞭炮、年画、糖果、烟酒、茶叶等物资也要赶在年关之前提前到集镇乃至县城筹办妥当。所以每到腊月的最后几天,村民有的会匀出一些腊肉、腊豆腐,或者带上年鸡公、土鸡蛋、糍粑等,用背篓背着,用竹篮拎着,拿到集市上去交易,然后买回各自需要的其他物品。

腊月二十三日以前家家户户要打扫环境卫生,去尘秽,以祈新年之安。先要将堂屋神龛打扫干净,再疏理阴沟、阳沟,室内墙壁上下要扫除扬尘。据说人们做坏事时,被记录在扬尘上。因为腊月二十三日这天灶神上天奏本,所以把记录人的污点的扬尘扫除干净,灶神就可在天上为主人家多说好话,不然以后家中扬尘将成线往下掉,会带来一定的灾厄。

明中村人的小年(腊月二十四日)除了比平日多做几样菜肴,没有什么特别的讲究。

腊月二十五日以后开始贴春联和门神。春联一般是请村里会写毛笔字的人写的,所写内容由执笔者翻书查找(写对联的参照书主要有中国文联出版公司出版,由梁石、孟庆志、王艾仁编著的《中国古今实用对联大全》;开明出版社出版,李锦声主编的《红白喜事礼仪大全》等)。写对联所用毛笔为2支大号毛笔,1支排笔,2支小号毛笔,平时不用的时候装在一个筷子盒里,无笔盖。门神有贴尉迟敬德和秦叔宝画像的,也有贴关云长和尉迟敬德画像的。对于尉迟敬德当门神,村里流传着以下的故事:

> 尉迟敬德是一个了不起的角色,他保皇帝,保皇帝的天下。尉迟敬德和龙王爷打赌,说明年人类将有几分雨,没有的话,就要打烂龙王的招牌。他们打赌之后,玉皇大帝让龙王下雨,龙王没有下那么多的雨,就以为他自己赢了。尉迟敬德说龙王要被玉皇大帝处决,龙王就求尉迟敬德,答应输给他了。所以就贴尉迟敬德当门神了,什么都不怕。[①]

至于为什么秦叔宝和关羽也是门神,有言"秦叔宝勇猛彪悍,关羽是英雄,贴在门上吉利,保平安"。

腊月二十八日,再次将家里屋外都打扫干净,并在灶台上贴上红色的符纸条。腊月三十日(月小二十九日)的早餐与午餐都很简单随便,但晚饭,俗称"年夜饭",那就马虎不得。由于奉行"发财不发财,只要人回来","麻雀也

---

① 据访谈录音整理。访谈时间:2012年9月,被访谈人:戴德超。

有个三十夜"，团年这天，家里外出的人要尽力赶回家吃"团年饭"。放上山的牲畜，丢在野外的农具，借给人家的工具，都要收回家过年。年夜饭的饭菜一定要很丰盛，以荤腥为多。要多煮饭，好"今年吃到明年，越吃越有"；要吃点青菜，以示终年清白。桌上的鱼一般不吃，要留到来年吃，称作"年年有余"。

图 10-1　贴春联（唐世兴摄）

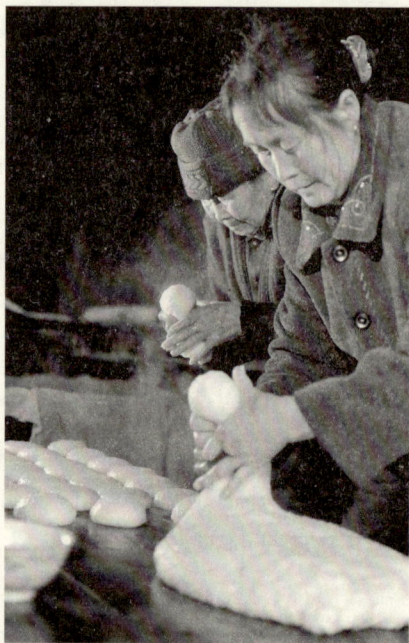

图 10-2　做糍粑（唐世兴摄）

　　年饭饭菜煮好后，要由男主人带着晚辈用篮子提点肉、菜、饭，还有鞭炮、香、纸去祖坟前祭祀，回到家再摆桌。摆好后，要到大门外烧香纸，供三牲，先敬土地神，再在神龛前陈列着满盘"三牲"酒醴、水果、清茶等物，焚香、烧纸，请祖先回家过年，希望来年继续保佑五谷丰登，六畜兴旺，全家老少平安。还要敬奉灶王爷。敬神，请祖先后，全家人围席而坐，吃"团年饭"，同时要放鞭炮助兴。另外，饭前还要用两个碗，分别装点肉、饭送给猫、狗吃，要给耕牛煮黄豆吃，有的还灌些鸡蛋拌糯米甜酒，让它们辛苦一年后也过年。团年饭后，每家每户要将早已准备好的红纸花签张贴在家庭的用具、工具和牛栏、猪圈、厕所，以示新年的热闹气氛。

　　这天，要用大灶锅烧水，人人洗澡，洗去身上的邋遢和晦气，穿上新衣新鞋，戴上新帽子。神龛上的香要一支接一支地点，神龛上的蜡烛也要亮到天明。火坑里的火用一根大树蔸来烧,让它燃到天明。有道是"年三十的火,十五夜的灯",预示着兴旺和红红火火。还要把三脚架拿开,让它辛苦一年之后也休息一晚。全家人要守岁,男女老少通宵不眠,谈一年的年景,讲来年的打算,讲各种奇闻轶事。长辈给小孩"压岁钱",一般打发百十元不等。半夜十二点整,家家户户又放一阵鞭炮辞岁迎春。举家又吃宵夜饭。守岁到二更时接灶神,三更时关门称"封财门"。到亥子初交时再放爆竹,称"开财门"。

正月初一日习惯要早起,家中小孩起床后,立即给大人拜年,这个时候,大人就要给他们红包了,每个红包10元到50元不等。大年三十日晚上剩下的年夜饭就是正月初一日的早餐。大家很少相互串门,各家要带礼品去土地庙祭拜土地神。村里有时还会请专人来做满院子祈福活动,由专职祈福人(系祖辈祈福)点蜡烛,边唱边走,后面跟着一些小孩子和男男女女,到各家各户去祈福。唱的内容主要是请土地、菩萨保佑全村六畜兴旺,四季平安,五谷丰登。如唱"土能生万物,地可发千象。拜个月月得顺,拜个长命富贵,拜个五谷丰登,拜个四季安康……"

正月初一日不扫地,怕把财喜扫走;不准讲不吉利的话;小孩要循规蹈矩,不要挨骂被打,说如果初一挨骂和打,那么整年都会常挨骂和打。

正月初二日起至元宵节前一天,亲友间相互拜年。正月初二日也是媳妇回娘家的日子。结婚不久的夫妇会一起回娘家,已有孩子的就带上同去。若小孩十几岁之后,回娘家就由孩子代劳了。

初七、初八日有狮子灯、舞龙灯、唱花灯等活动。但现在到了初七、初八的时候,村里的许多年轻人就出去打工了,舞龙灯的场面也越来越少了。加上因为没有经常舞龙灯,一些年轻人也不会舞,掌握不了舞龙的技巧,在舞龙灯的时候不小心把龙灯弄燃了。年轻人也不愿意费心学,所以耍龙灯的都是五六十岁的了。[①]

明中村的龙灯都是自己做的,分龙宝、龙头、龙身和龙尾。龙头、龙尾用篾扎纸糊而成,加以彩绘。身用布连就,分红、黄两种,有9至13节不等,每节1人持舞,节内置烛灯。游行或表演时,由1人举红色宝球为前导,有大锣大鼓伴奏,气势雄伟。

---

① 据访谈录音整理。访谈时间:2012年2月,被访谈人:戴德鑫。

图 10-3　舞龙灯(唐世兴摄)

下面是石甜在 2012 年正月初八日对集镇玩龙灯的田野记录：

远远看见龙灯队伍走近。龙灯是用竹子扎成的，龙头活灵活现，以黄、红、绿相间为主，用金色颜料点睛，龙嘴上扎了红色绸带。龙身为红色绸带制成，镶金边，里面点的不是蜡烛，而是用的灯泡，发出微黄色的光亮。绣球系篾竹扎成，外裹红色绸布。

舞龙灯的大多是五六十岁左右的男性。9 人举着灯，其中 1 人当灯头。有 2 个会头，1 人负责给门面老板们说吉利话，1 人负责收钱。5 个人敲锣打鼓，其中 2 人一前一后抬鼓，鼓架在两根木棒之间，而木棒两端用绸子套在前一人的背上和后一人的胸前。后面的人则一边抬鼓，一边敲打。另外有 2 人敲钹，还有 1 人敲锣。会头和灯头走在最前面，敲锣打鼓的 5 人走在龙灯的后面。

他们沿着路边的门面挨家挨家的讨喜钱。首先是会头先推门而进，说一番生意兴隆，发大财，发财之类的吉利话。主人家就掏钱给他们，他们拿了钱以后并不数钱，而是直接塞进其中一个会头所拎着的一个黑色公文包内。公文包上系了一条红色绸带。有时候，会头在这家，灯头就跑到下一家去讨喜钱了。这个过程中龙灯站在门外面，也会呅喝几声"哦嗬嗬嗬",有时候会头为了有说服力,会让龙灯进到门面里面走一圈,表示带来好运气。敲锣打鼓的人一直在店面外站着,并不进去。

不是所有的店家都会给钱,有些店家不开门,龙灯队伍就走到下一家去。有些店家直接回避到里屋去,同样,龙灯也是走到下一家去。而且每一家给的钱不相同,多少由店家看着给,有些给了1块、2块,有些给了5块、10块。因为龙灯一直冲着我舞,我便拿了10块钱给会头。有些店家把钱给了灯头,灯头再把钱递给会头,会头塞到公文包里。

他们告诉我,他们是大年初一就出灯,一直玩到十五。我从8点50分跟着他们,到9点10分,他们的生意很红火。龙灯走的路是不能重复的,所谓不走回头路。在短短20分钟内,他们沿着门面店家走了一整圈,差不多讨了30多家的喜钱。

过年期间,除了玩龙灯,明中村其他组的戴姓村民还会到明中村来唱花灯。唱花灯又叫"灯戏""扇子戏"。演员在演唱时多拿扇子,边唱边舞,演员一旦一丑。内容多为表现男女爱情、家庭生产,情节简单。有锣、鼓、钹、笛子伴奏,唱词和道白通俗易懂,唱腔是当地民歌小调,欢快明朗,表演动作活泼风趣。流行的剧目有《放羊拦妻》《观花》《干妈拜年》等。

灯戏一般是晚上演的,用油纸和篾片做成方的或圆的灯,里面点上一支油汪汪的蜡烛,就是一盏漂亮的花灯了。有的灯脚做得高,有的灯脚做得低,有的灯干脆不做脚。每只花灯演出队伍可由15~20人组成,演出分成几个组,敲锣打鼓地对唱,有主角和配角。主角有男女角色的区分,女主角手持花扇子,还要拿着花帕子扭呀扭,配角就是帮唱的。比如灯戏逗人乐,大人在外围得里三层外三层,小孩子在人群中穿来穿去地玩,气氛很热闹。①

正月十五日元宵节(明中村人称"灯节"),家家户户当晚要照灯(即要每间房点灯,并让神台上的灯燃到天亮),还要敬神,送请来的祖先归位。这一天,舞龙的、舞狮的、玩蚌壳的、采莲船的等会一齐出动,尽兴表演,明中村的男女老幼也会举家而出去观景。

狮子是瑞兽,象征着吉祥如意。舞狮子可以驱逐邪魔,保佑人畜平

---

① 据访谈录音整理。访谈时间:2015年8月,被访谈人:蔡姓村民。

图 10-4 唱花灯（唐世兴摄）

安，使村寨兴旺发达。狮子有时与龙灯结伴而舞，有时单独舞。狮子的头用篾扎纸糊，加以彩绘，狮身皮毛是用色布缝上麻绒做的。舞狮要两个人合作表演，一个人扮狮头，一个人扮狮身。只有二人配合默契，才能共同完成跌扑、翻滚、跳跃、搔痒等动作。有锣鼓伴奏，表演时要紧锣密鼓助威，鞭炮连响助乐。舞狮子，还可以与龙灯同舞，"文舞狮子，武耍龙灯"。①

蚌壳灯舞，又名蚌壳灯、蚌壳精等，没有任何唱词和唱腔，是一种有故事情节、哑剧形式、打击乐伴奏的民间舞蹈。一般为二至三人表演。蚌壳用竹篾扎制，彩纸裱糊，上面画了彩色的图案，四周用红布条镶边。蚌壳灯舞的服饰与戏曲行当的装扮接近。表演时，一般由一女子扮成蚌壳精，一男子扮成渔翁。蚌壳精立于竹制的大蚌壳内，跟随锣鼓的节奏以碎步、盘腿蹲、半转身等动作以及优美的身段扇动着蚌壳，时开时合，时进时退，渔翁则头戴草帽，肩背渔篓，手执渔网，表现出观蚌、涉水、理网、撒网的各种形态，时而被蚌壳夹住头部，时而被夹住手脚等动作。有时候，为了增添气氛，由另一人扮成鹬，与蚌壳精相斗，或鹬鹤啄到了蚌壳精，或蚌壳精夹住了鹬鹤的嘴，

---

① 据访谈录音整理。访谈时间：2015 年 8 月，被访谈人：戴姓村民。

被渔郎一网双收。舞蹈动作没有固定形式,随着乐器声时弛时速。整个表演都具有很强的节奏感,情节、情绪与打击乐的强弱长短紧密配合,表演诙谐幽默,风趣生动,以其淳朴的生活气息,乐观明朗的情绪赢得了观众的喜爱。

过了正月十五日,整个年节即结束。外出谋生的人,均动身外出。

(二)二月二

农历二月初二日相传是土地婆婆的生日,村民家家户户都要敬奉土地神,为土地婆婆做生祝寿。这天家家都会做比较丰盛的饭菜,个别人家还会用腊肉丁和糯米做蒿菜饭。有的在家中大门口,摆些供果,点香烧纸拜土地,祈求土地保佑平安;有的妇女结伴而行,专门到村口的土地庙去烧香纸,供奉祭品,放鞭炮,祈求风调雨顺,五谷丰登。

(三)清明节

清明节是明中村人较为重视的节日,很多在外打工的人都会挤时间赶回家,以便上祖坟祭扫挂青。新坟必须在清明前三天祭扫,旧坟在清明前后三天均可。据了解,明中村在以前还有清明戴柳和吃清明会的习俗。

> 以前每到清明节,我们这儿家家户户都要去折些水杨柳枝,插在自家的门楣上,上坟的时候还要在自己衣服上别一根柳枝,小孩子将柳条编成帽子戴在头上,有的女孩子干脆将柳条插在头发中,说是可以驱鬼辟邪。现在没有了,主要是现在已经没有水杨柳树了,还有就是觉得没必要。

> 上祖坟扫墓,我们叫"挂青",又叫"挂山"。以前还有合族吃清明会的习惯,合族杀猪宰羊,在祠堂祭祀祖宗,大家在一起喝酒吃席。再分别去挂青。这一天外出的人,都要赶回家参加祭祀,否则就是不孝、不忠,人人会理论。[①]

到祖先坟地挂青,先要铲除坟地边的杂草荆棘,修理水沟,再挂青摆供品,燃香烛,放鞭炮,磕头参拜,祈祷先祖保佑。以前挂青挂的是一种凿有古铜钱图案的白纸条,似长形飘带,组成一束后,顶端用白线吊在坟头的小竹

---

① 据访谈录音整理。访谈时间:2011 年 9 月,被访谈人:戴士虎。

竿上。现在挂的是用五颜六色的胶质薄纸加工成的各种精细图案的"清明条"，有的还于坟头悬挂白色的灯笼。

（四）牛王节

农历四月初八日是牛王节。明中村人认为"农家无牛客无本"，牛是一家产业的主心骨。每到农历四月初八日这一天，不论农活有多忙，主人家都不得用牛耕田耙田，不准用鞭子打牛，不准骂牛。要把牛牵出去，让它美美地吃上一顿嫩草，并要给牛喂食鸡蛋甜酒，或米、杂粮稀粥等，优待耕牛。还要将牛栏的粪便清理干净，并撒上石灰消毒，给牛洗澡，用牛篦子疏掉身上的虱子。

图 10-5　牛洗澡（唐世兴摄）

（五）磨刀节

农历五月十三日被认为是关云长的降神日，又相传这天是关云长将青龙偃月刀磨砺锋利斩杀颜良、文丑的日子，故称为"磨刀节"。这天，村里男性都会带上刀头肉到关公庙里去拜关胡子，祈求关帝显灵，保一方平安，风调雨顺。

五月十三日拜关胡子，是为了纪念关胡子的忠勇仁义，也是求关胡子给我们带来好运气。只有我们这几个地方有,从池坪附近一直到桐车坪,明中村方圆2.5公里。以前,村里要选出一头肥猪,杀掉之后先把猪肉拿到关公庙去祭拜关胡子,然后再分给村子里的人。记得底坪那里有一座关胡子庙,庙里还有神像。解放后就破落了,"文革"的时候就彻底拆了。那时候吃过早饭以后,大家还会结伴到关公庙里去敬神,带上香纸炮竹,还有很多好吃的东西,有点像赶庙会一样,很热闹哩![1]

(六)端午节

明中村人的端午节分小端午和大端午,小端午即农历五月初五日,大端午即农历五月十五日。相比较而言,小端午远不及大端午热闹。过端午节要吃粽子,喝雄黄酒,并用雄黄酒点小孩头额及手脚掌心,或在儿童的额头用雄黄粉点一个印记。户户门前挂菖蒲、艾叶以避邪毒,房屋周围、室内、室外、水缸边、碗柜周围都要遍撒雄黄粉以防毒虫,采车前草、金银花、紫苏叶、艾叶等谓之"百草"煮汤沐浴,以防疮疖。每年农历五月十二日至十四日,由于县城沅水之滨汇集了来自县域内外的多条龙船,开展龙舟竞赛,许多村民都会去县城观看"扒龙船",龙船就成为他们回家后的主要话题。

农历五月十三,出嫁的女儿这天要回娘家,以粽子和糖果来给父母亲拜节,或馈赠亲友。

(七)七月初一日

农历七月初一日既是半年节又是尝新节,既是为了纪念戴氏祖先搬到这里来居住,接祖先回家,又是吃新米,迎接丰收。节日当天不做生产,男的不上山,女的不拿针线,大家都在家休息。一大早,家里的妇女就会将家的里里外外打扫得干干净净,然后穿戴整齐,背着背篓去池坪镇上购买一些平时难得吃到的食材如鱼、鸭等回来,以便做一顿丰盛的晚饭。有的人家还杀猪宰羊,打粑粑,推豆腐,如同过年一样,亲朋好友相互庆贺。待饭菜做好,会在神龛前给祖先沏一杯茶,供奉一碗新米饭,还有"三牲"酒醴,最新鲜的瓜菜和豆类等都供奉给祖先,焚香烧纸,作揖叩拜。然后又到大门外场地烧香烧纸。礼毕,全家人即按老幼依次排座席,在堂屋神龛前共享美食。

---

[1] 据访谈录音整理。访谈时间:2011年9月,被访谈人:戴姓村民。

以前村里过七月初一日特别热闹，和过年差不多。出嫁的女儿和外出上门的男子是必须回来的，要和自己的父母以及兄弟姊妹一起过节。前几天，大家就都不上山做工了，在家打糍粑呀，做豆腐呀，发甜酒呀，杀鸡杀鸭，有的人家还会杀头猪。头一天，各家各户都会带上香烛和酒菜，去祭拜土地公公和土地娘娘，求他们保佑粮食丰收和六畜兴旺。①

到了七月十四日晚(俗传七月十五日关鬼门，迟回去的不得入冥府)，家家户户要到户外的岔路口焚香、烧纸，"三牲"酒醴敬奉祖先，作揖送祖先灵魂回去。

(八)八月初二日

农历八月初二日被认为是土地公公的生日。这天，村民要舞龙灯，放鞭炮，每家每户都要准备香纸供果为土地公公祝寿。早上起来，村民就邀约去土地庙祭祀，请戏班子到土地庙唱戏，唱辰河高腔的一些曲目，诸如《八义图》《十全义》等。然后要敲锣打鼓，家家户户送瘟神。

送瘟神的仪式由一位道士先生(以前是"闹沙")主持。道士先生的身前挂放一个四方斗，斗里面装满米，他的左手拿一把竹子做的扫帚，右手拿一把刀，每走到一户人家的门口就说一些吉利话，然后他走在前面，主人家跟在后面。道士先生一边走一边挥舞着扫帚，如驱赶状，还要四处洒五谷，嘴里念叨着"一兜荞一兜麦，一打磨一打搲(qia)"，从里屋赶到屋外。这种仪式，家家户户都要到场。

仪式结束以后，四方斗里装的米归道士先生，作为他主持仪式的报酬。晚上，村民会吃一顿丰盛的晚餐以表示庆祝。

(九)中秋节

明中村人称中秋节为"八月十五"，村民表示他们以前是不兴过中秋节的，但是现在也和"讲客(话)的"一样过中秋节，只是不隆重。节日这天，很多人家要杀鸭子吃，再就是到集市上买月饼回来。村里在县境内工作的也尽可能赶回家团聚，称作"团团圆圆过中秋"。那些没有时间回来的年轻人

---

① 据访谈录音整理。访谈时间：2015 年 8 月，被访谈人：蔡姓村民。

会托人带一些节日的礼品回来。石甜借宿的房东家，他儿子在怀化工作，节前一天打电话告诉房东，说托怀化开往竹园乡的中巴车司机带了一箱葡萄和一盒包装精美的月饼回来，让他提前在路边等着，等到这辆中巴车路过，就把东西提下来。房东家中秋节这天除了吃月饼以外，饮食上也与平时相差无几。相比较其他节日，中秋节显得有些冷清。即使皓月当空，也很少见到村里有人赏月，更不用提湘西苗族的"跳月"活动了。

至于元旦、妇女节、植树节、劳动节、儿童节、教师节、建军节、国庆节等国家法定的一些现代节假日，随着与外界更多的联系，也悄悄地走进了明中村人的生活。但对新兴节日的重视程度自然不能与传统节日相比，没有子女或亲戚在城里的家庭就不会把其作为节日看待。这些节日，在县城及其他乡镇工作的子女一般会带着孩子回到明中村看看父母，与周围邻里闲聊，而他们的孩子则和村里的小孩子一起玩闹嬉戏。

这里，值得注意的是，被认为瓦乡人最普遍最具标志性的节日"跳香节"，明中村人却不过此节。跳香节被认为是瓦乡人一种特有的酬神祭祖、人神同乐的传统节日。时间一般是在农历的九月，具体日期每个村都不一样，地点是在专门的跳香殿（当地人称"太"）进行。跳香的仪式由巫师（当地人称"闹沙"）来主持，一般分为请神、安神、娱神、送神四个阶段，有铺坛请师、申法请神场、修殿架桥等8场法事，具体场景有送祖升天、金童玉女撒财、抛香粑粑、喝香米酒、吃香豆腐、演唱傩戏等。跳香人数少则几十上百人，有时邻村寨也聚拢来，多达上千人。

施联朱的《民族识别与民族研究文集》中说：

> 在宗教信仰和节日方面，"瓦乡人"崇巫信鬼，与苗族相同，称巫师为"闹沙"。"瓦乡人"最普遍的节日是跳香节，每年9月至10月举行，由巫师主持，家家户户男女老幼都去跳香。[①]

瞿湘周先生在《瓦乡人的生活习俗》一文中如此描述：

> 瓦乡人的节日以跳香节最为普遍，无论隆重程度如何，都要举行跳香仪式。时间在9月中旬到10月中旬这一段时间内，故跳香节又被称为"十月明香大会"。跳香仪式由巫师主持，在专门为举行跳香仪式建立的"太"（汉语意为"殿"）里举行。跳香时，巫师戴五福冠，穿红色对襟

---

① 施联朱著：《民族识别与民族研究文集》，北京：中央民族大学出版社，2009年，第93页。

图 10-6　跳香节(唐世兴提供)

天师袍,持缯巾,吹牛角,模仿农事动作"演教"(实际就是跳舞)。旋场时,一只脚原地立定,另一只脚旋转。旋转时,速度要快,人要能从飘飞的法衣下钻出去。

　　跳香节是祭五谷神,庆丰收并祈来年有个好收成。请的神有神农皇帝五谷之神、田头地角五谷尊神、苗稼大王、收虫仙女、桃源洞神、五姓都头等。跳香时吃斋。[①]

《沅陵县志》(1993 年)也这样记载:

　　县内几个苗族聚居区在农历十月常以村寨做明香大会,俗称"跳香"。跳香在殿堂里举行,神像前设香案,乐器有水牛角、法刀、锣、鼓等。法师念经咒,召请天兵天将护送玉皇大帝、紫微大帝等天上地下多种神灵参加明香大会,谢诸神保佑一年风调雨顺、化育万物之恩,祈求来年国泰民安,五谷丰登。……此俗在县境"果熊"地区尚存,但举行次数很少。[②]

显然,县志所言"果熊"地区即瓦乡人聚居区,应该包括今天的荔溪乡明中村。田野调查期间,我们专门对"跳香节"在村里进行了较为详细的访谈,然而村民对于"跳香节"除了说"不过"、"没有"等外再没有别的表述,即或明中村的跳香文化已然断裂,那么多多少少都该有些模糊的记忆,然而令我们

---

①　张先一主编:《沅陵方志文丛》,郑州:中州古籍出版社,1994 年,第 476～477 页。

②　沅陵县地方志编纂委员会:《沅陵县志》,北京:中国社会出版社,1993 年,第 671 页。

惊奇的是,即使 80 岁以上的老人,对于"跳香"也都处于失语状态。而周边的麻溪铺①、用坪②等地,跳香活动在 21 世纪初已复兴再现,受到外界越来越多的关注,那么明中村是真的没有"跳香"还是文化的集体失忆呢?

二、游戏娱乐

游戏娱乐的主要目的是消遣休闲,调剂身心,使劳作后的人们得到休息。明中村人除了聚会聊天外,最普遍的娱乐方式为打字牌和看电视,在某些时候还可以看辰河高腔和阳戏表演,过年期间则会有舞狮子、玩龙灯、唱花灯以及跳蚌壳灯舞等文艺活动。当然,唱山歌也是明中村人的一种传统娱乐方式,只是日渐式微。捉迷藏、摔抱腰、扳手劲、挤油渣、斗蟋蟀、踢毽子等则是明中村孩子的娱乐活动。随着手机的普及,玩手机游戏也越来越成为明中村外出年轻人的一种主要娱乐方式。总的来看,虽然明中村人随着生活条件的改善,娱乐的表现形式呈多向型发展,娱乐范围在拓宽,但他们依然还在固守着某些世代相传的习惯。

(一)聚会聊天

据我们的观察,聚会聊天算是明中村人的娱乐方式之一。由于聚族而居,每个院子都是一个熟人社会,春夏之季,村民在忙完一天的农活之后,都会到屋前院里三三两两地坐在一起聊天;冬季农闲时节,村民也会相互串门,围坐在火塘前一起烤火休息,边吃瓜子、花生边聊天。瓜子是在集市上买的(当地没有人种向日葵),花生则是自己家产的(在田坎边种了一些)。但对于这种休息,明中村人并不认为是娱乐,他们说,"我们农村人,每天都有做不完的事,哪有时间去娱乐?娱乐,那是城里人的享受,在我们这里,没有这个概念"。

明中村人在生产之余聚在一起有说有笑,互相交流,多是谈论周边地区奇闻轶事,还有农业生产活动,更有一些女人谈论邻村或者是附近还没有出嫁的姑娘,准备为身边的亲朋好友介绍对象。这种娱乐活动显然在促进人

---

① 麻溪铺镇现辖 8 个行政村、2 个社区居委会,该镇大部分村民以"瓦乡"话为主。2008 年在该镇龙岩头村举办了"中国湖南沅陵首届苗族跳香节"。

② 用坪原为沅陵县的一个行政乡,2005 年 4 月隶属于筲箕湾镇,设用坪办事处,辖双炉村、蒋家村、株木山、龙潭坪、大坪头、九龙山、思溪溪等七个行政村。2007 年,蒋家村古潭重建了跳香殿,并于 2007 年和 2008 年秋后举行过跳香活动。

们的情感交流上是具有积极意义的。

图 10-7　你看！咱聊得多开心(唐世兴摄)

时间：2011 年 7 月 20 日下午 19 点 27 分

地点：村前的水泥空地上

场景：有 9 个孩子在追逐嬉戏(3 个女孩，6 个男孩)。10 位中老年男性村民敞开上衣，坐在桥栏上乘凉，谈论的话题有近期生猪最新价格、沅陵一中高考上线情况以及中央军委主席胡锦涛向晋升上将军衔的同志颁发委任状等等。还有 2 位年轻妇女站在桥栏旁边，一边看着玩耍的孩子一边聊天，话题则是池坪集镇上新近的服装式样、价格以及小孩子上幼儿园的问题。

(二)儿童游戏

游戏是少年儿童最喜爱的一项活动。明中村的少年儿童娱乐活动比较多，除在村头村尾追逐嬉戏外，主要有斗蟋蟀、捉迷藏、踢毽子、摔抱腰、扳手劲、挤油渣等游戏活动。

捉迷藏、扳手劲、挤油渣是男女孩都喜欢参与的活动，斗蟋蟀、摔抱腰是男孩子的活动，踢毽子则主要是女孩子的活动。尤其是在夏季的傍晚，村里的孩子一吃过晚饭，就会跑到村前的空地上玩耍。通常玩得最多的游戏就是捉迷藏。这种游戏通常在玩得比较要好的孩子之间进行，一方躲藏，另一方寻找。具体是首先选定一个范围，大家经过"锤头剪刀布"猜拳等公平的游戏之后，选定一个人先蒙上眼睛或背着大家数数，可长可短，而其他人必须在这段时间找到一个地方躲藏，时间到后，被蒙眼的小孩儿则拿掉蒙眼睛的东西，去寻找藏好的人。最先被逮住的人为下一轮找的人。如果被蒙眼者长时间找不到，且最后回到出发点自动现身的人，将不参与第二局的猜拳，直接成为躲藏者。游戏可反复进行。而每到冬季，挤油渣游戏又成了小孩子的最爱。这是两人或两人以上在墙壁或板壁上互相向内挤压的一种对抗性运动，它不受人数多少的限制，也没有时间规定。挤油渣活动的形式是用肩膀往前挤，不允许突然向后松开而使对方挤空倒地。凡是把对方挤压得失去抗衡能力者为胜，每挤完一次后交换方位再进行比赛。扳手劲也是明中村儿童经常进行的一项活动，具体比试方法是两人对面而坐，中间隔一张桌子或板凳，用右（左）手互握，虎口相对，相互紧紧握在大拇指下鱼际肌处，前臂自然弯曲，肘关节放在桌面或凳子上。当裁判宣布开始，双方各自用力向自己胸前下方扳压，任何一方的手腕被压在桌面上即为失败。胜负常采用三战二胜制。

至于斗蟋蟀、摔抱腰活动，都是明中村男孩子喜欢的活动。斗蟋蟀一般在夏秋之交进行，正是蟋蟀旺盛时期。男孩闻墙角岩孔有蟋蟀唧唧之声，捕捉关入小竹筒，喂养数周，相约赛斗，决定胜负输赢。摔抱腰即"摔跤"，是一项角力活动。在村前的空坪上，时常可见摔抱腰活动。摔抱腰主要是两人对抗。活动开始前，会在空坪上铺上一层稻草，伙伴们自动围成一个圆圈作为比赛场地，两人都右手从对方肩上，左手从腋下交叉相抱。当裁判宣布开始，各自用技巧力量将对方摔倒为胜。如果双方倒地，一人压住另一人，则压者为胜，被压者为负。竞赛一般采用三跤两胜制。

而踢毽子似乎是明中村女孩子的专属活动。毽子一般都是女孩母亲帮忙制作的。用一小块布，包上一枚铜钱和一小截下端剪成十字形开口的鹅毛管子，用针线缝牢，成为底座，再在未剪开的鹅毛管子上端里，插上七八根雄鸡鸡毛就做成了。她们往往在村前老屋的空坪里踢毽子，有"盘、拐、绷、蹬"四种基本踢法，采用记数决定输赢。

另外，小朋友们聚在一起还玩"猜中指"游戏，它的游戏规则是：藏的人用一只手把另一只手的五指包住，只露出一点点指尖；猜的人用手指点牢他猜的中指，藏的人就要松开手掌，看看是否被点中中指。如果被猜中的话，藏的人就有要受到惩罚。相反，猜的人就要受到惩罚。玩的时候，猜的人和

图 10-8　嬉戏的孩童(唐世兴摄)

藏的人都一起念："抽中指，打十五，问你要钱是要鼓。要钱，钱、钱、钱，等三年，铁树开花才有钱。要鼓，鼓、鼓、鼓，等后年，端午龙舟才有鼓。"

图 10-9 明溪中游乐(唐世兴摄)

(三)打字牌

明中村的成年男性大多会打字牌和打麻将,后者在年轻人中比较盛行(过年或村里有红白大事时,年轻人多玩麻将)。打字牌是明中村里平日最常见的娱乐方式,打字牌又叫打"跑胡子",一般在晚饭后邀约去某一家中玩。跑胡子的组牌规则与麻将相似,但又比麻将更加灵活,变化多样。并且跑胡子的牌面比扑克要小,易于携带。

打"跑胡子"一般3~4人(若四人玩,首盘由四人倒牌,根据底牌大小决定谁是庄家,庄家的对家"数醒",为闲家。"数醒"者不打牌,仅作陪;以后谁胡牌谁就是庄家,对家"数醒"。若三人玩,就没有"数醒者")。跑胡子的牌共80张。牌面为汉字的数字,小写"一""二""三""四""五""六""七""八""九""十"各四张,共40张;大写"壹""贰""叁""肆""伍""陆""柒""捌""玖""拾"各四张,共40张。牌的颜色分红黑两种,"二""七""十"和"贰""柒""拾"为红色,其余为黑色。

"跑胡子"的组牌规则有多种:(1)四张同牌:手中摸上来的四张同牌称"提",手中有三张,别家打出一张相同牌叫"跑"。提牌盖三张亮一张,跑牌全亮。(2)三张同牌:起手摸上来的三张同牌称"坎",起手两张,别家打出一张相同牌叫"碰"；起手有两张，再自摸一张相同牌叫"偎"。碰亮，偎不亮。（3）偎的跑和提：无论谁打出第 4 张牌或者摸出第 4 张牌，偎都必跑，4 张牌全亮。如果是自己摸到第 4 张牌，偎就变成了提，盖 3 张亮一张。（4）碰的跑法：第 4 张牌如果是摸出来的牌还可以跑桌面上碰的牌，但桌面上碰的牌不能跑任何人手中打出的牌。（5）顺子：如一二三、陆柒捌等顺连的牌就是顺子，只有小字和小字，大字和大字才能构成顺子。吃牌全亮。（6）二七十：即二七十或贰柒拾构成的一组牌。也必须是小字和小字，大字和大字才能搭配。（7）大小三搭：俗称"搭子"，是两张大字与一张小字（如捌捌八）或两张小字与一张大字（如十十拾）组成的牌型。（8）两张同牌：开或跑之后必出现的一种牌型，俗称"吊子"。"吊子"只能一对。（9）如果自己的牌全部由以上几种牌型组成，则和牌，和牌只能和摸出来的牌，任何人打出的牌都不能和牌。

比、偎、提、跑是强制动作，不存在选择放弃的问题。上手手上即有 4 张牌，必须在打出第一张牌前"提"。

打"跑胡子"自有一套较成熟的游戏规则：（1）跑胡子为 3 人同玩，庄家砌 21 张，其他方位砌 20 张，留 19 张在墩上。庄家砌的最后一张牌必须示众。（2）庄家先打出第一张牌，下家可吃可碰，上家可碰不能吃，吃碰后均打出一张牌，打出的牌放于牌桌本人右手边，吃碰之牌放于牌桌本人正门（地下），不管是否吃碰，除首次所抓 20 张牌（庄家为 21 张牌）外，均不得将所摸之牌放入手中。如所摸之牌不是自己所需之牌，则亦不能放入手中，只能放在本人右边。（3）吃牌时，如果手上有吃进的那张牌，而且那张牌还可以组成一组吃的牌型，必须一起扔出来，称之为比。顺序为先吃牌，再比牌。如果玩家选择不比，则之前的吃牌效果取消。如用"二、三"吃了上家的"一"，玩家手上也有一个"一"，并且只要这个"一"可以和剩下的牌组成可以吃的牌型，无论是"一一壹"或"一壹壹"，还是"一二三"，都要把手上剩下的"一一壹"或"一壹壹"还是"一二三"一起打出来明示于桌面。如果玩家不一起打出来，则之前用"二、三"吃"一"的效果取消。（4）臭牌：如某家（包括自己家）打出一张牌，本人想吃而未吃，则这张牌就成了你的臭牌，第二次他家再打出同张牌时，本人不得再吃。任何人也不能吃自己曾经打出过的牌，不管这张牌后来有人打出还是自己摸到都不能吃。只有吃有臭牌，即使别人打过或者摸出过的牌，还是可以碰、偎。（5）起手摸到手上的成坎（三张相同牌）的牌不能拆开作其他牌型，也不能打出去，只能等跑或者提。（6）先摸后打，任何吃碰等动作后都要打牌，八块（即跑两次或提两次及以上）除外。（7）胡牌：如没有烧比或提，吃或碰过张，走跑，八块后打牌等违规的行为，至少有18胡息就可以胡牌。跑胡子的息数按表10-1方法计算。

表 10-1　跑胡子息数计算表

牌型	大字	小字
碰	3 胡息	1 胡息
坎、偎或臭偎	6 胡息	3 胡息
跑	9 胡息	6 胡息
提	12 胡息	9 胡息
壹贰叁(一二三)	6 胡息	3 胡息
贰柒拾(二七十)	6 胡息	3 胡息
其他的绞、一句话	0 胡息	

　　总胡息为各门子产生的息数累加，最低18胡息才能胡牌。胡牌必须是胡墩上的，示众后的牌，可以胡过张，胡自己或其他人要碰，跑的牌。不能胡任何人提或偎的牌，手中打出的牌不能胡。胡牌两家给钱。[①]

　　明中村人打"跑胡子"胡牌时还兴如下花样：红胡，即胡牌时手中的红牌大于等于10张（2番，每增加3胡息加一番）；点胡，即胡牌时手中的红牌只有1张（3番）；乌胡，即胡牌时手中没有红牌（4番）；自摸，即胡牌的牌为自己亲手在墩上所摸（2番）；海底，即胡了墩下的最后1张牌（2番）。大，即胡牌时牌中大字≥18只（以18只为基数计4番，每多1只大字加1番）；小：胡牌时牌中小字≥16只（以16只为基数计4番，每多1只小字加1番）。对对胡，即胡牌时手中的牌全部为跑起，提起，碰起，偎起，没有1绞牌和1句话（4番）。例外，乌胡和对胡同时出现算8番。

　　对于打"跑胡子"的感受，我们随机做了一些访谈，摘录部分如下：

　　　　跑胡子这东西博大精深，需要比较高的智商，是一种益智健康的娱乐活动。我爱打跑胡子，主要是觉得跑胡子这种数字组合游戏，玩法中有比较严谨的游戏规则，斗智斗勇，还要讲究随机应变的战术策略。

[①]　参见阿豪的博客：湖南跑胡子的打法 http://blog.sina.com.cn 好搜百科：跑胡子 http://baike.haosou.com.

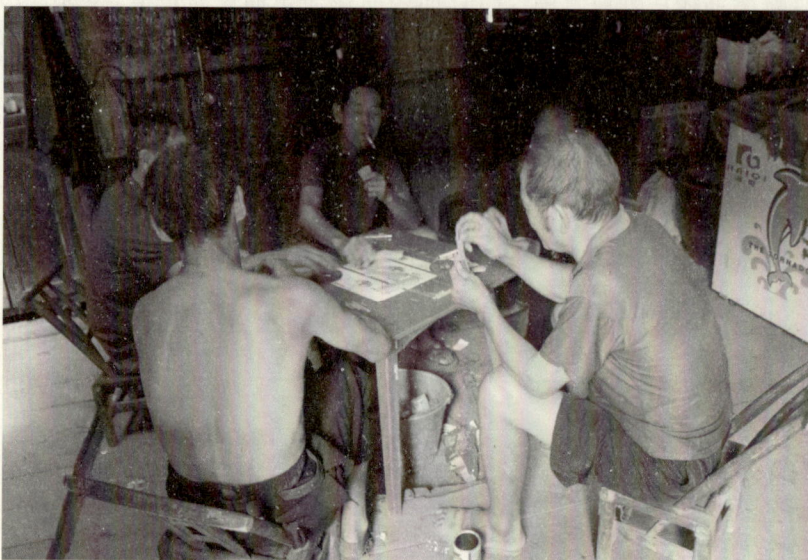

图 10-10　打字牌

　　跑胡子牌面简洁，易认易学，携带方便，不受场地限制，不干扰他人（没有噪音）。可以 4 人玩，（其中 1 人轮流数醒），也可以 3 人玩（无人数醒，庄家自己数牌），还可以 2 人玩（无人数醒，庄家自己数牌，并相应增加开胡戏数以增加胡牌难度）。

　　很多娱乐活动都是一阵风，热闹一阵子，但跑胡子不一样，打法多，名堂丰富。小赌怡情，打牌不赌钱就像菜里没放盐。如果娱乐之余还能赚几个小钱，当然是件好事情！

　　跑胡子牌千变万化，是不拿好牌也可以靠牌技能取胜的游乐项目。打得好有几个好处：第一，有面子，得名声；第二，有实际经济效益；第三，磨炼思维与心灵；第四，得到快乐与享受。打跑胡子只宜娱乐，当然小打小闹玩点小钱没有关系，不能大赌，更不能溺赌。最好不和搞鬼的人打，不和一伙的人打，不和品低的人打。[①]

（四）看电视

　　20 世纪 80 年代以前，广播、电影是社会生活中最广泛的文娱活动之一，但

---

　　① 据访谈录音整理。访谈时间为 2011 年 7 月，因随机访谈，被访谈人皆未录。

明中村人很少听广播,对于电影也很少见。有的老年人一生中只看过少数几场电影。年轻人想看电影,只有赶几十里山路,跑到附近的沅陵煤矿或者池坪去看,半夜才能回到家。

现在,明中村家家户户都购置有电视机,其中大部分家庭已安装了卫星电视接收器。这样,他们平时有更多的时间看电视,通过电视听音乐、看新闻等作为娱乐及了解国家大事。

但他们白天里极少看电视,大人或干农活或在荫凉处乘凉聊天以及打牌,小孩子则在家里或者村子里打闹玩耍。晚上大部分人都会在家里看电视。由于没有安装有线电视,卫星接收器有时候效果不行,画面模糊不清。村民需要调整角度和方向才能准确接收信号,能接受到中央电视台的新闻频道、娱乐频道、中央一套以及地方电视台所提供的节目。村民对于电视节目,没有明显的偏好,除了一些男性村民有收看《新闻联播》的习惯,大部分村民是在吃完晚饭后打开电视,随机转台,看到有兴趣的电视节目,就继续看下去。有些中老年妇女不习惯电视中的表现手法,对城市与其他地区社会情况懂得太少,以至"电视看不懂",也就减了兴趣。有的妇女完全不看电视,吃完晚饭后就到村里走一走,随便到邻居家聊上几句。大约在晚上 10～11 点,看电视的都会关了电视,关灯休息。即使这个时候,节目本身并没有播放完毕,也不会追着看完。

当家庭成员在一起看电视时,相互之间会讨论电视节目,尤其是电视连续剧的剧情。据石甜观察,她所借宿的房东家,每天晚上婆婆一打开电视,新闻频道的新闻才看几分钟就被转到其他电视频道了,其中一个频道正在热播台湾影星林心如主演的电视剧《美人心计》。该连续剧由金牌编剧于正执笔创作,讲述西汉初年风姿妖娆的后宫中尔虞我诈的虎口以及幔帐幕帘之后的美人斗智。婆婆一边看,一边跟石甜讨论剧情,很直观地认为哪个角色是好人,哪个角色是坏人。每晚大约到 10 点半,房东家就会关了电视,回房间休息。

(五)观戏唱山歌

沅陵县境内盛行辰河高腔的地方戏剧,据了解,以前明中村人谁家若嫁女或娶亲都要邀请戏班子来唱辰河高腔。

在过去,请戏班子唱辰河高腔,可不是天天都有的。五月十三或者婚嫁大喜事的时候,才会请邻近夏家村的戏班子来村里搭台子唱戏。唱戏的就坐在台上唱，还要穿很正式的戏服，按我们的话讲，就是"穿衣戴帽地唱"。①

辰河高腔源于弋阳腔，流行地域为沅水中、上游广大地域，约于明初由江西传入，经与当地语言、民歌、号子及祭祀音乐长期结合，逐步衍变形成。辰河高腔演出形式有围鼓堂、矮台班和高台班三种。围鼓堂，即围坐清唱，又叫打围鼓、坐堂戏，遇婚庆，便邀"戏子"到家中演唱高腔，名"唱清腔"；矮台班，又称为"木老壳戏"，即艺人操控木偶演出，不需扎台，只用大白布将表演者围在圈内表演，不见演唱者，只见到木偶动作，听到悦耳的声音；高台班，即由化妆了的艺人在舞台演出，班子正规，道具齐全。沅陵县内辰河高腔的演唱形式有高台（艺人登台演出）和围鼓堂（艺人坐唱）两种。

辰河高腔在沅陵流行的剧目有"十大本"（《一品忠》、《二度梅》、《三孝堂》、《四喜不老》、《五桂芳》、《绿袍相》、《七箭书》、《八义图》、《九件衣》、《十全义》）、"八记"（《白扇记》、《卖花记》、《荆钗记》、《破窑记》、《投笔记》、《柳荫记》、《玉簪记》、《三元记》）、"六袍"（《大红袍》、《小红袍》、《老绿袍》、《少绿袍》、《白袍记》、《瑞龙袍》）、"四印"（《黄金印》、《朱砂印》、《血掌印》、《双合印》）、"四阁"（《红梅阁》、《青云阁》、《麒麟阁》、《玉皇阁》）、"四亭"（《百花亭》、《拜月亭》、《清凤亭》、《四望亭》），连台"四大本"（《目莲》、《香山》、《岳传》、《梁传》）。《天开榜》、《古玉杯》、《金盆捞月》、《三闯档夏》、《坐衙嘲笑》是高腔的稀有剧目。

辰河高腔音乐，属曲牌连辍体，分八大母调，26类，198只曲牌。主要有"亿多娇"、"一封书"、"香柳娘"、"红衲袍"、"玉芙蓉"、"懒画眉"、"凤入松"、"下山虎"、"小桃红"、"端正好"、"山坡羊"、"香罗带"、"锁南枝"、"新水令"、"江儿水"、"驻云飞"等。曲牌填词严谨，讲究韵律。唢呐过场曲牌168只，锣鼓牌子73只。②

辰河高腔在演唱中有很大的灵活性，声音高亢、嘹亮，感情朴实、真挚，音域宽广，可在高、中、低音区回旋，粗放时，裂金碎玉，响彻云霄；柔和时，则细若游丝，婉转动人。男生用大本嗓演唱，给人粗犷、豪放之感；女生唱腔的高八度花腔则委婉清丽，悦耳动听。唢呐过场曲牌168只，锣鼓牌子73只。

辰河高腔表演朴实自然，带有浓郁的乡土气息，讲究唱功，重脸戏，身段变化少，多唱传奇本高腔。其伴奏乐器由吹奏乐器（唢呐、笛子等）、拉弦乐器（京

---

① 据访谈录音整理。访谈时间：2011年7月，被访谈人：戴士虎。
② 沅陵县地方志丛书之三《沅陵县文化志》，湖南省桃源县印刷厂，第118～120页。

胡、二胡、三弦等)、打击乐器(大鼓、小锣、云锣、钹、小鼓、大桶鼓、课子、尺板等)三部分组成。它们主要是为了衬托唱腔,为唱腔起着引、带、扶、保的作用。特制的高腔唢呐声音高亢优美,能与唱腔融于一体。辰河高腔角色行当的现行体制,可分为生角、小生、旦角、花脸、丑角五大行。各行又有不同的小行或戏路。服装没有长水袖,穿靠扎在腰部,靠旗不打开。生角化装,不打粉,不吊眉,稍打脸红。花脸脸谱别具特色。

据村里老人讲,到村里演出的辰河高腔戏文中,唱神话故事的少,唱历史故事的比较多,着重于"惩恶扬善,因果报应"。

戏班子唱的戏文内容相当广,曲牌很多,主要是讲过去的故事,有"蔡伯喈上京考试,不忘他家乡的妻子"(《琵琶记》),有"陈世美"(《铡美案》),还有"桥头会"(一男子与其妻子和儿子失散了,在乡下劳作,不意在桥头相会)的故事,等等。特别是关羽、赵子龙等英雄人物的故事很吸引人。那个关羽,我们这儿叫他"关胡子",他真是了不得,红面美髯,青巾红袍,宝刀红马。唱"关胡子"的故事,包括桃园三结义、千里走单骑、单刀赴会、过五关斩六将、古城聚义、驻守荆州,等等。除了关羽本身的故事,还会唱《三国演义》里赵子龙等英雄豪杰的故事。

我很喜欢看戏,记得我们几个还曾跑到沅陵县城看过辰河高腔,当时县城里有一家剧院,专门演辰河高腔,什么《李慧娘》、《朱砂印》、《古玉杯》、《九龙宝箱传》、《皮秀英四告》、《破窑记》、《程咬金招亲》、《状元梦》等,可惜后来修五强溪水库时拆迁了。那时候沅陵县有许多名角,我现在都能数得出来。比如生行的向代健、杨学贵,小生的向景林、向上,旦行的向梅峰、唐玉清,净行的李万高、米寿生,丑行的陈德生、张少飞等。[①]

至今,明中村还有一些老人会唱戏,他们说如果有需要,他们是可以组成戏班子唱起来的。以前戏班子进村后,给戏班子敲锣打鼓的人中不少就是本村的,是临时被叫过去帮忙的。其中一位报道人,以前是手艺人,做木工,会唱一些戏文,现在偶尔还会在戏班客串唱几段或帮忙敲锣打鼓,只是由于年事已高,许多唱词已经不记得了。

有时候附近乡镇的阳戏班子还会到村里来唱阳戏。"阳戏"形成于清嘉庆、道光之间。沅陵县的阳戏大致可分为上河阳戏、白河阳戏和下河腔戏三

---

① 据访谈录音整理。访谈时间:2011年7月,被访谈人:戴德鑫。

种，来明中村表演的阳戏班子所唱阳戏属于上河阳戏。主要唱腔有七字句、五字句、三字句，春华调等，表演的剧目主要有《山伯访友》、《拾罗帕》、《盘花》、《小放牛》、《南山耕田》等表现男女爱情，家庭变故的小戏。其主要乐器是锣、钹和胡琴，它的词牌较简单，唱腔亦不复杂，但表演形象生动，滑稽动人。表演阳戏的演员不戴面具，有些角色行当直接取自辰河戏，音乐上采用了辰河戏的一些过场音乐牌子，也引入了辰河戏的一些艺术表现手法和表演程式。

除了观赏辰河高腔、阳戏外，明中村人还时常唱山歌。山歌歌词以七言四句为主，行腔高吭，唱时要用假嗓翻高八度，音乐上下句结构，单句虚词拖腔，复句押韵，一韵到底。

> 以前我们这一片，大家都爱唱山歌。不需刻意准备，听到什么唱什么，看什么唱什么，问什么答什么。比如"山歌好唱口难开，林球好吃树难栽。白米好吃田难做，鲜鱼好吃网难开"。这是教育子女要从小热爱劳动。"情姐想郎想得慌，煮饭忘记淘米汤。猪栏里面丢稻草，牛栏里面撒瓢糠。""太阳出来照四方，哪有山地不开荒。哪有高山水不凉，哪有妹子不恋郎。""哥在对门放歌声，妹纳鞋底走了神。钢针扎痛妹的手，不怨情哥只怪针"。这是青年男女谈情说爱唱山歌来表达情意的。①

明中村人以前一起劳动时也唱山歌，挖地有挖地歌，造房有上梁歌，采茶有采茶歌等。20世纪80年代，瞿湘周先生在池坪境内就搜集到了这首劳动时唱的《送神歌》："山歌越唱越精神，谢谢众位把歌轮。挖得山地四十顷，谢天谢地谢神灵。看看红日归西去，也把神灵送归门。东方土地东方去，西方土地西方行。南方土地南方去，北方土地北方奔。中央土地中央走，东南西北一齐行。有堂只得归堂去，无堂无点天下奔。锣锤鼓槌无送处，反手丢在乱茅坑。"②只是随着社会变迁，明中村能唱山歌的人越来越少了。

> 记得生产队的时候，我们一边薅草一边敲锣打鼓，跟着鼓点薅草。大家在田里薅草，唱山歌的一般是三人以上，一个人敲锣，一个人打鼓，另外一个人唱。也有两人一班的，挎着锣鼓和钹，一边敲打一边接歌。内容多是现编现唱，包括鼓励生产、惩恶扬善、斥责不合理的社会现象等等，歌词以七言四句为主，但有时也不一定七字。唱歌的人跟在薅草的人后面，激

---

① 据访谈录音整理。访谈时间：2015年8月，被访谈人：佚名。

② 唱述人：蔡泽华；记录人：瞿湘周。搜集时间：一九八六年七月，见《中国民间歌谣谚语集成·湖南卷·沅陵县资料本》，沅陵县印刷厂，第71页。

图 10-11　唱山歌(唐世兴摄)

发大家干活的热情。现在会唱山歌的人越来越少啦[①]

另外,明中村人过年期间有舞狮子、玩龙灯、唱花灯以及跳蚌壳灯舞等文艺活动。

[①]　据访谈录音整理。访谈时间:2011 年 9 月,被访谈人:戴德超。

第十一章
人生礼俗

人生礼仪，是社区成员从呱呱落地到驾鹤西去的每一次重大仪式，也是标志着社区成员不断地被社区文化所影响，进而从自然人成为社会人的过程。在明中村，新生儿出生、婚嫁、祝寿和葬礼，是人生最重要的四个仪式。尤其是婚嫁和丧葬仪式，最隆重，也最热闹。

一、生　育

子嗣意味着血缘的延续和香火的繁衍。在明中村，生育被认为人生中的大事与孝道的重要标志，所谓"不孝有三，无后为大"。如果无后，就意味着宗族命脉的弃绝，这是非常严重的事情。在后代中，尤以男孩为重，因为世系是父系传承的，生男对他们来说，是特别值得炫耀和自豪的事情。20 世纪 80 年代以后，实行计划生育，如果第一胎是女儿，则第二胎是儿子或女儿都不罚款；如果第一胎是儿子，则第二胎无论是男是女就都要被罚款。尽管明中村人想要儿子的心情比想要女儿的心情迫切得多，但也希望能有个女儿。"没女儿也不行，送葬时没人哭，媳妇不怎么哭"，所以一般都会生二胎。二胎以后，就采用结扎、安环、服药等多种方式避孕。如果二胎都是女儿的话，有个别村民认为"自己不生儿子，怕别人要骂绝后"，就不计为生养儿子要付出的金钱、体力和心理上的代价，利用外出打工，躲在外面生第三胎，甚至第四胎，一直等到小孩子要上学，不得不回来上户口时再接受经济处罚。

但随着经济发展，人们思想观念的变化，尤其国家实行计划生育政策后，传宗接代的观念有所改变，大部分人已意识到种的延续须男女双方才能实现，儿女都是传后人。可是家中如果没有男孩子，在宗族里是仍然是没有话语权的，在村里也很难抬得起头。当然，从这里走出去居住到城里的明中村人，在思想上要更为开放一些,认为"现在已经不是必须靠后代的时代了,现代生活节奏和生活方式,期望养儿防老太幼稚,如今儿孙满堂的老人晚年也未必过得很幸福。生儿生女都一样"。

在大多数明中村人看来,生育是婚姻的一个重要目的,因此对生命孕育和养育有自己的理解和诠释,故而从妇女怀孕(特别是新媳妇有喜)到生产以及养育都极其重视,因为这关系到一个新生命的前途,以及家庭乃至家族的兴衰问题。明中村在长期的生活中形成并保留着诸多传统生育习俗。

(一)求子与保胎

在通常情况下,若媳妇入门几年后还没有子嗣,她本人或者她婆婆就要去观音庙或庵堂求菩萨赐子。如果顺利怀孕生产,就会去庵堂和观音庙里还愿。石甜在村子附近庵堂做调查的时候,曾遇到 4 位妇女,都是牵着 2~3 岁的小男孩前来还愿的。据邻村的师娘介绍,这里的观音菩萨是非常灵验的,如求子成功就一定要去庵堂还愿。当然,婚后几年没有怀孕,也有找医生诊治的。民间亦兼用草药月月红、对月草、五星草等熬水喝。他们称孕妇为"四眼人",怀孕叫"有喜"。"有喜"后,丈夫、公婆都十分关心,生活上、劳务方面都会予以照顾,以保母子身心健康。孕妇则深居简出,服饰以宽松、干净为主,饮食上不能吃凉的食物,不能下水塘或溪里洗衣服,不许到婚礼的场合接见新娘。在食养方面,强调"一人吃两人饭",增加营养品,重视荤汤与青菜搭配。

另外,还得注意保胎,"保胎"的主要方式是:禁在家中墙壁上钉钉子、动土、敲锣打鼓、移动家什;禁向孕妇挥刀动斧;禁行房事,以免动了胎气;孕妇不能参加任何的红白喜事,不能进入产妇家;不能参加插秧等重体力劳动。为保证胎儿的健康,孕妇禁食母猪肉、羊肉、鸭肉(吃了,生下的孩子会得母猪疯、羊儿疯,会像鸭子一样经常摆头);忌孕妇吃兔肉,以免胎儿破相,长豁唇,等等。这些禁忌习俗表现了对孕妇的倍加关心与爱护。20 世纪 90 年代以后,村里的孕妇会去池坪、坳坪或者县城进行定期检查。

此外,明中村里还流传着多种预测胎儿性别的方法。比如用"七七四十九,问娘哪月有,减去娘年龄,再加一十九",即 49+怀孕月份—孕妇年龄+19,计算结果,双数是女孩,单数是男孩;目测孕妇腹部,认为孕妇腹部尖突是男孩,圆形是女孩。梦见蛇、板栗、花生等是男孩,梦见花草、蝴蝶等是女孩子;喜酸是女孩,喜辣是男孩,等等。但明中村人对于不管用何种方法预测胎儿性别的结果,一般不会较真,即便重男轻女,也不会因为预测是女孩就去堕胎。

（二）生产与坐月

在临生小孩前一月内，女方母亲要送米一斗，俗称"催生米"。或带两个煮熟的鸡蛋给女儿吃，称"催生蛋"。且常来女儿家看望，亦含催生之意。据村里80岁左右的老婆婆回忆，20世纪80年代前，村里妇女生产都是请助产婆（当地称"接生婆"）到家里来接生。助产婆大多是临时去请，遇到难产才跑去乡里找医生来处理。生产一般为坐式，下放一脚盆，盆内放草纸，以接婴儿。生产时要把门锁上，以防其他怀孕的动物带走产妇的奶。若婴儿迟迟生不下来，就得给孕妇煮些荷包蛋吃，好让产妇吃了荷包蛋增添力气，继续生产。小孩生下地后，接生婆即用白线给小孩结扎脐带。若是男婴，就用父亲的衣服包；若是女婴，则用母亲的衣服包。至于胎盘的处置，要么将胎盘连同脐带一起丢入粪池内，或将胎盘深埋于一棵大树下。给婴儿洗澡的水必须倒进厕所，或倒入火坑角，严禁外泼。

20世纪90年代以后，优生优育深入人心，更注重子女的生育，村里大多家庭都把孕妇送去医院生产，由医生接生，护士护理，其胎盘由医生处置。一般孕妇生产后在医院护养3～7日后即出院回家。

产妇生产以后，发奶主要用新鲜猪蹄和公鸡，或者自酿的米酒冲鸡蛋。若产妇奶发不来，有的会到不同姓的七户邻家化米，每户化一把，煮熟后，由产妇一餐吃完。外出打工回来的，也会尝试用墨鱼等海产品发奶，但极为少见。

> 这儿坐月子，吃东西很有点讲究，和平时大不同，什么酸的辣的，坐月子要吃清淡的，不能吃那些煎炒的麻辣东西，也不能吃费牙劲咀嚼的硬东西，要吃炖煮的，每天要吃红糖甜酒荷包蛋。村里有的人月子里很吃得，每餐要吃四个鸡蛋，两天一只鸡。还有呀，月子里很少吃小菜。[①]

据了解，20世纪60年代以前，由于劳动负担和生活条件所限，这里的妇女既无暇也无力顾及自身的健康，生完孩子之后，产妇是没有"坐月子"的，往往休息两三天就得起床操持家务，甚至下地上山去干活了，也没有什么讲究。随着生活条件的提高、医疗水平的改善，妇女生产后，30天不准出大门，也不能做事，名"坐月"。前3天不准出房门，前7天不准进灶屋。同时，坐月子期间，还有这样一些禁忌：禁止生人进入产妇房中，生人进房怕"踩生"，弄成婴儿的疾

---

① 据访谈录音整理。访谈时间：2015年8月，被访谈人：佚名。

病；家中要紧闭门窗，防止冷风吹入；产妇要避风、避冷，用毛巾包头，不能洗头；禁喝冷水，也不能碰任何凉的或冰的东西；禁下水洗衣服；禁食鸡头、鸡脚、鸡翅和鸡屁股，以免小孩长大后不讲理，或不会写字，或爱翘嘴巴；禁进堂屋，以免得罪祖先；禁在这期间将婴儿抱出户。这些禁忌一直延续到孩子满月后才"解禁"。在调查中，我们发现，现在虽然绝大多数妇女都在医院分娩，这些禁忌在当地一直都被遵守。

（三）报喜与送祝米

婴儿出生的当天，女婿必到岳父家报喜，生的男孩就提酒 1 壶，公鸡 1 只；生的女孩则只提 1 壶酒，1 只母鸡。岳父家见了便知小孩性别。第三天，岳母就会送鸡、送蛋、送红糖及小孩尿布等物到女儿家，并用艾叶、麻、枫香叶熬水给新生儿洗身，以祛风避风。俗称"洗三"（又称"洗三朝"），谓之洗去污秽，保佑新生儿健康成长。

生下第 10 天，娘家及族属亲友就要去"送祝米"。所备礼物主要是谷子、产妇吃的营养品如甜糟、鸡、鸡蛋、猪脚、糯米、大米、红糖等，以及婴儿褓褓、衣帽、鞋袜、背带、包裙、口涎围、摇篮、背篓、炕篓、摇篮等物，其中鸡蛋和甜糟是决不可少的。数量用箩计，三五挑不等，一般是三挑。到"送祝米"的这天，女方的三亲六戚三五成群邀约前往女婿家，俗称"送祝米"和"接祝米"。"送祝米"一般是女性去，虽男子可充当挑礼物者，但主家男子是不能去的。挑礼物的男人也不能在产妇家过夜，必须当天返回。去的女性，可以住上一晚。娘家来"送祝米"，女婿家村寨众人邀集放鞭炮道喜，进中堂恭贺。主人家设宴席招待，但由于产妇尚在月子，并不举行特别的仪式，只由丈夫到各席敬酒，以示答谢。此日又用艾温汤给婴儿沐浴，又称"洗十朝"。

现在，因为绝大多数妇女都到医院分娩，"三朝"时也大多还没出院，主家人忙着在医院照料产妇，加上通信技术的发达普及，在分娩的第一时间里，许多娘家人就知道生的是男孩还是生女孩了。"送祝米"仪礼的规模虽然已不像以往那样隆重，但依然盛行。

（四）满月与出行

满月那天，要将产妇在月子里吃的鸡蛋壳倒在十字路口。产妇可以洗头出门，也可以将小孩子抱着串巷，见见左邻右舍。但婴儿满月要剃胎毛、眉毛，俗认为日后头发和眉毛长的又旺又黑。剃头时头顶要留一束头发。据说是以前有个故事，"八月仲秋的时候统一杀家鞑子"，留一束头发就表示胆大勇敢。孩子满月这天并不举行庆贺仪式，而是在 40 天之后再定日子请亲戚朋友来喝满月酒。亲戚朋友来祝贺，有的会送一些鸡蛋、肉和小孩子的衣服，有的干脆化繁为简，直接送钱，一两百至八九百不等。做酒当天，孩子的父亲要杀一只大公鸡，将鸡血涂一点在小孩子的额头上，意味着鸡血助胆，小家伙长大以后就胆大勇敢。

满月后，产妇与婴儿第一次出门叫"出行"。出行前，或在小孩子帽上插针一支，或在小孩子的包被里放上剪刀之类的铁器，以避邪。过桥时要喊小孩的名字，以防孩子落魄。

（五）命名与计年

东汉著名学者许慎的《说文解字》说："名，自命也，从口从夕。夕者，冥冥不相见，故以口自命。"姓名本是代表人的一种符号，是一种称谓符号，但明中村人普遍认为名字是人的代号，名字与人的命运有很大关系。因此，孩子名字的好坏，关系重要。

20 世纪 80 年代以前，一般是请祖父以字辈来给婴儿命名。亦有请八字先生命名者。20 世纪 80 年代以后，由于父亲受教育一般高于祖父，则多由父亲，或请当地学识较高者命名。孩子的岁数都计实岁，月份和日子以阴历计。20 世纪 90 年代以后，明中村的孩子年龄一般登记为阳历，在计算年龄时，阳历、阴历兼用。但多数的生日依然以阴历计。

（六）抓　周

据了解，明中村以前有的人家在婴儿满周岁时要办"周岁酒"，称"做周岁"。小孩的祖父、祖母等全家及族亲亦齐聚祝贺，并赠给小孩礼品若干。还要举行"抓周"仪式，即在正堂屋中央放一张方桌，桌子中间点一盏灯，灯周围摆好算盘、笔墨、书本、秤杆、糖果等，任小孩自己动手去抓，从所抓之物来卜其命运。先抓算盘会算账，先抓秤杆会做买卖，先抓书本是个书生，先抓笔会写好文章。孩子抓周完毕，由其母亲抱着一拜祖宗，二拜长辈，三拜亲戚。

现在小孩子满周岁时，由于不办"周岁酒"，也就没有"抓周"仪式了。许多年轻人会在这天给小孩子穿一身新衣服，并专程到照相馆去给孩子拍一组照片，以作为留念。

(七)幼儿养育

从呱呱坠地到呀呀学语这一养育过程,需要付出更大的耐心与精力。在明中村,主要是女性负责抚育婴儿。20世纪90年代以前,小孩子1岁以前主要是母乳喂养,有的奶水不足的从半岁左右就开始试着用小勺喂食稀饭、米糊等易于消化的食物。一般孩子到八九个月大,开始逐渐减少哺乳次数,添加鸡蛋、蔬菜等食品,开始吃米饭,以便为断奶做好准备,大多在孩子满周岁后即断奶。现在,除了母乳喂养外,有的小孩子也兼吃奶粉。年轻人中,除女性外,也有男主人抱着小孩,给小孩子冲奶粉,拿着奶瓶给孩子喂牛奶。有的家庭条件好,小孩子到三四岁依然吃奶粉。

流行婴儿穿旧衣。婴儿出生后,家人给穿上其他健康小孩的旧衣,或用父母等长辈的旧衣改制成婴儿服装和尿布等。因为旧衣一般比较柔软利水,有利于保护婴儿皮肤。

小孩满百日,有的会请八字先生算一算八字。若八字生得恶,就要拜寄给物或人。让小孩寄于他人(寄父母一定要和寄儿的命相合)。若八字缺水,就拜寄给"水";如八字缺"木",就拜寄古树,也有拜寄给岩石者。

有的孩子从小多病,且久医不愈,迷信者认为其犯了"关煞"。若犯"关煞",那就要去庙里求神许愿,保佑平安。如果在神前许下愿,到时就要还愿。若小孩经常夜哭,通宵达旦,称为"夜哭郎"。便用红纸写上"天青地绿,小儿夜哭,请君念读,自然安宿",或"天皇皇,地皇皇,我家有个夜哭郎。过路君子念一趟,一夜睡到大天光"的字符贴到大路边的大树上、桥旁、墙壁上,让人去念读,以为如此可解夜哭;或在十字路口立指路牌,写上"开弓断箭"字样,并标明路的方向。若幼儿睡梦中尖声喊叫,惊恐万状,便认为是出门在外时遭到恐吓,使其魂丢魄失,便去庵堂敬香祈神"疏赫",意即疏通喊魂道路。到夜深人静时,由小孩母亲到河边、桥头、井旁等处,烧香奠酒,泼水饭于地,祭祷神灵,边祭边喊三声孩子名字:"××,快回来呀!"此举名"喊魂"。之后,用五根黑丝线,系于孩子手腕脚踝,一直到其自然脱落为止。若婴儿感受风邪消化不良,伤食肚痛,采用"滚蛋"法进行治疗。即将一个鸡蛋煮熟,剥去蛋壳,用一块小布包着,在婴儿的头、脸、胸部、肚子及背脊上滚动。

另外,在养育幼儿过程中,还形成了许多幼儿禁忌。如忌让新生儿睡硬枕头,忌幼儿吃鱼子(相传幼儿吃鱼子,长大不识数),忌幼儿吃猪尾巴(据说吃了猪尾巴会事事落后,一辈子赶不上趟),忌指月亮(相传小儿手指月亮,月亮娘娘要发脾气,会割破小儿耳朵),等等。

二、婚　嫁

明中村的婚嫁礼俗繁多。据报道人讲,在中华人民共和国成立以前,青年男女一般以歌为媒建立感情(如山歌中唱道:"上山砍柴不用刀,下河挑水不用瓢。不用瓢来吃清水,不要媒人连好姣"),再通过父母后结为夫妻,也有经媒人穿针引线的(多为姑舅表亲)。后来,男女婚姻多为父母之命,媒妁之言,随着时代的变迁而发展着。但不论哪一种形式,均应履行提亲、写八字、报日子、哭嫁、过礼、迎娶、回门等过程。

(一)提　亲

明中村的女孩子到了一定年龄,如有人上门提亲,她的母亲必须亲自去舅家征求意见,也要告诉父族的长者(至今依然如此)。因盛行回头亲(姑表婚),如舅家不同意,就会拒绝这门亲事。舅家如同意,女家就发"口八字",即向媒人口头说出女孩子的生辰八字,再由男方请算命先生合婚,如男女八字相克,则停止议婚。据村里老人讲,1949年以前还采取"闯天婚"的订婚方式,即男女双方,将"生庚八字"写在两张红纸上,同时放入一个装满水的水缸里的两个瓢中,把水搅动一下,第二天早晨看两个瓢是否靠拢在一起,靠拢则成,没一起则不成。

男方向女方提亲,必请媒人前往。一般女方为显示金贵,不会轻易答应,媒人提亲需"三回六转"。第一回,主要是打听女方是否订婚,简单介绍男方及其家庭情况;第二回,详细介绍男方的品德、为人及其家庭的教养等情形;第三回,看女方是否同意这门亲事,若女方父母明确答复这门亲事,便杀母鸡款待媒人,以示谢意。

(二)写八字

若女方及女方父母应允结亲,并经族内及舅家同意,男方即备彩礼(男方要给女方送酒肉糍粑和衣服,衣服的件数要成双,数量的多少,根据男方的经济条件决定),请友人或媒人持男方出生年、月、日、时庚帖(用质地上好的红纸1张,折叠成信封状,信封外书写"要求开恩"、"鸾凤和鸣"之类的字样)及礼物送到女方家,即讨女方的生庚八字。女方家收下礼物后,将所备新布鞋2双以及女方生辰八字填写于原男方帖背面交友人或媒人带回男方家,称"写八字"。

从此,亲家往来,动必以礼。男方需去女方送节、送红白喜事。拜年时,女方需做 1～2 双布鞋赠予男方,女方父母亦需回赠钱物作为答谢。

(三)报日子

男家请媒人去女家请求准于结婚,求得女方同意何年可结婚的许诺后,即择定良辰吉日,将择定结婚日期写在红帖上,请友人或媒人备带彩礼若干送往女方家得知"佳期",称为"报日子",也叫"送日子"。送日子时,男方也要给女方送礼物。女方要把礼物中的一部分送给血缘亲近的长辈,并回送给男方一双鞋子。

送日子后,男女双方积极筹办婚事。女方在准备嫁妆等陪嫁家什时,请木匠制作陪嫁家具,如衣柜、床头柜、书案桌、洗澡洗脸用的大小木盆,吃饭用的大小方桌、凳子等结婚用具,男方要备酒肉金钱到女方家酬谢宴请木匠师傅,称"陪木匠"。女方的嫁妆以生活用具和食物为主。生活用具主要为家具与盖的被条、铺的床单及至碗筷、热水瓶之类。有所谓"三天不吃婆家饭,三年不穿婆家衣"的说法。

另据报道人讲,在送日子后,还要"请荒媒",就是男方要给女方舅家送礼物。时间一般是在正式结婚的先两天,男家要把女方的舅舅请到自己的家里来,设宴款待。然后由女方的舅舅带着人将酒肉和一些衣服送到女方家里去。正式结婚的先天夜晚,男方请人抬花轿去接新娘,也要由女方的舅舅去充当月老人。如男方不"请荒媒",女方的舅舅不去,新娘子就上不了轿。至今,这些礼节虽然已成为形式,但女方舅舅不到,婚礼仍无法进行。

(四)哭 嫁

哭嫁是瓦乡人女子婚前的一个重要仪式。据了解,哭嫁一般在出嫁前七天、半月哭起,也有哭上一月的。哭嫁前,要先请能干的妇女"开脸"(即用丝线绞去脸上的茸毛,扯去眼上的细眉毛),同村的未婚女子就开始来陪伴,确定两个姑娘做伴娘,俗称伴"姑儿"。每夜来伴睡,帮忙做一些结婚的针线活,但主要是陪哭嫁。

哭嫁歌一般为七言句,可分为哭祖宗、哭爹娘、哭哥嫂、哭姐妹、哭打发、哭戴花、哭开脸、哭安席、哭上轿等等。哭嫁的内容主要是父母养育之恩,哥嫂弟妹手足之情,出阁之时难舍难分之意等。如:

　　我的爹呀我的娘,生我养我苦难当。女儿未报爹娘恩,离开爹娘好心伤。我的爹呀我的娘,生我养我苦难当。女大当嫁出阁去,爹娘恩情女不忘。

我的哥呀我的嫂,哥嫂待妹情义好。妹妹今要出嫁了,难分难舍哥和嫂。我的哥呀我的嫂,哥嫂待妹情义好。妹今离家他乡去,时刻想念哥和嫂。

我的弟呀我的妹,姐要出嫁离弟妹。你们要听哥嫂话,不要顽皮和淘气。我的弟呀我的妹,姐要出嫁离弟妹。牢记姐的心里话,要听爹娘的教诲。[1]

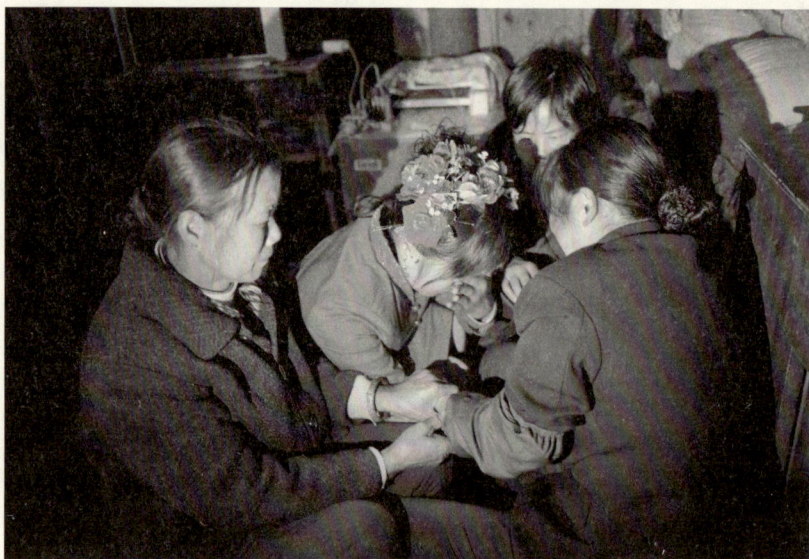

图 11-1　哭嫁(唐世兴摄)

在出阁前三天,待嫁姑娘还要哭满村人,即到村寨每家每户去哭一场,每家每户都以好言好语安慰,还要请出嫁的姑娘吃"送嫁饭"。"送嫁饭"虽办得尽量丰盛,但不许喝酒。有的地方(池坪、竹园、坳坪、用坪一带),在出嫁的前一天,新娘还要到外婆家去哭满村人。

哭嫁"哭"得好的,受人称赞,风光体面;"哭"得不好的,就会被人耻笑。待嫁女子还要在女伴的陪同下到村里各家各户去哭,这叫哭满村人。在出嫁前两天要连续哭两夜,早上也要哭,右手拿着帕子捂住1/3或半边

---

[1]　沅陵县民族志编纂委员会:《沅陵县民族志》,北京:民族出版社,2012年,第90页。

脸，一边哭一边擦眼泪。新娘子还要到其他村民的家里吃饭，其他村民要给新娘子塞钱，给钱多少随便，其他村民家里有和新娘年纪相仿的姑娘也要陪新娘一起哭。她们在哭的时候，旁人要拉着劝说："不要搞忘（我们）了，把田给你一丘，把猪给你一头。"新娘在全村走完一圈，"哭全村"哭得有气没气的。现在也还有"哭嫁"，只是没有以前那么多程序了，因为"女的落地面就是别人家的人"，父母舍不得女儿，女儿也舍不得父母，所以就"哭嫁"了。

我们村近几年哭嫁的少了，年轻人不怎么会哭，几乎都没有哭嫁的习俗了。竹园里面，还兴哭嫁。即使待嫁女子出门在外打工多年，但是在婚礼仪式中还是按照老习俗，结婚的前一天要到舅舅和外公的"院子"去挨家挨户地哭。然后新娘领着外婆、舅妈、姨妈回到自己家里，晚上举行"迭揣"和"扣盍打"仪式。①

"迭揣"仪式在正式结婚的先一天夜晚举行，主要是拜别外婆、舅母。仪式开始前，先在堂屋当中烧一堆旺火，请新娘的外祖母、舅母四人坐在堂屋上方，脸向外，如人数不足，除姨母外，其他人无资格补充。新娘着盛装，戴满头花，双手端着长约2市尺、宽约1市尺的挑花帕子遮住脸部（这块遮脸的花帕子名为"端手帕子"），在送亲大嫂的陪伴下面对堂上长者站立，脚下铺睡簟和毯子。另有族妹四人，两人提茶壶，另两人端茶盘立于送亲大嫂旁边。新娘面对堂上长者哭一阵后，送亲大嫂在唢呐声的伴奏下，从火堆右侧碎步而行，至堂上四位长者面前。这时，四女子亦上前，将茶盘中的茶杯斟满茶，献给堂上四位长者。四长者接过茶杯，送亲大嫂从火堆左侧碎步回到原位。新娘即跪拜，上方四位女长者奠茶于地。送亲大嫂按献茶路线和走路方式收回茶杯。如此，献茶仪式要反复四次。

"迭揣"仪式结束，新娘回房，接着举行"扣盍打"仪式。送亲大嫂立于毯子中部外侧，用瓦乡话"哭媳妇"。哭词的内容是代表新娘感谢各位亲眷的光临和表示新娘的喜悦之情（如大家都说树有根，大家都说水有源。我好比是园边的棕树，根多；我好比是堤边的桑树，根长。今天我好比是新官上任，今天我好比是官府出行；今天我好比是乌龙行雨，今天我好比是黄龙显身；今天我好比是皇帝座位，满园的竹子我为高，满坪的萝卜我为大；今天我好比是天上的月

---

① 据访谈录音整理。访谈时间：2015年8月，被访谈人：蔡氏、颜氏。

图 11-2　"迭揣"仪式（唐世兴摄）

亮亮堂堂,今天我好比是十五的月亮正当中）。其他人在送亲大嫂哭完后任意接着哭。①

（五）过　礼

迎娶的前两天,男方家就派一主事人带领多人给女方家送去新娘出嫁时需穿戴的新衣服、金银首饰以及办酒宴需用的米、酒、肉等,谓之"过礼"。同时,主事人与女方家商定迎亲派多少人搬运嫁妆以及相关酬谢礼金等事宜。

（六）迎　娶

娶亲当天（俗称"正日子"）,男方需备花轿②一顶,请抬花轿的,吹唢呐打锣

---

① "迭揣"和"扣盔打"仪式,参见瞿湘周《瓦乡人的生活习俗》（张先一主编:《沅陵方志文丛》,中州古籍出版社,1994 年,第 479 页）和沅陵县情网·苗族婚嫁 http://www.ylxqw.com/Article/ShowArticle.asp?　ArticleID=759。

② 笔者得以查看的一顶花轿,已经有了二十多年的历史,轿子空间仅能容下一人。轿子悬空放置。花轿整体为红色,轿顶是活动的,轿顶的四周,雕刻了龙头。轿身两侧画着飞翔的凤凰,门上是喜鹊,两侧窗户和门上都雕刻满了花鸟。平时不使用的时候,就把轿顶取下来,反过来搁置在轿杆上。

铙的,放铁炮的数十人,还有抬、背、挑嫁妆的徒手若干。当天早晨,新郎由姑父、姑母披红戴花,称"上花红"。媒人拿系红布的伞做令箭(月下老人必须由新娘的舅舅充当,否则接不来新娘),与新郎随同迎亲队伍,一路吹吹打打,在天亮前赶到女方家门前。

图 11-3　接亲时使用的花轿

新郎家来接新娘子的时候,要有人带领着走到新娘家,新娘家要准备一只大公鸡给负责引领的人,并且在堂屋摆好香案。当迎亲队伍到来,女方家就紧关大门,举行"拦门礼",由女方主事礼官盘诘男方主事礼官,盘天盘地盘历史,问明男方的由来。一番口舌之后,男方主事礼官献出开门礼、姊妹礼、厨官礼等红包,从门逢间递入女方主事礼官手中。费一番周折后,女方家才开门,媒人手持一把红伞先进入家中,将伞放在神堂上。此时,鸣炮奏乐。男方接亲队伍进屋,搬运嫁奁及各种家什。

此后,由新娘的同胞兄或弟(也可由堂兄弟代替)把嚎啕大哭的新娘(头上插花并用帕子把盖住一点点,胸前挂一些银饰)从房中背到堂屋,向祖宗牌位敬香叩拜,新娘站在四方桌上,边哭边撒五谷、筷子(筷子向前撒一把,向后撒一把),用红伞接收五谷(回到男家后,这把伞放在新房里,新人三朝回门时,再将伞中的五谷撒在新房中)。撒五谷结束后,新娘被背出堂屋,嫂嫂在后面用

图 11-4　迎娶新娘（唐世兴摄）

手把妹妹双脚端起①，绕轿三圈后上轿。媒人拿着红伞步出大门，男方点燃早就准备好的缠有红纸条的两把竹枝做的火把，一把放在新娘家的屋檐下，一把放在新娘家屋外两三丈远的地方，男方礼官即呼起轿。礼炮、鞭炮、乐器再度齐鸣。这时新娘哭得更加厉害，并不断回望，一直要到离娘家较远，经劝方止。起轿后，走在最前面的是乐队，花轿在后，送亲的人由男方的执事陪送着，走在花轿的后面，再后面就是抬嫁妆的队伍，一路上吹吹打打，路经村寨路口时，即放鞭炮。途中，娶亲的有意歇气，让新郎家装烟。

接新娘时，新郎一般不亲迎，由哥嫂迎亲。女家送亲人数一般是六人，称"六亲"。有的也按嫁妆中被子的多少决定送亲的人数，一床被子就有一位送亲的人。

　　　嫁女儿的时候要准备被子，除结婚当天需用的正被子之类的嫁妆，现在也要准备全套，有的亲戚给钱的比较多。亲戚送礼一般是一百块钱，但也要看亲戚关系，如果是自己家的亲人，则要送得多一些。②

---

①　据报道人讲，新娘离开娘家时，双脚不能沾地，以免带走娘家尘土，造成娘家破败不兴。

②　据访谈录音整理。访谈时间：2012 年 2 月，被访谈人：佚名。

图 11-5　上轿前仪式(唐世兴摄)

图 11-6　送　亲(唐世兴摄)

　　男方来行轿,新娘家要准备一定的轿夫钱(也叫"开门礼",大小十礼,一般为一百元,即十张十元)。

据知,如今明中村和邻近的村寨,如果姑娘嫁去的地方较近,依然会坐轿子嫁过去。如果嫁的地方离得较远的话,抬轿子很不方便,就以车取而代之。

(七)拜堂成亲

"拜堂"乃正式的"婚礼"。堂上红烛高照,福香袅袅,方桌前设拜席。花轿至男家大门外一箭之地时停下,唢呐齐奏,鞭炮齐鸣。

> 以前,迎亲花轿来到男方门首落轿。男方要摆香案接轿,如轿夫开门之后,新娘不愿意出来的话,就要给一个红包(也就是压轿钱)。还要斩鸡回煞,由"闹沙"斩红毛雄鸡断煞。斩雄鸡断煞时,"闹沙"念的咒语是:"说此鸡,道此鸡,此鸡不是非凡鸡,是傩氏娘娘赐予我断煞的。"斩鸡后,将血滴在花轿前的地面上。新郎对花轿作揖后,再撤去香案。现在很少有这种搞法了。[①]

待男方主事礼官给女方扛簟子、蚊帐者(一般是小孩)以红包谢礼后,取帐簟回新房铺床。然后由男方择定亲族的两位姑娘从花轿里将新娘扶出,此时迎新大嫂左手拿清油灯,右手拿团米筛子罩着清油灯(谓之"四眼灯",据说是防止和破除恶鬼作祟和坏人暗中摆弄手脚,以保证新人百年偕老,全家和睦相处)在前面引路。新娘要跨过四眼灯才能进入正堂,新郎已恭候于此,新娘与新郎并立。在新娘进入男方家中时,新郎的父母及新郎的同胞兄弟姐妹都要回避片刻,以免"热面相对",影响日后家庭和睦。

在主事礼官主持下,新人在堂屋跪拜天地、祖宗、父母。新人不对拜。礼毕,新娘回房,由新郎一人在堂屋逐人拜谢亲友。

接着大宴宾客,女方送亲者谓之"六亲",坐中堂上席,由男方姑、舅、表至亲相陪。新婚夫妻双双至席间拜客,敬烟、传茶,并对正亲长辈回敬新娘的布鞋一双(一般亲属只饮茶无布鞋)。受茶者需还礼,把钱钞置于茶盘示谢,称"茶钱"。新娘则弯膝礼拜。宴毕,女方送亲人员除伴娘外,都在当天回归。起程前,女方需一人手端茶盘向男方"交亲",让男方公婆把儿媳当女儿一样看待,男方接亲女子则夸新娘聪明懂事,请千万放心,从女方家接过茶盘即交亲礼成。男方家燃鞭炮,奏乐送行。

---

① 据访谈录音整理。访谈时间:2012 年 2 月,被访谈人:佚名。

（八）闹　房

新婚当晚,本村的男女老少要"闹新房",到新房中打趣嬉闹,称"三天不分大小"。如要新郎、新娘讲"谈情说爱"的全过程,开玩笑,说四言八句。要新郎、新娘叫尊称:如称叔、伯为公公,哥、嫂为伯伯、伯娘,弟妹为小叔、小姑,再小辈的称哥哥、姐姐等(其意是指新婚夫妻提前代自己孕育的小孩所称呼,又含夫妻二人早生贵子之意),还要新郎、新娘装烟、倒茶,摆糖果、花生、葵瓜子、水果等,招待闹房新人,一直闹到深夜方去。

（九）回　门

又称"回三朝",拜堂成亲的第二天,男方家要备一席酒菜、礼品,由族内长者等4人陪同新郎、新娘去拜见岳父、岳母及直系亲属,并一起共宴。宴毕,新人即辞别高堂,与众陪伴者返回夫家。

> 新娘子回门一定要婚后第三天才可以,如果是时间没到三天就跑回娘家,就意味着娘家会有丧亲。吃完宴席后,新婚夫妇是不能在娘家留宿过夜的,讲究"三天不空房"。三天后,再去娘家就可以留宿了。[①]

回门回夫家时,女方亲戚都要给新人送一斗米,由亲戚家的妇女背着米随新娘送到新郎家中。这叫送三朝米,是送给新人成家立业的垫脚粮。[②] 至此,婚嫁过程才完全结束,新婚夫妻开始从事正常的生产生活。

但据我们观察和相关报道人讲述,明中村以及附近传统婚礼的仪式程序存在着一定的差异,并且随着社会发展有了一定的变迁。比如新娘出嫁前的梳妆,既可以选择在家请人梳头,也可以去县城理发店盘头,出嫁时既可以决定是坐轿子、坐车,还是走路去婆家等等。而仪式简繁的本身也视情况而定,如婆家在迎新娘进门前,在路口拟设计一些程序考验新娘,新娘家为避免受到刁难或者不欢迎,可以找"我们那边没兴(实行)这些"的借口而取消。以下是我们根据村民手中光盘整理的2007年冬竹园乡出嫁片段和2012年2月9—11日的明中村婚嫁仪式实录。

---

① 据光盘整理。
② 沅陵县情网·苗族婚嫁 http://www.ylxqw.com/Article/ShowArticle.asp? ArticleID=759。

附录1：　　　　　2007年冬竹园乡出嫁片段[①]

第一天

新娘梳妆打扮，穿上老衣（传统服饰），身披红色绸带，到舅舅和外公家所在的村子去。一进村子就开始哭，逢人便哭诉说自己要出嫁了，以后就再也不能来见到你们了。见到人就拉着哭，一边哭一边用乡话说，大意是说我是女子，才有出嫁的命运。有些妇女也忍不住用手指抹眼泪。有些妇女都很伤感，也都哭起来。舅舅给新娘塞钱，让新娘不要哭。

新娘走在最前面，带着舅舅、外公以及母系亲属到自己所在的村子。新娘这边的执事者在路口摆了一张桌子，放上刀头、肉、饭和酒，还有香和纸钱，然后在桌子的两端各点了一支红色的蜡烛。新娘舅舅这边的亲戚给新娘置办了嫁妆，而背嫁妆的人照直走过去，并不会被拦住。但是新娘的舅舅却要被拦下来（如果新娘没有舅舅的话，则这一程序由外公代替）。执事者先将香点燃，烧了纸钱，然后和新娘舅舅对着作揖，新娘的舅舅将其中一杯酒倒在地上敬天地。然后又互相作揖，把酒杯放回盘子里。然后又重复该程序两次，将三杯酒都"点酒"完毕。执事者才将盘子放回桌子上，然后将桌子侧过来放在路边，让新娘的舅舅进屋。

第二天

哭满村人。回到自己家的村子，依然挨家挨户地哭，言以后就再也不能见到你们了，我们以后就再不能像从前那样了，我舍不得你们啊。村民不住地跟着哭，还给新娘手里塞钱。年轻女孩"陪班"，也就是陪着新娘哭。接着是拜祖宗、拜天地的具体情景。

拜祖宗。先由新娘的弟弟（如果没有弟弟的话就哥哥代替）在堂屋拜祖宗。堂屋地上铺有席子（正中间铺红色的毛毯），新娘的弟弟右脚先跨出一步，左脚跪下，右脚再收回来，双腿跪下，手不撑地，而是交叉于胸前，面朝神龛叩首。尔后站起来，又跪下，如此重复三次。然后转过身来，大步跨过席子，面向大门口外的天与地，重复上一程序，跪下，叩首。礼毕，即走到旁边去。接着，新娘由嫂嫂或姊姊搀扶着，同样右脚先跨一步，左脚跪下，收回右脚，双腿跪下，双手交叉于胸前，面朝神龛，叩首。重复三次后，再转身跨过席子，面向大门外的天地，跪下叩首。礼毕。

---

①　该文字据明中村一村民手中的一盘光碟（不完整的婚礼仪式）整理。

　　晚上，男方来接新娘。男方送猪、送菜到新娘家，叫"请主菜"。还带了一把伞，据说那是月老的令箭。第二天早上新娘出嫁的时候，由新娘的舅舅把伞打开，就是得令箭行令了。新郎家的人在进村子的时候，先传"月老"（月老是女方家的舅舅，如有几个舅舅就由大舅舅充当），接着是"请桌"（即女方执事者在路口摆上一张长桌，男方要给了聘礼，执事者才把桌子顺过来）。当晚，新娘的舅舅坐"请客席"首席（首席的座位是堂屋下方左角面向外第一个座位），依次坐男方执事的、男方抬嫁妆的负责人，其余为女方的客人，称为陪客。新娘的舅舅在席间念："月老大人，茅公走成大道，生米煮成熟饭。两相圆满，月老大人有功劳了。"所谓"请客席"，是要阻拦男方的人，即要把男方除了其中一个专门主持行轿的人（引轿人）外的其他人都喝倒。

　　当夜，新娘坐在房间里撕心裂肺地哭，她姐姐正在给她梳头，将头发盘起来，代表以后就不再是未婚女孩了，而坐在一旁的她妈妈，几近哭晕。村民的妇女聚在堂屋，围着炭火，唱起"姊妹礼"，内容大意是：我们姊妹从此分别，以后是很难再见上一回；我们姊妹从此分离，什么时候能再见上一面。新娘的弟弟拿着一个盛有茶水的盘子，挨着走到正在唱歌的已婚妇女前，她们一边从盘子里端茶，一边继续唱。敬了几轮茶水之后，盘子里的茶水就改成了钱，新娘的弟弟照样端着盘子从妇女面前经过，这些钱就归这些唱歌的妇女所有了。执事者拿一个筛子筛米（表示团圆的意思），还拿了一个装了书帖（请诸亲六眷保佑平安）的木匣放在一旁。

　　早上发轿。新娘头上盖着黑色的纱巾，由新娘的弟弟背负至堂前。新娘站到八仙桌上，给神龛里的祖宗牌位敬上最后一炷香，将两把筷子，一把扔前面，一把扔背后。此后，由新娘的弟弟背着出门。新娘的妈妈送到村口，远远地看着女儿，消失在路的尽头，号啕大哭。

　　附录 2：　　　2012 年 2 月 9—11 日明中村婚嫁仪式实录[①]

　　第一天

　　上午 10 点，主人家就开始忙碌起来。新郎的叔叔、伯伯等男性从山上砍来规格相差不大的一堆竹子，在房屋外面开始搭建竹棚，许多小孩子们围着边看边玩。搭建棚子的原因是估计明后两天来的人会很多，房子里坐不下，以便

---

① 　由于笔者随女方送亲者返还，闹房以及回门相关细节未参与，故未录。

在外面再放几桌酒席。竹棚搭建好以后，就有人去邻家搬了几张四方桌来。大家三三两两地聚在一起聊天，有的抽烟，有的嗑瓜子。厨房里则已经摆满了各种碗具和各类蔬菜、猪肉、猪头等食材。堂屋的桌子上放着一个篮子，里面装有香、纸、烛等物品。

下午4点56分，主事人和新娘的弟弟到堂屋神龛前面，摆上刀头，点燃香烛和纸钱，开始祭祖。新娘的弟弟站在主事人的左后方，主事人双手放于胸前，口里念念有词，对着神龛作揖，然后弯下腰，双手过膝鞠躬。之后，面向神龛右转至侧面作揖，接着再右转，即背对神龛作揖，新娘的弟弟也跟着作揖。接着主事人又再右转，新娘的弟弟则原地不动，两人面对面互相作揖。

准备吃晚饭的时候不巧停电了，人们只好坐在堂屋里点着蜡烛吃饭。四方桌上铺了一次性塑料桌布，所配菜肴有青椒炒肉片2份，油豆腐2份，一个红烧肉汤锅，旁边放了可以下汤锅吃的白菜和萝卜片。大家用一次性塑料碗盛饭，一次性塑料杯子喝酒。

吃完晚饭后，男人们被召集到堂屋左边的房间里，大家围着火塘坐着，主要听主事人分配明天酒席要具体负责的事务。主事人安排哪位做什么事情，如果有人觉得不适合，就会提出自己的参考意见，特别是新娘的妈妈，站在火塘边很积极地发表自己的看法。确定好人选后，主事人就将分工的名单写在一张红纸上：厨房帮忙4人，端盘4人，抹桌1人，上酒1人，烧饭1人，盛饭2人；上茶3人，洗碗2人，接应2人；砍柴1人。交代相关人员第二天张贴在堂屋外的板壁上。趁主事人空闲之机，笔者向主事人大致了解了有关"赞花"以及亲戚送礼的情况。

笔者："听说出嫁前需要领花(赞花)，什么叫领花(赞花)？"

主事人："领花是指新娘到外公家所在的院子去哭嫁，挨家挨户地哭，一般是在出嫁前2天。新娘的外婆和舅妈都要跟着哭，其他姑娘也要和新娘一起哭，外婆和舅妈要给新娘一些钱，叫"哭钱"。然后新娘领着外婆、舅舅、舅妈等人一起回来。回来路上，新娘一定要走在最前面。领花，也就是哭嫁，要边哭边说。现在女孩子大多十几岁就外出打工了，不会哭了。回到村口时，女家要摆香案，点蜡烛，焚香烧纸，接舅舅(月下老人)进屋。"

笔者："请问亲戚都会送些什么礼物给新娘子？"

主事人："一般情况下，舅舅会在外甥女出嫁时送一床被子，舅舅必须去接，并要用酒肉招待；姑姑或姐姐会送糍粑，糍粑上面要印有红喜字(糍粑是给新娘带去闹洞房时，分撒给大家的)，姑姑或姐姐被认为是自家人就不用去接了,她们自己来。其他的亲戚送什么东西就没有特别的讲究,床单啦,热水瓶啦,现在主要是送钱,一两百三五百的。"

图 11-7　第一天的准备工作

第二天

　　早上 8 点多钟,就放鞭炮,有村民前来吃早饭并坐席。9 点半,8 个中年男人已经坐满了一桌。菜肴有青椒炒肉片 2 份,萝卜炖肉 2 份,青椒炒猪肝 2 份,烧白 1 份,豆腐 2 份,共 9 碗。女人们也坐了一桌,菜肴比男人的那桌要少:青椒炒肉 1 份,豆腐 2 份,萝卜炖肉 2 份,烧白 1 份,共 6 碗。

　　嫁妆已经摆在堂屋的一侧,靠着墙壁堆放着。有被子 10 床(其中 5 床是红色),红色枕头 4 个,蚊帐 1 副,八仙桌 1 张,窄桌 1 张,42 英寸的液晶电视机 1 台,电饭煲 1 个,铁锅 1 个,不锈钢蒸锅 1 个,鞋架 1 个,长柄雨伞 1 把,洗脸盆 1 个,盘子 1 个,温水壶 2 个,铝制撮箕 1 个,三脚架 1 个,都是全是新的。还有 3 盆塑料鲜花,都是红色的。

　　收礼金的小桌子放在嫁妆对面,新娘的叔叔负责收礼金和登记。伯伯送了 1000 元,姐姐送了 500 元,哥哥送了 500 元,叔叔送了 1000 元。其他的有 100 元至 500 元不等。

　　10 点 20 分,去沅陵县城梳头的新娘回来了,听说她是一早坐车专程去县城的一家发廊去盘头发的,回来之后便换了一身红色的新衣服。

10点26分，房屋下的路口摆好了一张案桌。堂屋里，主事人坐在礼金桌旁边的一张桌子边，主人家提供了橘子、花生、瓜子和糖果。花生是主人家自己种的，橘子、瓜子和糖果都是在山下的集市上买的。

10点55分，一个小姑娘提着塑料花过来了。

11点15分，路口的供桌上已经摆上了祭品，包括1壶酒，1叠纸钱，3支香，1个碗（里面放了1坨刀头肉，上面插了1双筷子），2根蜡烛，1个塑料碗（里装着饭和一些水），1个盘子（放了1份剖开的猪肝），2个酒杯。

11点25分，两个执事人站在供桌前。有人放鞭炮和冲天礼花迎接新娘外公一行，许多村民站在台阶上围观。先是背着被子的妇女出现在路口，新娘外公和舅舅等紧跟其后。

11点28分，一个执事人端着盘子向新娘的外公作揖，新娘外公答礼，同样弯腰作揖。另外一个执事人给酒杯倒上酒，双手呈给新娘外公，新娘外公接过酒去，互相作揖后，新娘外公转过身去，将酒倒在路边。如此重复三次。然后两个执事人就把桌子侧过来摆放，称为把桌子"顺"过来。"顺"过来的桌子被抬进堂屋，放在神龛下。

11点32分，内亲们送的床单在堂屋门前的竹竿上挂了出来。其余诸如被子、行李箱等礼物就继续加放在原本摆放嫁妆的地方。与此同时，新娘弟弟和另外两个男孩子带着冲天炮，提着放有刀头、酒、米饭、香、烛和纸钱的篮子，去院子旁边的土地庙祭祀土地、菩萨。他们摆放好祭品后，向土地鞠躬作揖三次后，即点燃了冲天炮。

12点48分，"拜天地"开始。执事人站在神龛前面，新娘的弟弟站在执事人对面，两人中间铺了一张凉席，凉席的正中间，有一块叠好的红色毯子，大约是席子的1/3大小。执事人先烧了纸，将香插在神龛上的香炉里，然后转身面向大门，新娘的弟弟跨步过去，与执事人并排站列，右脚先跨出去，踩在席子上半跪着，左脚随即跪在席子上，右脚收回，双腿并拢跪下。双手交叉于胸前，弯腰磕头三次。然后站起来，跨过席子，面向神龛和执事人站立，依然右脚先跨出，半跪，左脚跪下后收回右脚，双腿并拢跪下。双手交叉于胸前，弯腰磕头三次。站立，离开。接着是新娘以及两个陪同的姑娘一起"拜天地"。新娘身披红带，带子从肩上斜穿过去，在腰处打结。仪式与新娘弟弟"拜天地"相同。

"拜天地"后，即开席吃饭。流水席从中午12点55分，一直持续到下午4点多钟。约下午2点半，放鞭炮送新娘外公和舅舅回家，他们是岩脚村马家的（从新娘所在村子到岩脚村，步行约4个小时）。新娘父亲一直将他们送到村子的大路口。

　　酒宴后一直到晚上，来宾要么在打纸牌和麻将，要么围着火塘聊天。

　　执事人在屋外的竹棚子里和新娘的姊姊讨论明天送亲的后生人选。执事人本来在一张纸板上写下了一个后生的名字，但是新娘的姊姊发表了不同意见，于是执事人又把纸板反过来，在背面重新写下另一个后生的名字。送亲的姑娘，则由新娘的姊姊来安排。

图 11-8　第二天的仪式

　　第三天

　　早上 6 点多，只听清脆而猛烈的鞭炮响起，并冒出了团团呛鼻的白烟，新郎家的接亲队伍到了，大家径直走进了堂屋。新郎没有来。

　　7 点多时，接亲的人将嫁妆搬出屋外。新娘的弟弟站于神龛前。

　　在新娘弟弟于神龛前拜完祖宗后，新娘身披两条红绸带（绸带在腰一侧打结）走了出来，站到神龛前摆放的八仙桌上，把点燃的香插到神龛的神位上，然后转过身来，执事人递给她两把筷子，她两只手分别抓住一把筷子，一只手把筷子丢在身前，一只手抓着筷子举过肩膀，丢到身后，然后从八仙桌上下来。她姊姊就将一把红伞撑开，又关上，连续三次，其间执事人一只手拿着一个铁撮箕，里面装了五谷，另外一只手将五谷抓起来，每次在伞撑开的时候，就撒到伞上。接新娘的人点燃两把扎好的木柴，一边退着走出堂屋正门，新娘就跟在这两束火把之后，新娘的母亲跟着大队伍，将女儿送到寨门口后，就不能再送了。她站在路边目送接亲队伍离去，不住地抹眼泪。

前来接亲的队伍中有两个小姑娘，负责提着两盏油灯，走在队伍最前面。新娘的一个小侄女背着新娘的一套新衣服，跟着走。新娘的弟弟走在提油灯姑娘的后面，新娘的前面。但是因为新郎请了一个摄影师来专门拍摄接亲的过程，摄影师要求新娘的弟弟走到新娘一旁去，不要挡住了视线。所以一些仪式的程序就是这样被调整了。送亲的队伍走在崎岖不平的山路上。

从山上步行到山下，约半个小时，按规矩是不能从别人的院子里走过的，只能走田坎上过。新郎派来接亲的汽车在山下等候着。被鲜花装饰了的婚车是一辆桑塔纳，新娘的婶婶给了司机一个红包作为行轿费。新娘坐在婚车副驾驶的位置上，新娘婶婶与儿子坐在后排。新郎家还请了一辆大货车来装嫁妆。待迎亲的人将嫁妆装到货车里面后，迎亲和送亲的人也都上了货车。婚车便启动开在前面，货车跟后，货车的后箱门没关，他们一路放着鞭炮。当车开到麻溪铺的路边时，停在路边，问新郎家要红包。新郎的哥哥就从一个黑色的背包里拿出几条烟，给每个人发了一包烟。婚车队伍又出发了，行至筲箕湾的一个岔路口时，司机又停下来不肯走了，新郎的哥哥又去买了烟，发给司机，才又出发。

差不多快中午的时候，到了新郎家的村子。婚车停在村子下方的路边，新娘自己下了车。新郎的哥哥拿了约1000元给司机。迎亲的人从货车上将嫁妆卸了下来，大家分工将东西先行送到了新郎家。新娘的婶婶才陪着新娘走进村子，本来在村口，摆放了一张长条桌，一老者立在桌后，上面摆着祭品。新娘的婶婶说，我们没兴这些，这道程序就跳过去了。

新郎家是一栋两层楼的砖房。新房在二楼，装修很现代。客厅背景墙上挂有新郎、新娘的结婚照。据新娘说，照片是在东莞黄江镇的金夫人摄影拍的，花了4800块。当新娘被领进新房后，就有两个妇女帮忙开始铺床。被子之类的床上用品，用的都是新娘家带过来的（捆放在新八仙桌上的）。

送亲的姑娘坐在客厅里，先是听了一阵VCD歌碟，接着将新娘的一张婚照光盘（影楼赠送的）放入影碟机里，看新娘、新郎的结婚照，再后来大家改看与僵尸相关的影视片。

等楼下的酒席备好了，新娘以及楼上送亲的人就被请下楼座席吃饭。新娘家来的人都被安排在正席。开席前，男方执事人讲话（节录）："今日是吉日

图 11-9　第三天的仪式

良时,女出嫁,男结亲,新娘进屋。我们老少三班围坐堂屋席上,讲龙成对,说凤成双,祝贺新婚夫妻情深似海,荣华富贵,子孙满堂,家发人兴! 众位亲朋,吃好喝好!"

饭后,娘家亲戚又回到楼上烤火休息。大约过了两个多小时,送亲的人又被请下楼去座席。吃完之后,新郎家放鞭炮为送亲的人送行,新娘和新郎一直送到村外路口,新娘忍不住哭了。

在回去的路上,新娘的婶婶给送亲者每人发了一个红包(里装 50 元),称"打发"。

三、做 寿

明中村人认为老人为抚育儿女辛辛苦苦,孝敬老人是天经地义的,更何况"姜还是老的辣",老年人经验丰富,有许多地方都是年轻人学习的榜样,应当得到年轻人的尊重。所以尊老敬老一直是明中村的传统。但凡家里有什么事情,都会征求老人的意见;吃饭时,要等老人坐好以后才可以动筷;喝酒必先敬老人;老人外出,晚辈见了要主动打招呼,要站在一边让路给老人先过。如果村里有人家办红白喜事,都要把村里的老人请来,要让老人坐上席。

215

　　明中村的年轻人没有过生日的习俗，却要为老年人举办寿诞。尤其是近些年生活富裕以后，做寿就成为村里常有的喜事。为什么要给老人做寿？明中村人认为人到了五十岁开外，身体机能下降，抵御疾病的能力减弱，死亡的因素增大，俗称"人活五十五，阎王数一数"，所以利用做寿可以使老人顺利度过一系列生命的危险关口（所谓的"关口"，纯粹是想象的产物，是人们祈寿心理作用的结果）。那么为老人做寿"度关"，对老人来说无疑是一种心理慰藉。

　　明中村人一般过六十大寿，或者八十大寿。但为了避讳"十全为满，满则招损"的说法，采取"男庆九，女庆十"，也叫"男做进，女做满"。即男子满 59 岁时为进 60，举办 60 岁的寿庆，须提到 59 岁那年做，叫"做九不做十"。他们认为男子年龄逢"九"是人生的一个关口，很难逾越，如果以"九"做"十"，就能跳过"九"这个关口。所以在逢九时做大寿，亲朋和子孙前来祝寿充喜，就可以通过充喜化解不祥之运。而女人则相反，要做"满"不做虚，即做"十"，即女子满 60 岁时举办 60 岁的寿庆。因为对女人而言，满即丰满，寓寿高长寿。

　　寿庆的庆祝活动由子女晚辈发起举行，以示孝心，安慰老人的晚年心境。给家中老人做大寿，要提前放信给至亲好友，否则为失礼。寿宴的规模大小，取决于当事人自己家的情况，一般是在家里摆寿宴，邀请亲戚朋友到家里欢聚一堂，为老人祝寿。据了解，以前过寿有比较隆重的仪式，亲友会凑钱做寿匾前来祝贺。寿匾比较讲究，匾的四周雕刻花草图案，"福如东海"、"寿比南山"等文字要全部镀金。寿期这天，要在匾上挂上红布，抬着匾，敲锣打鼓，燃放鞭炮，送至寿星家中。寿星家中要在大门贴寿联，堂屋设寿堂，挂寿幅，摆寿烛，张灯结彩。在香龛前设一案桌，桌旁置一寿星座椅。寿星要端坐椅上，接受家人和亲友的叩拜。晚辈一般都是磕头、跪拜时说一些吉利话，如福如东海、寿比南山、日月长明、松柏长春等，行礼顺序按子、媳、女、婿、侄辈、孙辈长幼亲疏，以此类推。如遇平辈人叩拜，寿星须站起来，做出用手搀的动作，表示请对方免礼。如果是长辈，只需拱手，受贺人还要主动让长辈坐在自己受贺的座位上，给对方磕头。朋友与邻里乡亲，一般不拜寿。诸事礼毕，便是寿酒。寿筵上，寿星坐于首席，众人皆论长幼辈分和年龄，依次而坐，众人共向寿星敬酒。子女、亲朋好友都会馈送礼品或直接送红包给寿者。已出嫁之女的贺礼最为丰盛，一般除食品、滋补品和鞭炮等外，还有衣帽鞋袜俱全。有的家庭宽裕者，做寿还请戏班演《八仙拜寿》等剧目或请歌手唱寿歌。

　　特别值得一提的是，明中村人给老人庆祝寿诞，必须要提前为老人打制好寿方，才能为老人做寿诞。寿方，不仅承载了活人在对安身立命的守望，而且是对死后免遭风蚀雨淋的忌讳与畏惧。宋代范成大《题径山寺楼》有诗曰："神光来烛夜,寿木不知秋。"因此,村里大多数人家都会为接近 60 岁的老人提前准备寿方。

寿方,当地称为老基,请木匠到家里来打制而成。由于做寿方比较讲究,规矩比较多,一般都是请周边有名望的匠人来承担。即使自己是木匠,也要另请高明,不能自己制作寿方。寿方的质量是孝敬老人的一项内容,寿方的投资投工多少,依据各家的经济条件而定。所以给老人做寿木时,从选材到选工匠,家里都得统一意见。一般由长子负责购置木料(木材大多选用杉木,也有用柏木的。木料根数则根据木头直径大小,计算上盖、下底以及两块边墙的构成来确定),往往采取包工的形式制作。一般情况下,一具寿方需要一千元的工钱,制作的时间会依据主家的要求(要求棺椁做重底,两头的板档上雕刻《福禄寿三星图》或在一小头雕刻一大"福"字,时间多一两天)有长有短,大致 6 天做好。从购置木料到请木匠,寿方做成花多少钱由兄弟们均摊。寿方做成即老人的房屋落成,出嫁了的女儿要携女婿和外甥前来庆祝,要给木匠烟酒和礼品答谢。

附录：　　　　　　　2012 年 2 月 5 日做寿调查

2 月 5 日(农历正月十四日)是明中村戴××八十岁生日,由于做寿是家中的一件大事,子女和孙辈都要呆在家中,计划外出打工的也不得不延期。寿星的孙女,今年二十岁,高中毕业后一直在福建打工,在厂里做包装业务,由于奶奶过寿,她不得不推迟外出。

问："你一般年后什么时候外出打工?"

答："大概初五日走,厂里初六日会开工。但今年没办法啦,等我阿普(奶奶)过完生日再走,估计原厂已经没有职位了,得重新找份工作了。"

上午 10 时,前来庆贺的宾客都已经陆续到了。根据主人的说法,他们并没有刻意地去请客人,只是在年节或平时跟一些至亲好友提到过,对方问清楚具体日期(通常是农历)后,就会按时过来。宾客中有五位来自戴氏老家的中年男性,他们和这里的戴氏是同一家族的。据观察,来的客人中,有的带了米、面、酒之类的一些礼物,大多直接塞给寿星老儿一个红包。

除了宾客,主人还请了村里一些人来准备菜肴等事宜。这些帮忙的人都是主人熟悉且平时打交道很多的,提前几天去请对方抽时间来帮忙。帮忙的人中,有一个专门负责安排的(一般为男性)叫执事,类似总管角色。谁倒茶,谁拿碗,谁斟酒,谁盛饭,这些事情都由他安排到具体人。前来帮忙的,有男性,也有女性。

寿宴时间大致安排在中午 12 点。来的宾客估计有五十多人,大都被带到房间里去烤火。男性客人在一间房间,女性客人在一间房间。主人让帮忙的人上茶,发烟,桌子上放了茶盘,茶盘里装了花生、瓜子、橘子等。在等待开席的时间里,上年纪的客人大多坐在房间里聊天,年轻的男性客人则在一起打麻将,女性客人大多一边吃瓜子一边聊天。

寿席设在堂屋,有四桌席。待菜上齐,主人便在屋外放一串鞭炮,表示开席了。一桌席坐 10 人,分 10 个座位。当地有句俗话"席上都是客,常客让贵客",很快,四桌酒席在执事的安排下就坐满了。寿宴开的是流水席,待坐席的人吃完以后,在房间等待的人就接着上席,又换新菜。据了解,过寿的菜肴没有特别的讲究,但是普遍用八大碗,满装鸡、鸭、鱼、肉之类菜肴,称"八大碗"。也有摆"九"大碗的,以"九"谐音"久",有"天长地久"的寓意。本次酒席是"八大碗"。斟酒、敬酒、开动吃菜一般都是坐上席者发话后才能开始,否则同门中长辈就要斥责不懂礼数者。席间,寿星赴各席敬酒,以示谢意。

大人吃饭的时候,一起前来的小孩子拿着地上已经燃过的鞭炮玩。

客人离开时,主人要还礼,以示感谢。所还之礼,为事前做好的粑粑,粑上盖有红印,以表感激之情。

四、丧 葬

丧葬礼仪,是明中村各种习俗中最复杂和繁琐的事项,也是最能反映出当地文化特征的一个重要仪式。明中村人认为人死后,灵魂不灭,亡灵会继续左右人间的事情。所以从人死到下葬都要举行一系列相应的仪式,主要的仪式和过程有送终、报丧、入殓、祭奠、送葬、落葬等。

仪式一般举办三至七天,具体是三天、五天还是七天,主要取决于道士先生看期之后的说法,要与孝子孝孙的生辰八字结合起来确定。因为当地认为葬礼仪式的正确无误,是与后人的运气相联系的,"埋人要利后人",也就是要以怎样能给后人带来好运气为主来确定葬仪日期。

明中村人流行土葬,准备有"老基"的老人以及无后的亡人或五保户,死后可葬入家族墓地里(老祖坟山)。少年亡者(当地叫"化生子")是不能入葬老祖坟山的,而要另处入葬。年轻人意外死亡的也只能葬在祖坟边上。

（一）"送终"与报丧

年老病者弥留之际，所有子女赶至身旁守候，聆听老人遗训，谓之"送终"。儿、孙将临终老人从床上扶起，名"接气"。落气后，立即焚烧三斤六两落气纸（又称"倒头纸"），一般是儿子跪着面对遗体一张一张地烧，如果有 2 个儿子的话，就由大儿子烧。若死者为女，须梳头；若死者为男，须剃头（剃头是表示"生降死不降"的意思）。并去土地堂上香报丧，拿一个盆子下河端来清水，放少许桃树皮煎水，用丝茅草沾水给死者沐浴，穿老衣、老鞋。老衣先由子或女将衣裤先一层一件穿套好，只能是单数，如衣五层，裤必三层；衣七层，裤必五层。以此类推。一般三五层，多者七九层，女性必有一件红布衣，再给沐浴后死者一次性整齐地穿上。随后将其遗体移放于木板或门板上，谓之"柳床"。再将死者嘴里放一点含口银，给亡人脸上盖上钱纸，在室外放鞭炮，以报丧。如死者是女性，子或女要前去舅家跪着报丧（现在有打电话报丧的，但是我们的报道人认为仅仅打电话的方式还是不够恰当）。舅家人随之而来，称"奔丧"。另派相邻人家去请道士，让道士给亡者开冥路，还要请一个吹唢呐的和五个鼓手来敲锣打鼓。在堂屋设灵堂（在外亡者不能入堂屋，只可在门外屋檐下停丧，设灵堂），香案上供亡者遗像或张贴"讣闻"，向家族、亲戚、朋友等宣告死者生辰、寿岁，大门口上方高悬白纸黑字"当大事"横联。遗体停放多少天，虽取决于道士看期，但一般夏天是三朝一期，不选日期；冬天则择日下葬。子女、孙辈都要披麻戴孝，围遗体恸哭，道士击乐吟唱诵经，亲戚朋友闻讯后前来吊唁。

（二）入殓与祭奠

死者沐浴更衣后从"柳床"上移入棺木内，称"入殓"。敲打乐器，由道士念经接引亡人入棺。道士念经的主要内容是：请南无阿弥陀佛、南无幽冥教主本尊地藏王菩萨、南无随身救主灵岗观世音菩萨、南无上途路上引魂引路王菩萨、南无五方界菩萨接引亡人入棺。入棺后，由道士"开路"。否则，亡人找不到路出门，会永远在家，使家里不得安宁。开路毕，全家跪于棺材前，由道士为亡人"招魂"。棺盖只掩盖一截，留出上部供亲友探视遗容。棺材下，点一清油灯，用筛罩住，日夜不熄。

停丧期间，要举行朝奠、客祭、家奠和末奠，要请道士做法事，诵经拜忏超度亡灵，称"做道场"。主要有点灯、倒五方、散花、解结等仪式。其中解结仪式意味着亡人去西天的路上会有障碍，需要为他解除困难。"解结"处一般设在灵堂大门左边，由道士将打好了活结的线拽在手里，把包了硬币的那一端让孝子去拉，然后中间部分的活结，就被解开了。所有孝子依次一一解去。

还会请"秀才"（这里所言"秀才"，是明中村人对红白喜事司仪的尊称。婚礼上的新人跪拜祖宗和娘舅，以及葬礼上的亲戚朋友跪拜亡人时，都要由秀才负责喊"一拜、二拜、三拜"等）来负责喊话。披麻戴孝的孝子要日夜守护守在灵堂，称"守灵"。孝子要给前来吊唁的亲朋回礼。"披麻戴孝"的人，是不能到别人家去走动的，以免给别人带来灾祸。期间，唱孝歌者不请自来唱"孝歌"。孝歌的内容相当丰富，多系即兴创作，有歌颂亡人生前的功德、人品的，有代替亡者辞别人间的，还有唱历史人物故事和当前形势的。如："适才我把仙人请，而今又来论古今。山中能长千年树，世上难逢百岁人。长江后浪推前浪，一代新人换旧人。人生自古谁无死，留取丹心照汗青。""忠孝仁义随你表，二十四孝随你唱。世上只有和为贵，礼仁为美孔子讲。"曲调有的凄婉悲凉，催人泪下；有的质朴清新，优美自然。孝女孝媳也唱"孝歌"，主要是哭诉亲人生离死别，再也不能相见的痛苦，诉说死者生前怎么样的好，如何的重要，检讨自己以前存在的不足的地方，祈愿逝者来世幸福吉祥如意等等。她们一般跪在棺材前哭，一边哭一边拍棺材沿，哭得死去活来，直到有亲戚朋友将其劝开，说让亡人安心上路方止。

家中条件宽裕者，还有请辰河高腔班唱坐堂戏，以典化"悲喜"气氛。

（三）发丧与落葬

发丧又叫"送葬"。当地认为人老寿终也是"喜事"，故出葬的前一日（又称"大葬夜"），各路亲友、宾客前来放鞭炮，为亡者献花圈，吊唁诗、文、词、联在灵前宣读。晚间，丧家设孝宴招待。还要择时举行封棺仪式。封棺时，要在棺木四周点长明灯，让亲人见死者最后一面，以表示亲人对亡者的深切怀念，随后便盖上棺盖。封棺时，孝子不能哭，尤其不能将泪水滴进棺材内，以免穷三辈。

发丧遵从"卯时不通光"，一般是早上5点。发丧时，须杀鸡、烧纸、点火把。道士用瓦片撮火一铲，放在棺材盖上，念诀。念完，用斧头把装着火的瓦片捶掉。随后，灵棺抬起，火把引路，前面是丢买路钱的、放鞭炮的、端灵牌的、举引魂幡的，接着是披麻戴孝的孝子和棺材，亲友和乐队走在最后。灵棺起棺后中途不能停歇，不能着地。路遇险隘陡坡，戴孝子女向抬棺人叩拜，抬棺人一鼓作气直冲而上，路遇别人庄稼地、竹木亦不得回避。抬棺人员还有"冲丧"习俗，即抬前的转过身来向后面的冲，抬后面的决不示弱向前面冲，将棺木前后推搡,一般要冲上几个回合。此时,孝子、孝女叩拜不起,"冲丧"方止,孝子、孝女方起。抬棺者便一鼓作气,直达落葬目的地。棺木灵柩入葬穴在停丧日期内就请堪舆先生(地理先生)或道士勘测好,并请人挖好。

灵柩到达坟地后,先由道士在挖就的墓穴底洒五谷,化烧纸钱,砍淋雄鸡血,并燃烧一小捆干芝麻秆或干茅草和银屋花圈等。并用大米在墓坑底部中央画字符,在两头和正中位置埋入朱砂、雄黄。接着棺木落枕(按方位一次性顺利入穴为好),道士撒"衣禄米",孝子双膝跪地,用孝布接"衣禄米"("衣禄米"拿回去以后装入坛子/罐子里。如果三年中,这坛子/罐子的米不发米虫,就蕴含着两层意思:一是说明死者棺材没被虫蚀,坟墓完好无损;二是意味着得米者会大吉大利)。撒毕,由亡人的长子跪于棺上,先挖土三锄于棺木上,每挖一锄,按生前称呼,呼唤一声。众人一鼓作气壅土成坟。葬毕,由"道士"用公鸡血滴在东、西、南、北、中,并各贴一纸(或鸡毛)以告知世人:此界内之地,已属亡人,名"告五方界"。之后,鸣炮、焚烧香纸辞坟。孝子与众亲友同回。孝家要给前来帮忙的手艺人和亲戚朋友送一匹布,以示感谢。

(四)送火与"壅三朝"

亡人下葬后的三天内,子女每晚要上山给新坟燃稻草扎的火把,火把用干稻草扎成,碗口粗细,按细,按亡者年龄扎箍,一岁一箍,70岁就70道箍,80岁捆80道箍。三天后,孝子要到坟前祭祀,将坟进一步培土垒好,称"壅三朝"。当地不做"头七"、"七七"和"百日",但是孝子有"三周年",即三年内不能跟人扯皮打架。

(五)团坟立碑

有的人家在下葬当天就立碑,也有过了好几年以后再立碑的。当地墓碑一般是青石板做成,有碑帽、碑座、正碑、侧碑、拜桌等,将亡者的生卒年月日、孝子孝女、孝孙名录其上,以备他日子孙考祖录宗之用。墓碑上面没有太多的雕刻装饰,有的仅正文上方有一个阴阳图案,阴刻,不着色,两侧写壬山丙向。为了保护老人墓地,孝家还会请来石匠,用比较坚实的细麻石像砌砖墙一样把坟墓砌成椭圆形的坟堆,坟上将土层匀平,在上面种竹子,称为"坟竹"。在当地有一种说法,如果坟竹长得越茂盛,后人就越兴旺。

明中村的夏家坟地几座相连的墓,均用石头砌成围墙,坟上种有竹子。墓碑碑身均呈黑色,红色字体,孝儿媳名单是灰色,其他字体均用红色颜料描红。

墓碑前,有玻璃瓶子装了香灰,插着几炷香的残余。

图 11-10　墓地

其中一座墓碑,左边的对联写了"山寿生千年富贵",右边的对联写的是"水秀起万代荣华"。上方雕刻了梅花,梅花两旁雕刻了喜鹊,梅花之上写了一个红色的"福"字。墓碑两侧雕刻了竹子和向日葵的图案。墓碑上端的两侧和正中间贴有沾了鸡血的鸡毛。正中间有一个阴阳八卦的图案,黑红相间。左右各是鸟羽图案。石碑的正中写"显考夏公老三老大人之墓",在墓字上,有沾了鸡血的鸡毛。左侧写孝男、孝媳,孙男/媳,曾孙/媳,重孙//媳的名字;右侧写生于吉年吉月吉日,殁于吉年吉月吉日,立碑时间是"二〇一一年腊月十九"。旁边一座墓碑的正文是"显考夏公庆福劳大人之墓",左右对联分别是"山青水秀风光好,人杰地灵子孙贤"。后面的一座旧坟墓碑正文是"共故显考夏公讳修汉老大人真性之墓",右侧由外而内写了"东来生于光绪十九年,岁次甲午年十月十日日吉时建,生享寿 68 岁","追修孝男夏伦华、媳马重淑",左侧由内及外写了"里人马氏"、"孝长孙夏纪俊,媳戴八英,孝次孙夏纪杰,重孙夏更乾、夏更坤","西归殁于公元一九六零年,岁次庚子四月十二日午时在家一梦正寝"。墓碑最上方刻了"壬山丙向",然后是一尊罗汉的雕像。壬山丙向下方有一个阴阳八卦的图案,黑红相间。左右各是乾卦和坤卦的图案,外侧是鸟羽图案。墓碑上的对联是"塚居玄武有青龙护英灵享千载永固;莹朝朱雀得白虎佑子孙历百世昌盛"。

附录：　　　　明中村葬礼实录(2012 年 2 月 13—15 日)

第一天

1.沐洗换衣

亡者落气以后,即烧香纸,孝子孝媳去井边取水,削一大块桃树皮来煎水,待水温降低后就给亡人沐洗。先沐脸上,左边脸,右边脸,中间口鼻眼,额头各抹一下,都是由下往上抹。再抹"五心",即心口、左右手心、左右脚心,亦是由下往上抹。接着,孝子、孝媳去除亡人原穿的全部衣裤鞋袜,给亡人穿上 7 层老衣。穿好袜子和寿鞋,嘴里放一点含口银,脸盖钱纸,将亡人移上柳床(用两根凳子架上一块门板,门板上垫一块白布),柳床下点盏油灯。

2."请师入木"

请道士先生来做"请师入木"的仪式。道士先在灵前做法事,给亡者开冥路。其后,手拿一把刀,在刀把上贴上香纸,前往水井处取水(又名"起水",意即向龙宫讨水以备死者所用)。道士边走边念,有人端有一个装有酒、香纸和一个小罐的木盘紧跟其后,男孝在前,女孝在后也跟在后面。到了井边,道士口念咒语行法事,端盘的人烧纸、倒酒,取小罐装井水(装一半)。孝子则勾头并列跪着,头顶一块长白布似一条长龙。待取水法事毕,回家后,女孝进内,男孝在外,道士再做法事,孝子打跪作揖。取水往返途中锣鼓喧天,鞭炮齐鸣,大炮连放。

3."扫棺堂"

接着"扫棺堂",即道士拿着纸钱扫棺。之后,道士带领孝子把亡者搬到棺材内,盖上棺盖,但不钉棺,不合缝,以让还在路途往回赶的亲人见死者最后一面。停枢于堂屋,脚要朝出门的方向。

4.设灵堂

请纸扎师扎制门帘,上贴金童玉女画像,做好以后要等道士与三秀才同时到了之后才能挂门帘。灵前摆一张大方桌,桌上供亡者遗像,摆各种奉供,点清油灯,还做有一个灵牌和一杆引魂旗插在一升米上。桌下放一个小铁锅,以做烧钱纸之用。棺盖上前后点菜油或清油灯(以前用桐油),灯一直不能灭。大门上方贴白纸黑字"当大事"横联,在屋门楣处还贴一张红纸条,上面用黑色的毛笔写着"有大事,闲杂人等回避"。子女内亲需日夜守护,称"守灵"。

5.设道场

请道士看下葬的日子(是否与死者儿孙的八字相冲相克,如犯种种忌讳则要想设想相应的破解之法),为亡人念经超度,确定早中晚分别做哪些法事,念哪些经文。据了解,当地请道场有做一天一晚的、三天三晚的,甚至七天七晚,或更长的时间,由孝家的身份和家资而定。

6."打金井"

请地理先生去勘测坟地,着人就地"打金井"。据了解,明中村人笃信风水,对祖父辈葬地的风水极为重视,无论家富家贫,老人去世,都要敦请地理先生觅一宗好地安葬亡人。风水选择总的标准是要和死者的八字相合。坟墓前面要开阔,远处有山有水,还要看坟墓背方的"山形"龙脉来势,看左右两边是否平衡。左为青龙,一定要高;右为白虎,一定要稍低。即所谓"不怕青龙高万丈,只要白虎就地趴",就是最理想的风水宝地。

7.请"三秀才"

又派人去请"三秀才"来为诸亲六眷组织丧仪,主要主持跪拜仪式和唱念祭文。据了解,当地一般是白事才请"三秀才","三秀才"由 3 个人组成,都是有能力的人来担当。年龄毋论,但一般是四五十岁以上的中老年人,可以是本家族的人,也可以是其他家族的人。他们熟谙丧礼的各种礼节和程序,在本地受到人们的普遍尊重。除做主持人外,他们通常也代为起草祭文、对联等。其中一位秀才是主持整个仪式的人,其他两位是帮腔以及帮衬的人。

第二天

1.朝奠

早 7 点,鼓声响起,道士在灵堂中央作法,开始诵经拜忏。随后,举行朝奠仪式。亡者的孝子孝孙无论年龄大小都要参加,包括小孩子。孝眷先按照大小在外面排成几行,年纪小的站在最前面,听秀才 A 的口令逆时针方向绕灵堂,一边绕一边哭。

接着,儿孙们到灵前作揖磕头,请亡者吃早饭、喝茶。有人将饭菜端出来,媳妇们就来"点茶"(一般由大儿媳来点茶,如果她不会的话,就请其他儿媳妇来做),还要念祭文给亡者听。念毕,即拿到屋外路边那个临时用三个木棍撑起的锅中烧掉。

2.客祭

中午时分,亲戚朋友纷纷前来吊唁,拿着孝帐在灵前烧香(内亲要烧"猪头香"，即带猪头来；一般亲戚带刀头肉)，行"右视礼"(音译，三揖三拜之礼)，请亡者吃中饭，念祭文。跪在灵堂右侧的孝子要磕头答礼，受跪拜者会立即伸手将其扶起。孝帐系床单、被单或布匹做成，上贴有用纸写的祭文。祭拜完毕，即将祭文扯下烧掉，床单、被单或布匹留给主人家。

所有人都祭拜完毕之后，客祭即告结束。丧家开始宴请宾客，席间丧家会有人站出来讲菜少酒薄招待不周，请各位多多包涵。

中午吃完饭后，道士继续诵经拜忏。

3. 家奠

在吃晚饭的时候(约下午 5:30)举行，主要是做"穿神点祖"仪式。

"点祖"即做祖牌，由木匠师傅用木头制作，道士先生书写内容，由执事放到神龛上去(平时不取下来，只在过年过节打扫的时候才取下来)。"穿神点祖"时，孝子孝孙不限性别，男女都要在场，且不戴孝布。

据了解，祖牌要用孝子专门去买的 2 支新毛笔，蘸黑色带红色的墨来书写，先写黑色的字，再"穿神点祖"("穿"指的是"神"的"申"字中间那一竖，点的是"祖"字的"衣旁"上面那一点)。祖牌由"汉宗"和"粉面"两部分组成。"汉宗"最中间写"共故显考/妣×(姓)公/府大人/孺人真性之神祖牌"16 字，两旁写上亡者的出生于×年×月×日，殁于×年×月×日；"粉面"写"显考/妣×(姓名)神祖牌"11 个字。其中"考"和"妣"两字用红色书写；男性亡者，"公位"用红字写。以前"祖宗牌位"上，只写男性祖先的名字，不写女性祖先的名字。从 20 世纪 90 年代开始，女性祖先的名字也可以写上去了。

4. 末奠

下午 6:30(据了解，末奠一般在天要黑的时候开始，具体要依照地理先生所看时辰来定)，三秀才往手臂上挽白布，同时放音乐，放鞭炮，敲锣打鼓。在门帘与孝子之间隔了一张长桌，上面摆放着一个猪头和一个羊头。门帘的正中间摆了一张桌子，桌子中间摆放了两个塑料碗。其中一个装的有些许饭、少量菜和水，另一个盛了半碗羊血。桌子两端放了一对点燃的蜡烛。

三秀才在八仙桌前面的垫子上，带着孝子孙磕头。大孝子在门帘的桌子前的垫子上磕头，其他孝子孝孙在摆放了猪头那张桌子后面跪成一排磕头。磕头的方式是：先把双手向下半弯曲状，放在嘴唇上，半蹲着下跪，而孝子全跪在地上磕头。一共磕头三次。

接着，三秀才轮流行"右视礼"(音译)，侧身在灵柩的右侧退出去。三秀才中的执事者喊"行末奠以报母恩，内外有别，肃静！起鼓—"孝子孙拿着孝帐于

身前,绕灵柩一圈。秀才 A 唱末奠文牒:

> 维公元二零一二年,岁次生辰孟春月下之三日,不孝男马继(兴、业、创、家、成),孙容(驰、胜、双、金、武、文),重孙马建平、马川利、马心叶等,愧之他奠,惟以三牲酒礼金帛石碘之仪改祭格故母老孺人之灵。惟尊面泣之日:呜呼! 日之夕已心悬悬,欲何之屺可陟兮终范范;其奚望闻木笛以伤心人有母而吾母何在,听樵歌而滴泪母已逝,而吾辈何依,日月共除不闻声音尔宝,晨昏屡更莫睹笑貌于北堂。仰瞻怀提俯视几企,其人已逝,其物已非。嗟呼! 暮色苍茫,时时伤孝子之心。夜月凄凉,处处洒愁人之泪。双菽水之欢未承,哺育之恩未报,则不孝之罪罄竹难书。追思吾母之恩,比沧海则更深;吾母之德,喻之嵩岳则更高。劳之恩未报,而今已矣! 昊天之德未酬,能不悲乎? 然侍死无异侍生,侍亡不改侍存,既有朝应,食之有敬,岂夕餐之敢忘? 许为末奠之期,敬祖之仪,血泪清清? 灵前之哭诉衷肠,肴馔离离而敬陈兮,伏其吾母而来格来尝。

秀才 B 点香烧纸,除未成年小孩子外,孝子一直跪在原位。待祭文唱完,大孝子起身绕门脸一圈,回到原位跪着磕头,又绕灵堂一圈,退回到猪头桌后面。

秀才 A 喊:"复位! 叩首!"孝子叩首,起身行"三献礼"。

秀才 A 绕猪头桌后,带着大孝子到灵堂,大孝子跪下磕头后又复位。

秀才 C 唱过"白花首场"(音)、"白花二长"、"白花三长",喊"叩首",孝子行"末时礼"。

秀才 B 带孝子到灵堂处,挨个挨个来作揖(一对一对的跪拜),行"幼子拜"。

晚 7:00,请亡人喝茶。把门帘的帘布放下,亡者的大儿媳妇头顶着一个红色的茶盘,上面放了一条红色的毛巾,毛巾上放了 3 个装了茶水的茶杯,从灵柩右侧的房间里走出来。她顶着茶盘,双手扶着盘沿,逆时针方向绕灵柩一圈,一边走一边唱孝歌,"阿 niong,喝茶啊"。一圈之后,在灵堂处停下,半蹲着,秀才 B 取下其中一个茶杯,把茶杯里的茶水倒掉。她又继续绕灵柩,重复刚才的动作。直到三个茶杯的茶水都倒掉了,才取下茶盘,走到旁边的房间里继续哭。她回到房间后,门帘的帘布又才重新被卷起来。

晚 7:10,秀才 A 领孝子孝孙出门,走到门外用三个棍子支成的架子旁边,将祭文烧掉在架子上的锅中,孝子在路边跪着。秀才 A 喊"孝子叩首",孝子即磕头。礼毕,放鞭炮。至此,末奠结束。

家奠

板凳　灵柩　板凳

牌位

道士等待之处

门帘

三秀才主持祭奠所站位置

孝子跪礼之处

供有猪头的供桌

孝家们跪礼之处

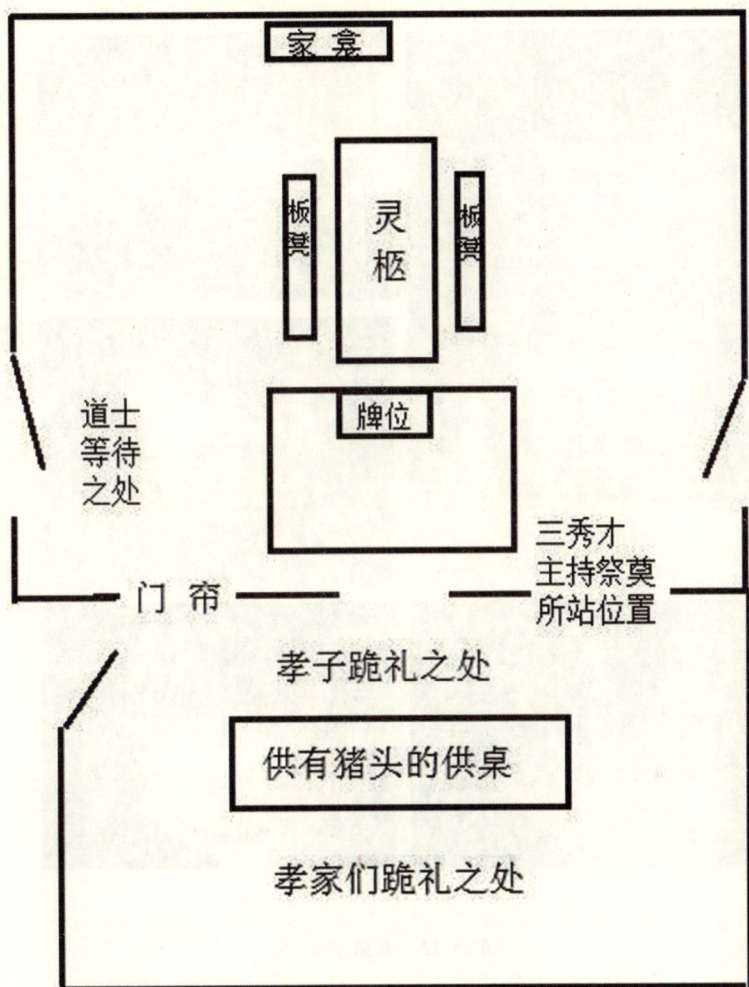

图 11-11　祭奠示意图

　　三秀才去其他房间准备明天出殡需要用到的"红光"、"功布"和"告文"。"红光"系用红纸扎成的麻花状绳子，需用油炸，然后再烤干，为第二天早上绕棺后烧，引亡魂出去用；"功布"是将白布蒙在竹子扎成的小弯弓上，呈半边形中空状，是出殡时插到棺木上所用；"告文"写在纸上，是劝说亡灵自愿外出的。

　　5、超度法事

　　晚 7:30,敲鼓的先敲一下鼓沿,让孝子放一串鞭炮(每次在道士准备诵经拜忏,或者进行下一项仪式的时候都会如此),超度法事开始。法事配乐有 1

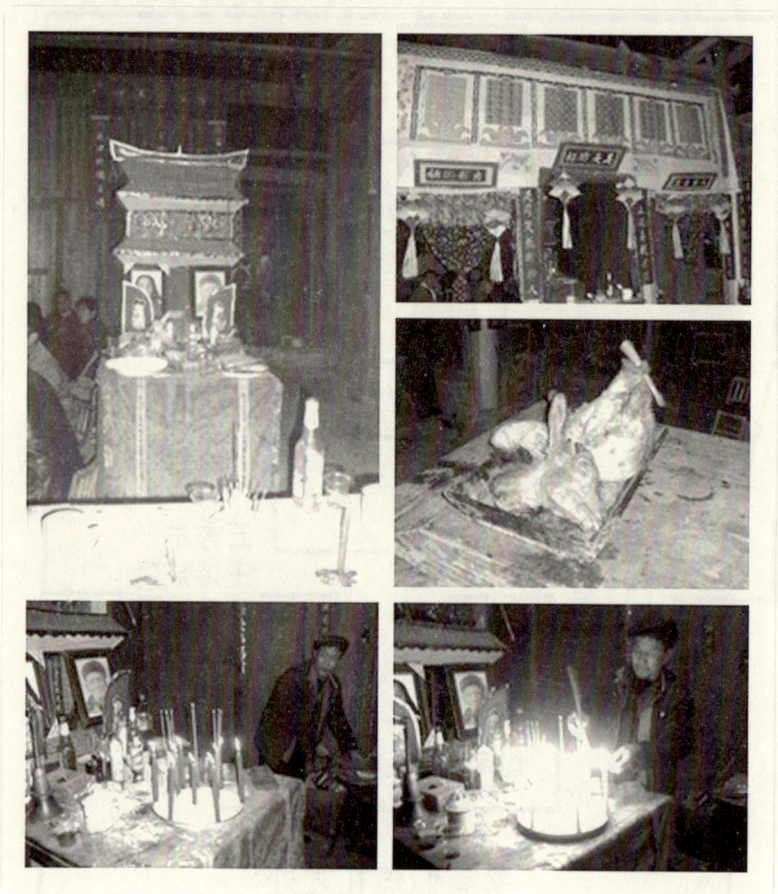

图 11-12　祭奠仪式

鼓，一大一小 2 个锣，1 副钹，1 只唢呐。乐器顺序为：

1 鼓

2 鼓＋大锣

3 鼓＋大锣＋小锣

4 鼓＋大锣＋小锣＋钹

5 鼓＋大锣＋小锣＋钹＋唢呐

道士换上道袍，一边唱经一边敲木鱼，道士徒弟则在旁和声，孝子孝孙站在猪头桌子后面，每当道士弯腰作揖，也跟着作揖。道士每拿令牌在桌子上敲一下，即表示该段唱经结束。

（1）点灯 晚8:00，道士在一个堆满米的盘子四周插上蜡烛，每隔一段距离插一根，盘子最外面的沿边一共有9根蜡烛，中间4根蜡烛，3炷香（每炷3根，到了仪式结束的时候，蜡烛几乎把香都给烧掉了），建了一个神坛，将这个神坛放在灵堂桌上。道士吟唱《菩萨经》、《地藏经》、《观音经》，每唱完一段，孝子孝孙就要跪着磕头。至晚8:50方结束。

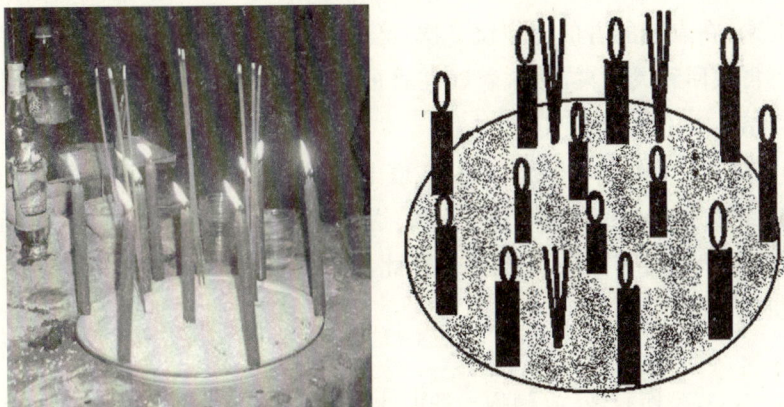

图 11-13 点灯仪式

（2）倒五方 晚9:05，道士拿来两条板凳，分别放在灵柩的左右侧，用5个塑料碗装满米，并在每个碗中插了3炷香。在灵柩的盖正中间放了1碗，碗下压放了一叠纸钱，旁点蜡烛1支，其余的4碗则分别放到两侧的两条板凳两端，碗下也压放了纸钱，米碗旁边依次放了茶杯和蜡烛。接着，又在灵堂八仙桌的道坛旁边摆上一个盘子，这时孝子转到桌子前，往盘子里面放钱，钱的面额有1元、2元的，也有10元、20元或50元、100元的，总数是880元。

道士领着孝子孝孙围着棺材，按逆时针方向转圈，孝子孝孙人人手里拿着一炷香。每转一圈到棺材的头部位置，敲锣打鼓的鼓点就很急促，道士与孝子孝孙一起停下来，孝子跪下叩首，道士就倒掉板凳上的一杯酒，将旁边碗下压放的香纸点燃，放在八仙桌底下的一口锅里烧掉。外面放一串鞭炮。如此重复五次，这就是"倒五方"。

（3）唱散花歌 道士带着孝子围着灵柩绕圈子，敲锣打鼓的人就在旁边唱歌，所唱内容必须和"花"字有关。孝子边绕边往盘子里丢钱，一直等到道士先生停下来，他们才可停。这样持续了将近1个小时。

（4）解结 晚11:00，道士拿出一段白线，打了一个活结，在结的另一端用

229

一块白布包了几个1元钱的硬币在里面。道士将这线在灵堂桌上摆着的蜡烛上空绕过去一下，又在香的上空绕一圈，每绕一圈就作揖一下。如此两圈之后，道士绕着灵枢逆时针方向走了一圈，从门脸的左门出去，走到跪着的孝子面前，把打好了活结的线放下，手里拽着一截，让一个孝子去拉包了硬币的那一端，中间部分的活结就被解开了。道士又把线提起来，快速地又打了一个活结，走到第二个孝子面前，如前。一共4次。之后，道士回到灵堂的八仙桌前，把线拿起来，在点燃的香的上空绕2次，又走到跪着的孝子面前，让孝子解结，共5次。再次回到灵堂桌前，拿着线在香的上空悬空绕了2次，每次3圈，又让孝子解结3次。

（5）安位/灵　晚11:25，解结完毕，道士回到灵堂面前敲木鱼念经，当诵唱"亡魂到了西方路上去了"，孝子即起身。道士背向灵堂三鞠躬，再转过身面向灵堂三鞠躬，孝子鞠躬答礼，放鞭炮。至此，第二天的仪式就全部完毕了。

第三天

1. 发丧

上午7:35，敲锣打鼓，放鞭炮。卯时出殡，是应当地的俗语"寅时不通光，卯时亮堂堂"。三秀才换上黑蓝色的长袍，戴上黑色礼帽。刀头被放在灵堂前的八仙桌上，叫"吃灵"。

7:40，敲锣打鼓的套组开始，道士立于灵前念经，每念一段经文，就鞠躬一下。接着拿着引魂幡逆时针绕棺，将引魂幡放在门脸处的桌子上，继续念经，对着孝子互相作揖。

7:45，三秀才出场。秀才B上香，秀才A作揖，双手朝下放嘴前，半蹲式，然后跪在垫子上叩首4次，作揖1次。秀才A叩首时，孝子孝孙在门脸外的猪头供桌后面也跟着叩首。秀才C持香作揖1次，插上香以后作揖1次，叩首4次。

秀才A喊"做牵枢礼"、"内外肃静"，孝子孝孙叩首4次，鞠躬。

秀才C绕着门脸处的桌子转了一圈，大儿子从跪在猪头供桌后面的位置走出来，跪在了门脸的桌子前。秀才B点酒，大儿子叩首完毕后回到原来的位置。秀才A喊令，手势示意孝子叩首，孝子叩首3次。

秀才C将大儿子引至灵堂八仙桌前跪着，又把刀头举起，献礼三次。秀才B读牵枢告文，告文是用红纸黑字写成的。

烧告文，秀才A喊令，孝子复位。孝子起立，站着。秀才A又喊令，孝子下跪叩首。

8:10,孝子哭着把门帘拆掉,取下纸扎的灵堂,连同八仙桌一齐抬到堂屋外的走廊上。女眷跪在灵枢右侧哭。

抬棺材的众人走过来,用篾竹把棺材捆了2圈,女眷继续在一旁哭。棺材捆好了,灵枢棺盖上摆放着的油灯也去掉了,孝子站在原来门脸的位置哭,然后牵枢。

三秀才点燃手中的红光,按照秀才ABC的顺序,先站在灵堂右侧处作揖3次,半蹲式。然后逆时针绕棺1次,再在原来灵堂处作揖1次。然后又绕棺3圈,作揖3次。接着绕棺材1圈后,在原来灵堂的位置反方向绕1圈(加上之前绕棺材1圈,连起来就是一个8字形)。连续围着棺材绕3圈,第3圈在原来的灵堂处绕3个圆圈,再站到灵枢后面,高声"出殡"。

抬棺的众人(16人)把木杠加在灵枢上,功布插在篾竹第一圈位置处。众人齐把灵枢抬出堂屋,抬到路边,放在两张板凳上。红光放在灵枢下的地面上。敲锣打鼓的跟在后面,继续敲锣打鼓。

8:20,架棺完毕。来帮忙的人返回屋子里,吃早饭。

据了解,抬棺前省略了"祭杠绳"程序。祭杠绳,一般由道士对抬棺材的木杠和绳子念咒语(又称"老古点"),以防范杠绳在路上出问题。也有由秀才操作的,但要道士配合。秀才"祭杠绳"分两种情形:如果没备雄鸡,秀才就对着抬棺材的木杠和绳子烧烧香纸就行了;如果备有雄鸡,就要摆一张小供桌,上面放茶、糕点、白酒、供果等祭品,在木杠和绳子上贴鸡毛,沾上鸡血。

9:00,发丧。道士请神作法,秀才焚香烧纸,在棺材上盖了一条床单。灵棺抬起时,支撑棺木的长条凳被一脚踢倒,道士开路,孝子披麻戴孝,举着引魂幡走在前头,女儿媳妇也都披麻戴孝,痛哭之声不绝于耳,跟在灵棺后面,还有一位孝子沿途撒"买路钱"(纸线)。当地俗语"嫁有嫁路,丧有丧路",两者都是不能从别人院子/村子里面经过的。出殡起棺后,中途不停歇(据了解,即使要歇息,棺材是不能着地的,可以放在主人家准备好的条凳上),灵枢走直道,帮忙的人把灵枢抬过河,孝子跑在前头一截,然后转过身来跪着迎接。还有一些孝子就在山上帮忙抬。

2.落葬

9:35,灵枢抬到"金井"边,孝子用白布铺地,棺材停放在白布上面。管事的人给帮忙的人每个人发了1包烟。秀才A将棺材上盖着的床单取了下来,就回去吃早饭了。

秀才B兼地理先生开始"扫井",先烧纸,放入井里,然后烧香,作揖,将3

支香插在井头处。再烧纸，让它们在井里燃烧，把纸扎的灵堂扔入井里烧，孝子也都跪在井边烧纸。

9:40，道士边杀鸡边念咒语，念"家法镇兴宇，发达"时，就给孝子孝孙递米，然后拔鸡毛，洒鸡血，绕井一圈，把鸡丢进井里，又跳下去将鸡扔出井外。然后用米在井底画了一道符，分别在两头和正中间的位置用刀挖开一些土，埋入朱砂，放雄黄在朱砂处，把白酒洒在雄黄朱砂处，盖上土。

地理先生从井里出来，丢一叠香纸到井里，口念"一扫天皇皇，二扫地皇皇"等，丢纸的顺序是从井头处到井尾处连续三次，呈逆时针方向。众人解开灵柩上的篾竹，将灵柩放入井里。地理先生先站在井头处洒米于棺木上，边洒边念咒语：

......

扫了天煞

扫了地煞

扫了年煞月煞

扫了日煞时煞

扫了年间太岁、月间太岁、日间太岁、时间太岁

一切五皇大帝各自他方

扫了全家等神

扫了金银财宝本命元神等

扫了太上堂子的本命元神等

......

咒语念毕，即作揖三次，后跳上棺木，用刀在棺木的两端撬一点翘起的，牵线于上，把罗盘放在线的正中间，确定棺木的水平位置。当时歪了一点，让孝子用抬丧的木杠将灵柩撬正后，地理先生便站在棺头撒米，每撒一把米，都要作揖一次，孝子孝孙跪在棺脚用孝布接米。米撒完后，地理先生用嘴喷酒于灵柩上，给灵柩上面撒雄黄。

10:05，地理先生插刀在井头处，手提鸡三作揖，念经文"九天玄女娘娘"等。

10:30，大孝子跳到灵柩上，跪在棺材头的位置挖土3锄，其他孝子和帮忙的人接着挖土，将原"金井"中挖出的土全部复上，把坟堆堆实、成型。

10:40，地理先生用罗盘确定方位竖碑（碑是早就做好了的，砖和水泥都已经提前挑上来放在旁边），宰了一只鸡，以鸡血滴于碑上。

11:20，栽竹子于坟上。孝眷除掉孝服与众人一起返家。

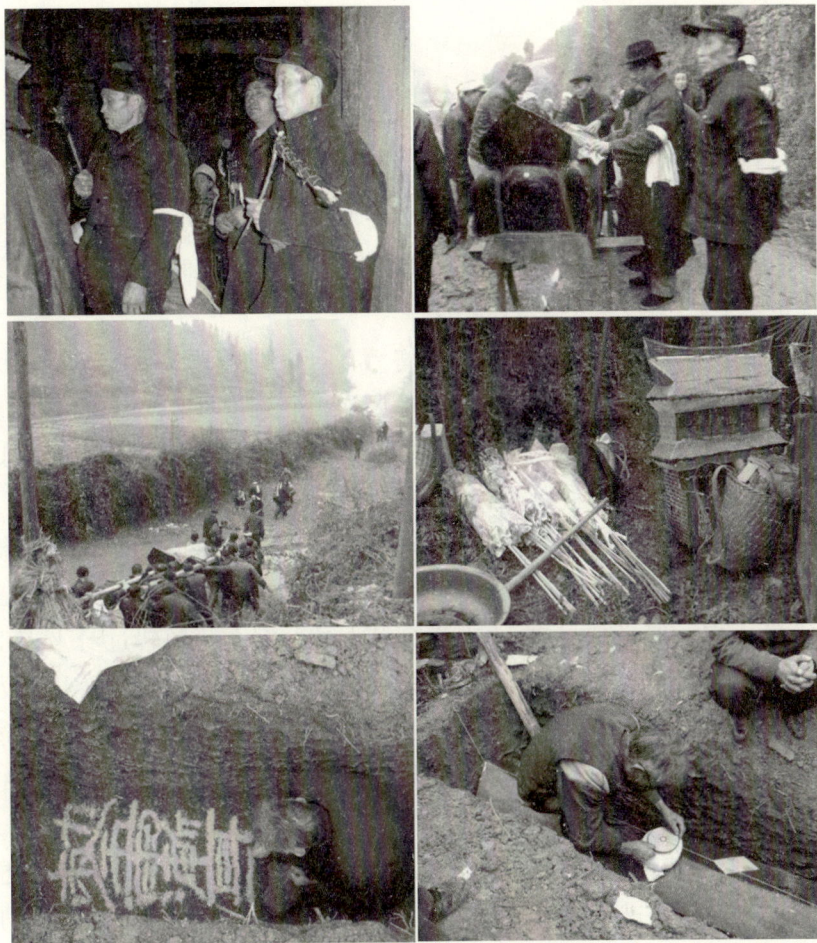

图 11-14　第三天的仪式

　　丧葬仪式是中国传统文化中一个极重要的组成部分，其自身是由一整套相互配合的仪式、习俗和观念信仰构成的体系，具有很强的保守性①。明中村的丧葬习俗虽然在丧葬程序上也出现由繁到简的趋势，丧葬用具的时尚化（如丧事所用的纸扎除了轿子、摇钱树、牌坊、门楼等传统用具外，开始出现轿车、

---

　　①　郭于华：《中国民间丧葬仪礼与传统生死观》，北京：中国人民大学出版社，1992 年第 44 页。

彩电、洗衣机、手机等现代化的生活与交通用具)等，但仍然固守着自身的诸多传统，变迁不大。

五、日常交往

村落中聚落之间、邻里之间的关系非常好。以前本村的年轻姑娘嫁到邻村，而邻村的姑娘亦嫁到本村来。抢种、抢收、水利、抗灾、盖房、红白喜事等都有互助习俗，对方忙不过来的时候，会叫上亲朋好友来帮忙。红白喜事的时候，尤其需要请手艺人和村里乡亲的帮助。在空地上聊天时，村民慢慢聚集在一起谈论某个事情。

村里没有特殊身份的人，即使那些智力有问题的村民，亦没有受到村民的歧视，也没有觉得是社会地位低贱。村里评价一个家庭的地位声望，是从家庭和睦和经济能力两方面来综合评价。像有的人家，经济条件不错，但是家庭失和，也因此"抬不起头"。

村民之间经常互通有无，有客人来时没有多余的被褥，跟亲戚朋友借棉絮和被褥。留宿客人一般是在儿子的房间，只要是打扫干净的房间就行。客人辞行时，主人家一般送到村口，也有送到镇上的。客人频频转过身来挥手再见，主人家站在村口也喊话说有空再来。到其他村民家去，村民会让客人坐下，倒水给客人喝。有客人来家里，菜摆在桌上之后，要请客人先入座，吃过饭以后，主人热情地招呼客人洗脸洗手。村民过年过节的时候会喝一些米酒，但是没有狂喝酒的习惯。

另外值得一提的是，明中村人虽然世世代代居住在偏僻山乡，但思想纯朴，十分重视对小孩进行各种礼仪的教育，对于礼仪十分讲究，尤其是对于长辈老人特别尊重。他们有言："逢小要爱小，逢老要尊老。小爱老，敬老得寿。老爱小，爱小得福。""在家孝父母，何必远烧香。"无论是谁，遇到走村串寨的老人，只要进到自己的屋里来，都要给老人主动让座、倒茶、点烟，问寒问暖，热情接待。若是幼辈正在坐着，长辈来了，应该立即起立让座，称呼完毕后，幼辈才能坐下，或相辞而去。人们在路上遇见，不管是男、是女，是熟识还是初次相见，都必须说话诚恳，行为恭敬，笑脸相迎，并要用一定的尊敬词语相称。若是遇上家族或亲戚，要按辈分称呼，不能随便直呼其名，否则将被视为无礼而受到耻笑、斥责。老人或长者与青年或幼辈一起走路时，青年人或幼辈必须让老人或长辈走在前头。而长辈见到幼辈，一般都要行点头礼。吃饭的时候，如果有别人家的小孩子跑来，要给小孩子添碗饭或者夹一块肉吃。

六、人生仪式中的苗文化与汉文化

瓦乡人在与周边其他民族的交往、交流与交融中,形成了独特的族群文化,在婚嫁和丧葬礼仪中,既有苗族的文化元素,也有汉族的文化元素,二者是糅合在一起的。

就婚俗来看,瓦乡人的习俗与苗族的"游方"和"不落夫家"的习俗相去甚远,但又带有一些苗族婚嫁习俗的内容。整体上而言,更多的是呈现出一种汉文化与苗文化的混合文化。

虽然"游方"主要是黔东南苗族支系的习俗,但是在云南、广西、湘西等地的苗族支系也有类似的方式让年轻人互相认识。每年春秋之际,相邻村寨举办节庆活动时,各姓有规定的游方坡,通常在村寨后面或侧面的山坡草地上。有男青年去女方游方坡,以吹口哨、木叶、夜箫、芦笙等为信号,邀请女青年出来攀谈,唱歌。经过集体对唱,选择意中人单独密谈,建立感情后交换信物,私下里互定终身,再征求父母意见。如果双方父母都没有异议的话,男方父母请媒人到女方家里去提亲,就算是定亲了,再挑一个吉日迎娶。如果双方或者一方父母有异议,或者男女双方或一方的感情有变化,不愿意结合,可退换信物。上门提亲的时候,女方的舅舅和房族的老人提供意见,并不是第一次上门提亲就同意,而是反复多次上门之后才"勉强"同意。[①]

瓦乡人的婚姻,在历史上虽以歌为媒的习俗比较盛行,山歌是他们搭建婚姻殿堂的主要桥梁,但后受汉文化影响,掺入了父母之命、媒妁之言的内容,以这种"自由认识"的方式开始的很少,更多的是遵循熟人介绍/做媒的方式,即使是青年男女在赶场路上看对眼了,还需要托人去打听对方性格、人品和家庭情况。如果觉得不错,再通过熟人的渠道征求双方父母的意见。定亲过程往往只是一次,媒人与男方带着聘礼到女方家里,女方父母如果没有异议的话,就留宿男方和媒人,还要准备酒席热情款待。然后再进入写八字、送日子、迎娶阶段。

在苗族文化中,舅舅扮演着非常重要的角色,即"舅权制"。在男婚女嫁中,姑舅婚是婚制方式之一,舅舅家的子女与姨妈家的子女在通婚上有优先权,只有当双方父母不同意时,才能与外人结为婚姻关系。在定亲—娶亲的礼

---

① 该节苗族婚俗相关内容,参见熊克武编著:《台江苗族历史文化》,中国文化出版社,2010 年,第 103~117 页。

仪中,都要请舅舅到场作为证婚人,婚礼仪式才算完整。这一点在瓦乡人的婚制和婚嫁中也是类似的,舅舅具有举足轻重的作用。

就婚嫁礼仪而言,苗族男女双方家里都要隆重地举办酒席,宴请亲朋好友,热闹非凡。男方的迎亲队伍带着礼物前往女方家迎亲,女方家在寨门口设置关卡,拦住迎亲队伍直灌酒。女方家请来的司仪主持婚礼之后,送亲队伍将新娘送到男方寨子,仪式结束之后送亲的人再返回。两周之后,新娘回门。而瓦乡人的婚嫁程序和苗族的仪式过程几乎相同,而不同的是婚后居住方式。

在苗族文化中,新娘婚后经常回娘家住,即"不落夫家",男方家在逢年过节的时候接新娘到夫家住,多次往来之后,待产子才到夫家住。而在瓦乡人的文化中,一旦结婚了,新娘就从此"落夫家"了,只在逢年过节或者娘家有事的时候才回娘家,平时基本上都在夫家。在恋爱结识环节,瓦乡人的习惯更偏向汉文化一些,讲究未婚男女之间不得有过多往来,与苗族文化中的"游方"自由恋爱的方式不同。瓦乡人的迎娶礼仪与苗族的嫁娶方式多有相似。但婚后的生活,苗族的"不落夫家"与瓦乡人的"从夫居"的方式相反。所以就婚姻与家庭方面而言,瓦乡人的习俗是苗文化与汉文化糅合在一起的产物,是瓦乡人颇具族群特色和文化符号功能的文化亮点。

随着时代的变迁,苗族、瓦乡人、汉族的婚姻家庭文化都在发生变迁,婚姻仪式逐渐简约化,年轻人在外地打工时,用手机相约或借助 QQ 及微信等社交软件交流认识,再返回老家举办婚礼,然后夫妻一同前往外地继续打工。这种从认识到婚嫁的方式已经跳出了原来的传统习俗,婚姻圈也不仅仅是周围寨子或者邻乡,扩大到全国各省范围,婚后的居住方式也不是从夫或不落夫家了,而是异地居住。

和苗文化的婚嫁礼仪不同的是,瓦乡人的丧礼更多的是出现了古代汉人丧礼习俗的内容,朝奠、家奠、客奠、末奠和"穿神点主"均是古代汉文化的习俗,尤其与陕西的丧礼习俗相类似:

> 亲友"礼祭"毕,先行"穿神点主礼",再行"三献礼"。点主礼除延长县是在葬后于墓地举行外,其他各地都是在葬前一夜举行,这是陕西丧葬习俗中极为严肃、隆重的一项仪礼,孝子在葬前数日,就要手持红帖,跪请当地名流做"点主官",并请礼宾生侍点主官、唱礼序。举行"点主礼"前,要抬轿、奏乐迎接点主官,并用轿或车接礼宾生,专门设点主馆,供点主官、礼宾生居住。死者的牌位,在死后三周年以前称"灵位",三周年以后称"神主"。神主牌子用优质木材制成,长约一尺,宽约三寸,讲究的人家还

要镶嵌玻璃。木牌子上用毛笔正楷书写"故显考×公讳××府君之神主"，女者写"故显妣×氏××孺人之神主"，左下侧写"孝男×××供奉"，如果死者只有一个儿子，儿子又早丧，就要写"孝承重孙×××供奉"。但在写牌位时，故意把"神"字少写最后一竖，"主"字少写一点，孝男的"孝"字空着不写，等举行"穿神点主礼"时，再把所缺的笔画和空着的字添上。仪式开始，孝子跪请点主官入座，礼宾生高唱："行点主礼。"又继唱："孝子磨丹！"孝子将朱砂磨好后，礼宾生又唱："请点主官安神点主（或穿神点主）！"这时点主官严肃地从座位上站起，执笔蘸红墨水，在"神"字上补加一竖，叫"穿神"；在"主"字上补加一点，叫"点主"。礼宾生又唱："赐孝字。"点主官就在"男×××供奉前加上一个红"孝"字。至此，穿神点主礼告成。

晚上客人到齐后，举行"三献礼"，亦称"家祭"。三献礼就是众孝子按辈分、长幼次序，依次捧祭品献于死者灵前，俗称"献饭"。关中和陕南的"三献礼"略有差异。关中的三献礼是：第一献为死者的子女献馐馔、玉帛、香楮，称"初献"；第二献为死者侄儿献玉帛、三牲（鸡、猪、牛、羊肉），称"亚献"；第三献为孙辈献香茗、水果等，称"终献"。每献各有祭文，内容多为歌颂死者生前勤俭治家，抚老养幼，历尽艰辛和死者平生为人与功绩等赞美之词。祭文自作者少，请人代撰者多。行三献礼，农村有"六拜礼"、"九拜礼"、"十二拜礼"、"二十四拜礼"等形式，由死者的儿女、孙子、侄儿、女婿、外甥等分别采用，以区别生者与死者的亲疏关系。仪式开始时，先由男孝子跪请礼宾生出场，礼宾生一般请四人。分左通、右通（合称"通者"）、引站、陪场。通者主要唱行礼仪式，唱得多，而且复杂；引者只唱几句，将行礼者引到灵前祭奠，再引归原位，并朗读祭文；陪场一句不唱。礼宾生出场后，通者高唱"行初献礼"，引者即在哀乐声中引孝男、孝女出守灵处，到盥洗处净手、洗脸，然后到灵堂前拈香、燃烛、化纸、三拜九叩，跪在灵柩前面。接着通者又高声唱道："进茶、进膳、进饼、进祝文（祭文）！"一人手捧祭品，从孝子头顶举过，将所进之物一一置放在祭桌上。通者又高唱："读祝者进跪，展祝文，读祝文。"读祝文的人就用哀痛的声音朗读，读完，退出灵堂。通者又高唱："拜初献，孝子大哀。"孝子当即伏地嚎啕大哭。通者又高唱："初献礼毕，孝子如前守丧，打恭侧坐，伶人以乐侑食。"到此，初献礼结束，礼宾生在侧座用茶点，稍事休息后，开始行"亚献礼"，仪式同前。礼毕，由乐人奏乐曲，或由自乐班唱地方戏。在亚献礼后，行

"终献礼"。三献礼完毕后，还要行省食合羹礼，即调盐、醋、浆等。然后通者高声唱道："百味俱在，一味未食，合家痛哀。"全家孝子放声痛哭，向死者烧纸跪拜。至此，三献礼宣告完成。陕南的三献礼是"祀神礼"，内容有告灵、告祖、禀门、祀社、谒旌表、出告牌（各有祭文）；"陈设礼"，陈设香、烛、酒、文帛、馔、箸、玉、饭、仃、纩；"正献礼"，内容有头合门讲书，设讲书台，由"讲书生"讲《四书》中有关章节；二合门读礼，设读礼庭，读《礼记》中有关仪礼；三合门歌诗，设歌诗楼，歌唱《诗经》中有关诗章。①

在陕西丧葬仪式中，"穿神点主"和"三献礼"的仪式过程与我们在明中村所记录的丧礼程序是相同的，而且仪式的功能也相同。明显可以看出，瓦乡人的丧礼文化更多体现的是汉文化内容。

---

① 《陕西省志民俗志》，参见：http://lib. sxsdq. cn/bin/mse. exe？ seachword＝＆K＝a＆A ＝4＆rec＝73＆run＝13.

第十二章

民间信仰

　　由于历代封建王朝的大力提倡和扶持，以及人为宗教本身具有较强的扩散能力，佛教、道教不仅很早就传入了沅陵境内[①]，并在这里长期流行，已深深地影响、渗入到当地原始宗教信仰形式之中。尽管如此，人为宗教并没有完全取代具有深厚根基的原始宗教信仰，而只能部分地向世俗化方面转变，以某种特殊的方式实行功能替代与之并存。例如专门替人"办葬"，尽孝道的道士，就是流入该地佛教世俗化的产物。瓦乡人的民间巫师"闹沙"的职能范围已缩小到极为有限的领域内，即或敬神、赶鬼、驱邪等也不多见了。加之历朝历代还在沅水地区大量推行儒家文化，在信仰规范化的过程中，长期接受汉族文化的强烈影响，在堂屋内普遍设置并供奉"天地君亲师"牌位，崇奉祖先就成为当地信仰文化的核心形式。

　　从考察现状来看，明中村的宗教信仰状况比较复杂，出现多种文化因素混杂、融合及信仰多元化的格局，其崇拜自然、敬奉祖先、信巫尚鬼的古风至今犹存。在这里，不同时距的信仰并存、渗透和结合。从神祇系统来看，明中村既有土地、山神、龙王等，又有观音、关公、玉皇大帝等，这些神祇所司职能基本上与村民的生产生活相关。"闹沙"、师娘、道士以及地理先生还活跃在人们的记忆与现实中，替人驱邪逐疫、祈福消灾等。

[①] 佛教在沅陵的传入与盛行始于唐朝，唐贞观二年（628 年），在沅陵县城西边的虎溪山上修建了龙兴讲寺。明万历二十八年（1600 年），辰州知府毛允让人修建凤凰山寺和浮屠七级。民国二十六年（1937 年）11 月，中国佛教会沅陵分会成立。境内道教起源甚早，东汉时期正式形成。唐贞观二年（628 年），在建龙兴讲寺同时，建火神庙于龙兴讲寺左侧，作为道教的主要活动场所。明万历年间（1573—1619 年），沅陵著名道观有玄妙观、北极观。参见沅陵县地方志编纂委员会：《沅陵县志》，北京：中国社会出版社，1993 年，第 656～657 页。

一、崇奉祖先

明中村人认为自己的祖宗能庇佑子孙后代兴旺发达，因而几乎各家堂屋内正面板壁前都设有家先神龛。神龛式样为竖立长方形，其大小规格不一。神龛正面安置或标写祭祀牌位："天地国亲师位"或"历代祖先之位"，两侧为诸神之位，诸如"当年太岁之位"和"九天司命之位"。神龛左右两边贴对联，对联书写一般用大红作为底色，写金色字，如"世代源流远，宗支奕叶长"、"神恩浩荡千年旺，祖德昭重万载兴"、"神圣一堂常赐福，祖宗百代永流芳"、"敬天敬地敬祖宗，求福求寿求平安"、"天高地厚世泽长，祖德功宗家声远"等，横眉多为"祖德流芳"、"神之最灵"、"受天之佑"、"佑启后人"等。位牌的下方设有木板制作的横台，当地人称之为"神台"。神台上置有香炉，摆放蜡烛、祭祀品，以供奉香火。有的家庭在神台上放置财神像或观音像。神台下面常常贴有几张小条幅，一般书写"安位大吉"、"堆金高百斗"、"积玉满南山"、"长发其祥"、"百事顺遂"、"天长地久"等。在神龛下放有高约一米的大方桌一张或两张，既为祭祀所用，也用于招待客人，举行家庭聚会、迎接宾朋、婚丧婵嫁等等。以其中一家为例：

堂屋正中间的墙壁上有一个神龛，神龛上放有香炉和油灯，正中间写了是"历代祖先之位"，左右各贴有两副对联，外联是"家学渊源悬礼祀，纳名奕业绍曲台"，横批是"思格之神"，最上方还有一个福字。内联是"金缘不断千年火，××常燃万岁灯"，内联的尾部各有两行小的字条，分别写了"九天司命之位"和"当年太岁之位"。

在神龛横台下方贴有一张横着的符咒，上面写了"天官赐福概无禁忌"，符咒下方是四张竖着写的字条，从右到左分别写了"安神大吉"、"堆金高北斗"、"积玉满南山"、"诸事顺意"。神龛与"概无禁忌"符咒之间还有三个抽屉，里放一些零碎杂物。神龛下面放着一张四方桌，桌上放了热水瓶、水杯、电饭煲等不少东西。

有村民介绍说，神龛是祖宗之位，神龛上一般都有"堆金高北斗"、"积玉满南山"的字条，北斗和南山是象征物，堆金和积玉是奉承话，哪个家里不希望财富满满呀？神龛上的"当年太岁之位"就是供奉本年度的值年太岁（太岁又称太阴、岁阴，是掌管凡间事务的年神，主一年的祸福），以求太岁星君保佑，少生疾病或者出灾祸，万事吉利。一般向太岁祈求，要念"某某太岁大将军，善男信女某某某，今年流年本命犯煞星，现向太岁仙师诚心祈求，保佑化险为夷，年年

图 12-1　村民家里的神龛

行好运,身体健康……""九天司命"就是灶神(灶神是惩恶扬善之神,生性耿直,他会将一家人的善恶美丑,都一一记录下来。每年农历腊月二十三日,上天如实禀报玉皇大帝),灶神是管一家烟火祸福之神,供奉他就是希望能护佑全家老小。神龛下方一般会有一张"安神大吉"的符,意即安放祖宗之位,保佑后人大吉大利。

据了解,村民一般是在房子修好以后,入住的时候安神龛(也就是"安神")。安神神龛书写要请那些常书写神龛牌位的人(当地称为"相士")来代写,主人家将纸墨备于案前,用一干净脸盆打一盆清水,脸盆里放一条未曾使用过的新毛巾,让"相士"象征性的洗手。"相士"擦干手后,即开始写字。写字的时候,男主人要自始至终陪同,并且在一边帮忙。由于书写神龛是很严肃的事情,是不允许其他人来打扰的。"相士"写字时会潜心静气,不移位,不与任何人讲话。特别是"相士"在书写"天地国亲师位"时有一定的讲究,要用较正的字体(一般限于庄重的楷书或行楷,忌用行草书),笔画有严格规定,有所谓"天不盖地,地不开侧,国不开口,亲不闭目,师不挂刀,位不离人"之说,也就是"天不压人天盖地,地不离土地要平;国不缺口国方安,亲不闭目亲相连;师不昂头师当正,位不离人位要稳"。即"天"字比下面的"地"字稍稍大,且"天"字与下面的"地"字要有一定的距离和空间,象征地需要天的保佑;"地"字的"土"

当年太岁之位　九天司命之位

百事顺遂　安神大吉

23cm

8cm

30cm

5.5cm

52cm

忌禁无百阳阴地天

8cm

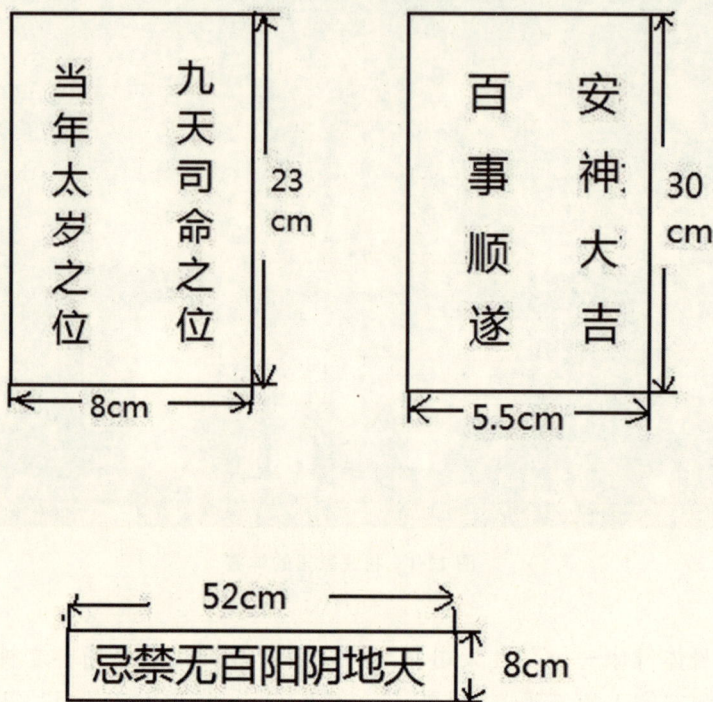

图 12-2 神龛示意图

旁和"也"旁，笔画必须相连，象征大地的完整和宽广；"国"外面的"口"字必须紧紧封闭，不能留空隙，以示国家要发展，要开放；"亲"指的是"親"字的偏旁部首"见"繁体字不能封严，要留有一定的空间，寓意亲人之间要相互关照，常常看望；"师"（"師"）字不写上面的短撇，那一撇象征着不吉利有凶兆；"位"的左边和右边偏旁部首必须连接在一起，要写得正，不能偏斜，寓意设置了位置，位必须正。

待所有的字都写好后，就请"相士"安神位。将事先准备的香炉1个（新），酒杯3个，刀头肉1碗，糖果、糕点、水果若干摆放在案上。酌酒三循，燃三炷香，烧纸钱若干，"相士"口中高喊"请诸神上位，佑主家万世昌隆"，主家答谢说"谢天谢地谢诸神官"。然后在"相士"的指导下贴上神龛。贴好后，于香炉两旁点上两支大红烛,再于香炉插三炷清香点燃,烧纸钱若干。"相士"祝福主家:"大吉大利,兴旺发达,万事如意。"主家答谢说:"谢蒙金言,大家万福。"

供奉神龛是明中村人在节日和家庭重大活动时必做的"功课"。但凡过年(有的从腊月三十日直到正月十五日)、清明节、端午节、七月半、中秋节、重阳节等节日都要举行或简单或复杂的敬奉神龛仪式。尤其是农历七月半(中元节)祭祖,也称"接祖",过世直系长辈生辰日或忌日,都会在神龛前举办祭祀活动。祭祀一般由家中的男性长者主持,祭祀前,要事先准备好香、纸钱、红烛、刀头、水果、酒、米饭等祭品,洗手和洗脸,整理衣冠,将供品置于神台或方桌上,再点燃香烛,手执燃香,面对神龛叩拜三次,将燃香插入香炉,焚烧钱纸,敬酒,鸣炮。祭时家人不得在旁大声喧哗,更不得粗言谩语,孕妇须避开,以免触犯神灵。

图 12-3　祭祖(唐世兴摄)

在家庭的重大活动中,敬奉神龛神灵往往成为仪典的重要组成部分。如明中村人婚礼的前一天,无论是男方或是女方都要供奉神龛神灵,告知列祖列宗:自己已成年,可以成家立业,祈求允许、保佑平安。新娘上轿前,还要举行"辞香火"仪式,跪拜神龛上的祖先。有些人更是一年四季都要拜神龛神灵,在平时有好吃的(如家中炒了好菜,要先盛碗饭,夹上菜,插上筷子,心中默念请祖先先享用后,自己再吃),或有意外喜事,或在梦中出现了去世亲人(主要是长辈)都会在神龛前敬一敬。

随着时代的变迁,神龛上的蜡烛和香炉也在发生变化。以前村民上香上烛的时候都是用蜡烛点好了,放在供桌前,再把香插到香炉里。现在有很多人家买了电蜡烛和电香炉,也就是插上电以后,打开开关,蜡烛和香炉就自动亮了,颜色是红色和金色,跟真正的蜡烛所发出的光差不多,且不会因为风吹而熄灭。但是即使这种电子蜡烛和香炉,也不是天天都开着,而是初一、十五日以及过年过节的时候才打开。

另外,在明中村后的半山腰上,有一个戴宗师位,过年过节的时候,村民都会拎着公鸡、肉和纸钱前来拜祭戴氏祖宗。

在明中村人看来,祖灵是具有守护和保佑宗族后人的责任的。虽然祖灵也是鬼,但是属于"好鬼",与山间随意游荡并作恶的"坏鬼"不同。"坏鬼"指的是暴毙、非正常死亡以及无后人祭祀供奉的亡者灵魂。如果在山间遇到了他们,就会迷失心性以及丢魂,需要请道士先生或师娘来做招魂仪式。

二、多神信仰

明中村所祭拜的神祇包括关帝、观音菩萨、龙王、玉皇大帝、王母娘娘、托塔天王、山神、树神、门神、土地等等。但是除了关公和土地以外,其他的神祇大多被冠以"菩萨"二字来指代。例如当我们问起庵堂里供奉那么多尊神像分别是什么神仙时,当地人无一例外地告知我们,那些都是菩萨,即使是玉皇大帝庙也都如此。当我们问村里人庙中所供神灵时,他们也说那个庙里供的是"菩萨"。

当地对"菩萨"的信仰,是祖祖辈辈传下来的,村民表示以前就信这个。但是也有一些村民说那些都是迷信,不能信。这些信仰跟"保佑平安"相关,而"保佑平安"是一个很笼统的说法,出门、收成、疾病等都是去求菩萨保佑获得平安、丰收、健康等。通常情况下,人们用烧纸烧香并默念祈求的句子,来表示对神灵的信仰并让神灵知道自己的愿望。村里的女性在做这些的时候,态度很虔诚很谨慎。大部分男性村民则说这些是"迷信"。

(一)关 公

关羽(?—220),本字长生,后改字云长,河东解县(今山西运城市)人。俗称关二爷、关老爷、关公、关帝。东汉末年名将,刘备起兵时,关羽跟随刘备,忠心不二,深受刘备信任。刘备、诸葛亮等入蜀,关羽镇守荆州,刘备夺取汉中后,关羽乘势北伐曹魏,曾水淹七军、擒于禁、斩庞德,威震华夏,吓得曹操差点迁都躲避,但是东吴偷袭荆州,关羽兵败被害。关羽忠义勇武,却又不单是一介武夫,其言行合于经义,自然深得人们的喜爱和敬仰。关羽去世后,逐渐被神化,被民间尊为"关公"。历代朝廷多有褒封,从"侯"到"公"到"王"到"神"到"圣"到"帝",至清代帝王更是恩宠有加,以致叠至26字之多:"忠义神武灵佑仁勇威显护国保民精诚绥靖翊赞宣德关圣大帝",与文圣孔子齐名。在对关羽加封晋爵的同时,历代王朝还精塑关羽像,修筑关羽庙,以至"凡通衢大道以至穷乡僻壤,无地无之"①。关公的神话传说以及大量类似的"灵验"故事,广泛存在于民众口头传承与集体记忆中,使得关公得到了各种各样的供奉,在民间具有广泛的影响力。

关公是明中村人虔心崇奉的神灵,关公庙、关公戏、五月十三日(关公节日)及其他相关习俗,都践习着明中村人对关公的认同和追随。对于为什么崇信关公,我们在明中村进行了较广泛的访谈。以下摘录几个访谈人的认识②:

受访村民1说:"关公真是一个了不起的角色啊!他重义气,共患难,是一个善神,祈求他可以消灾保平安。我们这里的关公戏里讲他温酒斩华雄,水淹七军又单刀赴会,智勇双全。他一生追随刘备,不避艰险,是一代忠臣;他千里走单骑又义释曹操,不忘桃园之义又有恩必报,为人行事光明磊落,大义参天。他刮骨疗毒,割炙引酒,言笑自若,神威凛凛……"

受访村民2说:"关公忠肝义胆,拜关公是可以保平安,躲避灾难的。我们这里从古流传下来供奉关公,说明是有点用的。村里很多人都是求个心安理得,我也差不多。去年是我的本命年,大家都说本命年比较倒霉,要小心,我也觉得是,听说关公神很灵验,我就在家里神龛上供了关公,觉得供奉关公后心理上好像有了安慰、寄托一样。"

受访村民3说:"关公义气,为人正直,我很喜欢这种性格。我也想尽量做到正直、诚信,这样就能在社会上多交几个朋友咯。供奉关公就是想要个好运气。"

受访村民4说:"大家都信关胡子,讲他可以驱邪镇宅,又是一个财

---

① (清)郝惟谦:《修常平关夫子庙引》。转引自郑敏:《说"武圣人"》,《烟台大学学报》1998年第3期。

② 据访谈录音整理。访谈时间为2011年9月和2015年8月,因为是随机访谈,被访谈人皆未详记其名。

神。所以我平时也拜拜关胡子，遇到困难的时候也好保佑我，帮我发发小财。"

受访村民5说："供奉关公自然是希望自己越来越好啦，他能保佑我最好，要是供奉没有用也不要紧，反正也不会有什么大的损失。毕竟供奉关公是一种尊敬吧，他的光明磊落还是值得我们敬佩的。"

据当地人描述，在明中村通向乡镇公路的方向，距离明中村大约2里处，曾经有一座关公庙（该庙1949前就存在，20世纪50年代后开始破落，至"文革"期间拆毁，至今没有恢复）。这座关公庙的大小与村外的观音庵堂相当，即约为50平方米，曾经供奉有关帝的塑像，前去拜关公的人很多，庙里的香火还比较旺盛。

以前庙还没有拆的时候，我们逢年过节都要到关公庙里去敬神，要烧香烧纸，有点像庙会一样，人特别多，很热闹。记得我小时候还见过庙里的菩萨像，但现在已经想不起塑像的具体颜色和关公的冠服式样等具体细节了。①

离明中村不远的扶持大队也有一座关帝庙，是一座砖石结构的瓦房，庙门前种有几棵落叶树，庙左侧面墙角边修有一座小型土地庙。在关公庙的马路正对面，立有一根木杆，挑了一面红旗。关公庙外面的树上和庙门前的门栏等处挂了许多红色绸带，庙里面供有四尊人物泥像，像座为绿色。神像前面有一个香炉，里面插了一些残香断烛。一个很热心的当地村民告诉我们，这四个人物从左至右依次是周仓、关平、关公和赵公明，关公为红色面孔，黑色髯须，关平手持卷书，周仓手持偃月刀，赵公明什么也没有拿。四尊神像均身披红色绸缎披风（在胸前打结），着暗褐色衣服，黑色裤子。在赵公明的塑像旁边还摆放了一个塑料瓶（里面有褐色液体，村民说是清油）和一些纸钱。关公庙大门左侧上有一块匾额，上写"首士②熊妹自四十八岁，颜祥香五十四岁，二〇〇五年二月"。

笔者：这座关公庙，平时经常有人去拜吗？

村民：那是肯定的咯，我们这里都信关胡子，比如什么家里不顺，要拜关胡子。久病不好的，要拜关胡子，就是买回来的猪仔不好养了，也要到关公庙拜拜的。

---

① 据访谈录音整理。访谈时间：2015年8月，被访谈人：蔡姓村民。

② 首士：道教用语，即"打醮"仪式活动中的拜神代表（组织者和策划者）。

图 12-4 原扶持大队的关帝庙

　　以前村民除了到关公庙里"敬菩萨",有的在神龛上供奉关公,有时还会请邻近的夏家村戏班子来唱关公戏。

　　我们村没有戏班子,夏家村有戏班子,每次村里有事情时就去夏家村请戏班子来唱辰河高腔。请人唱戏,那可不是天天都有的。端午节或婚嫁、做寿,才会请戏的。戏班子来村里唱戏还要搭台子,坐在台上唱,还要穿很正式的戏服,叫"穿衣戴帽地唱"。戏班子唱关胡子的故事很多,桃园三结义、千里走单骑、单刀赴会、过五关斩六将、古城聚义、驻守荆州,等等。关公的舞台形象,我现在都记得,红面美髯,青巾红袍,宝刀红马。关公戏的扮演者,往往在上台之前,还要烧香磕头,生怕得罪了关公。[①]

　　据这位 50 多岁的村民介绍,辰河高腔在以前很盛行,在辰河高腔戏文中,唱"惩恶扬善,因果报应"的历史故事较多,除了唱关公本身的故事,还会唱三国演义里所涉及的其他英雄传说,诸如赵子龙一身是胆,单骑救主等事迹。

　　在一年的许多节日中,明中村及其附近村落都有一天是关公的。

　　我们过阴历五月十三日,拜关胡子,传说这天是关公生日。只有我们这几个地方过,我们这个村方圆五华里左右,就是池坪附近到桐车坪,其他地方都不过这个的。

　　当五月十三日到来时,村民早早起来,全村一起杀猪,而这头猪是被挑选出来,精心饲养很久了。杀猪之后,全村每家都可以分到一块肉。吃过早饭后,家家户户都要去村外的关公庙里拜关公。一般是家里的男性去敬神,走的时候要带上香纸烛,还要带上猪肉去祭拜。拜完之后,有时会请戏班子来唱几段关公戏,大家乐呵一下,再各自回家。①

　　对于五月十三日这一天关公节日的来源,则众说纷纭。我们搜集到的说法主要有如下三种:第一种说这一天是"磨刀节",因为关羽在这一天"磨刀斩颜良诛文丑";第二种说这一天是关胡子的生日,要给关羽过生日;第三种说这一天就是纪念关公的,纪念关公义薄云天。

　　除了关公庙、关公戏和五月十三日以外,明中村村民在过年的时候,还习惯在门上贴门神关云长和尉迟敬德,用以驱邪辟鬼,卫家宅,保平安,助功利,降吉祥等。

　　显然,为世人所称的关羽,以其一生践履忠义的行为,为天下万民做出了伦理的表率,死后成为神。正如《礼记·祭法》所言"夫圣王之制祀也,法施于民则祀之,以死勤事则祀之,以劳定国则祀之;能御大灾则祀之,能捍大患则祀之"。凡有功于民的英雄人物都可以为神,享受后人的祭祀。② 正是基于这种浓厚的人神崇拜的文化传统,无论城市和乡村,崇信关公才成为普遍的社会心态,关公信仰也才得以发展和兴盛。明中村人对关公的信仰恰恰是对关羽人格的崇拜和对关羽神灵的祈求合而为一,作为信仰偶像的关公与作为舞台艺术形象的关公,影响着明中村人的行为方式,也建构了一副明中村现实生活中特殊的文化图景,具有复杂与丰富的内涵。

(二)观　音

　　观音,又作观世音菩萨、观自在菩萨等,从字面解释就是"观察(世间民众的)声音"的菩萨,是佛教四大菩萨之一。西汉时期,观世音故事传播到中国,逐渐从男身演变成女身。观音在中国妇孺皆知,是求财送子的神,又称其为

---

① 据访谈录音整理。访谈时间:2011 年 9 月,被访谈人:戴姓村民。
② 李亦园:《人类的视野》,上海:上海文艺出版社,1996 年,第 280 页。

"送子观音"、"观音娘娘"。虽然大小寺庙的正殿供奉的是佛祖释迦牟尼及佛教系统的菩萨,但在民间主宰心灵的,而是"大慈大悲,普度众生"的观音菩萨。

图 12-5　农历六月十九日,当地妇女到庵堂烧香

　　明中村人信奉观音菩萨,相信观音菩萨不仅具有送子的功能(送子就能使家庭人丁兴旺),而且可以保平安,还能带来财和福。因此,为了求子祈福,保佑家人安康,每年的二月十九日、六月十九日和九月十九日观音菩萨的生日,明中村的妇女都要去村子附近山上的庵堂进行拜观音活动。庵堂面朝北方,左西右东,宽约 10 米,长约 20 米。庵堂正中间有三尊菩萨,其中有一尊为观音菩萨。庵堂没有专人进行管理,平时里除有村民自发在打理外,还有邻村的一位"师娘"(巫婆)也会常来庵堂。每逢观音菩萨生日的时候,附近村子的妇女都会不邀自来,三三两两结伴到庵堂来拜观音菩萨。平时也有妇女为了求子、还愿等目的来庵堂烧香的。对于这座庵堂的来历,信奉者中有诸多说法。

但大家基本认同这样一种说法：

前些年，附近有一户人家，男主人 50 多岁了，一直想要个儿子，结果还是生了 5 个女儿。他家里始终不顺，不是这问题就是那问题。后来他家搬到现在庵堂所在位置居住。有一天，一个看风水的先生给他家看了一下，说你们要建庵堂供菩萨才行。于是他就许愿建庵堂。建了庵堂后，里面要供菩萨，由于缺钱搞不起大菩萨，就搞了几尊小菩萨。为了筹钱，带着全家出去打工了。[①]

所以对于庵堂里供奉的三尊菩萨，到庵堂里烧香的妇女除了观音菩萨外，其余两尊菩萨也都没法说清楚是什么菩萨。每至观音菩萨生日，大家都会到这里来拜观音祈福。以下是石甜 2011 年 7 月 19 日（农历六月十九日）亲历明中村妇女拜观音菩萨活动的田野日记：

吃过早饭后，我和房东婆婆一起去庵堂。先是到了土地庙，婆婆放下背篓，取出一叠钱纸和 6 炷香，摆放完饼干等供品后，就烧了钱纸，点燃了 3 炷香，嘴里念叨着"保佑平安"，手拿着点燃的香，对着土地菩萨拜了 3 次，将香插到土地庙前。之后，把饼干等供品放进背篓里，把未用的香插在背篓外面，又对着土地庙作揖 3 次。庙前有两位中年妇女，她们在烧了钱纸后，将点燃的 3 炷香插在地上，对着土地、菩萨拜了 3 次。她们很热情地和我们打招呼，与我们同行。我们蹚过一条小溪，爬到土地庙对面的山腰上，抵达庵堂。大家很虔诚地在庵堂台阶下面的小龛前烧香烧纸，又去台阶上的香炉前烧香烧纸。这时，又来了 2 名妇女，其中一人背了一个二三岁的小孩，她们似乎都很熟悉，彼此间高声问长问短。接着，来了几位带孙子孙女的老婆婆，她们都用袋子提着香纸供品，有的还有背篓背了粮食和蔬菜。

一个妇女问我是干什么的，我说是来做调查的，她就要我帮他们呼吁一下，叫外面的有钱人来这里多捐点钱供养菩萨。她们动员我也烧香捐点钱，我就在供桌上放了 10 元钱以示心意。断断续续有不少妇女来烧香烧纸，先前来的那几个婆婆在烧完香后，开始商量中午做素斋的事情。她们简单分了一下工，有的择菜，有的洗锅洗碗，还有的砍柴，她们边做事边聊天。由于聊天完全用瓦乡话，而且语速很快，我对于她们聊天的内容完

---

① 据访谈记录整理。访谈时间：2011 年 7 月，被访谈人：佚名。

全不知。

由于房东婆婆本来就没有打算在庵堂吃斋饭,所以我们稍为歇息后就往回走了。走的时候,庵堂已经集中了十五六人,对于后来庵堂吃斋饭的情况就不得而知了。

房东婆婆从庵堂回家之后,在神龛上点了香烛,拜了拜,又在堂屋外面插了一支点燃的香。她告诉我,在外请了菩萨保平安,还要请家里的祖宗保佑才灵验。

明中村对观音的崇拜几乎遍及家家户户,除去庵堂里拜观音,很多人在自家神龛上,供有观音的雕像或画像,以便在家中祭拜观音。

在当地的丧葬仪式中,道士为亡者做超度法事,也需要拜观音菩萨以及如来佛、地藏菩萨等,请菩萨将亡魂超度,在引魂幡的正面也写有"亡泉路上引魂引路王菩萨度诃莎"。在丧葬仪式上,所唱孝歌中也有对观音菩萨的赞誉之词。

明中村人认为观音菩萨在婆婆人间救苦救难,具有大慈大悲的心怀,坚信观音最能倾听人世间悲哀的心声,保护黎民百姓。因此,人们对他的顶礼膜拜最盛。"天有不测风云,人有旦夕祸福",在自然界的灾变与人间社会祸难不可能消除的情况下,观音菩萨就是明中村人心中不变的信仰。

(三)玉帝、王母和托塔天王

在观音菩萨庵堂对面有一座"玉皇大帝庙",面积约20平方米。里面供奉有玉皇大帝、王母娘娘和托塔天王神像,神像底座均为红色。玉皇大帝居中,身穿鎏金九章法服,头戴十二行珠冠冕旒,手持玉笏;王母娘娘,手持如意杖;托塔天王身穿铠甲,头戴金翅鸟宝冠,右手托塔,左手拿旗(与传统形象左手托塔,右手持三叉戟有别)。

玉皇大帝,全称"昊天金阙无上至尊自然妙有弥罗至真玉皇上帝",又称"昊天通明宫玉皇大帝"、"玄穹高上玉皇大帝",居住在玉清宫。道教认为玉皇为众神之王,在道教神阶中修为境界不是最高,但是神权最大。玉皇上帝除统领天、地、人三界神灵之外,还管理宇宙万物的兴隆衰败、吉凶祸福。

王母娘娘,又称为西王母,据《山海经》记载,西王母居住在西方玉山(与昆仑山相对)的石洞中,是一个披着兽皮人身长牙的怪物形象,有叫作"青鸟"的巨型猛禽,每天为她叼来食物和用品。魏晋南北朝时期,人们把西王母神话传说和周穆王西征、汉武帝西巡的历史事实联系起来,在《穆天子传》中,变成了一个雍容平和、能唱歌谣、熟谙世情的妇女。在《汉武帝故事》中，又变成了一个年约三十、容貌绝世的女神。在后世的文学作品中，称西王母是"瑶池金母"，开种蟠桃，食之可长生不老。王母娘娘被认为是掌管灾疫和刑罚的大神，还是操有不死之药、赐福、赐子及化险消灾的慈祥之神。

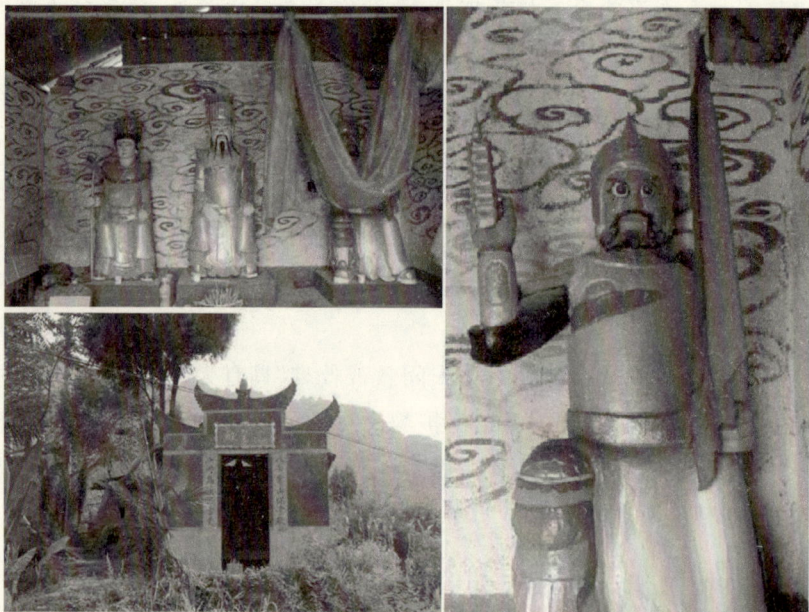

图 12-6 玉皇庙

托塔天王，原本是佛教中的北方多闻天王，梵名毗沙门，为佛教的护法天神和赐福天神，管领罗刹、夜叉，掌擎舍利塔，故俗称托塔天王。唐宋时，敕诸府州均建天王堂祀之。元时建东南西北旗，绘其像于旗上。中国民间话本中将李靖与北方多闻天王合并在一起，认为他是哪吒之父。托塔天王被认为是救危解厄之神。

显然，以上三位神明来自道教、神话、佛教不同的世界，明中村人却将他们放在同一座庙中加以供奉。当问及明中村以及附近村民关于这座庙的来历，无人能够说清。而对于庙里供奉的这些神分管什么事务，村民却有自己的理解。

庙里那三位菩萨呀，是玉皇大帝、王母娘娘和托塔天王。玉皇大帝什么都管，下设三官大帝和五方大帝，天上地下文武神仙都由他管，权力大得很,人间善恶、祸福都是他说了算。王母娘娘可以送子,那个托塔天王呢,可以镇邪。①

但凡家里有不顺,或者保佑平安,或者祈求风调雨顺的时候都会到这座庙里来烧香祈福。

(四)土地神

土地神是明中村人崇拜的自然神祇。在明中村人看来,土地广大无边,负载万物,粮食、瓜果、麻类、花草和树木等都由地下长出,是人们赖以生存的源泉。因此将土地神化而崇拜,称其为"土地菩萨",并向土地神直接献祭,期望通过一些仪式活动,得到土地神的回报,以满足生产和生活上的需求。由于需求的多样性,他们将敬奉的土地神分为山林、当坊、青苗、桥梁、城隍、家先、道路土地等十余种,各土地神各司其职。如当坊土地神是村落保护神,护佑村寨安全和人畜安宁兴旺的土地菩萨;山林土地神是掌管山场、山林及林中虎豹豺狼的土地菩萨;青苗土地神是掌管庄稼禾苗的土地菩萨;桥梁土地神是掌管桥梁、渡口与水上安全的土地菩萨;城隍土地神是渡引亡人升天与下地狱的土地菩萨;家先土地神是掌管迎吉除凶的土地菩萨;道路土地神是掌管道路及行人与其物品安全的土地菩萨。

明中村人十分信奉土地菩萨,认为土地菩萨是最富人间气息、最富人情味,与民众生活最贴近的神灵,却又认为土地菩萨只是诸神中官职很小的小神,"多少有点神气,大小是个官儿"。正如马书田所言:"土地在阴间的官僚机构中,是最基层政权中的小吏,使他们的官职最小,但又决不能缺少,勾魂鬼无常光临某家勾魂勾走某人之魂后,要押着这个鬼魂先到当地土地爷那里报到,注销了人家的户。"②由于土地菩萨作为土地的代名词,与人们的生活生存息息关联,与人们的关系更为亲密,因此明中村人对土地菩萨的日常祭祀更加的频繁,至今仍然十分虔诚。他们对土地菩萨立庙以祀,或山脚或山腰;或道旁或田边,或村口或房侧。土地庙一般规模不大,大者占地 2~4 平方米,小者用四块石头砌成(两侧各 1 块,后立 1 块,上盖 1 块),内供土地菩萨。土地菩萨多为石雕,也有木雕的塑像。有的竖 1 条石,搭上红布,象征性地称为"土地菩萨";有的庙内既无土地菩萨的塑像,也无象征土地神的物件,只有神位。据了解,

---

① 据访谈记录整理。访谈时间:2015 年 8 月,访谈人:佚名。

② 马书田:《中国神祇文化全书:中国冥界诸神》,北京:团结出版社,1994 年,第 197 页。

在中华人民共和国成立以前,村里的土地庙很多,几乎每个路口都有土地庙,有的屋场前也立有土地庙。目前,明中村村口有 2 座土地庙,村后山腰上有 1 间土地庙,村外玉皇殿旁边有 1 座土地庙,村口不远处通往麻溪铺方向的道路边有 1 座土地庙。

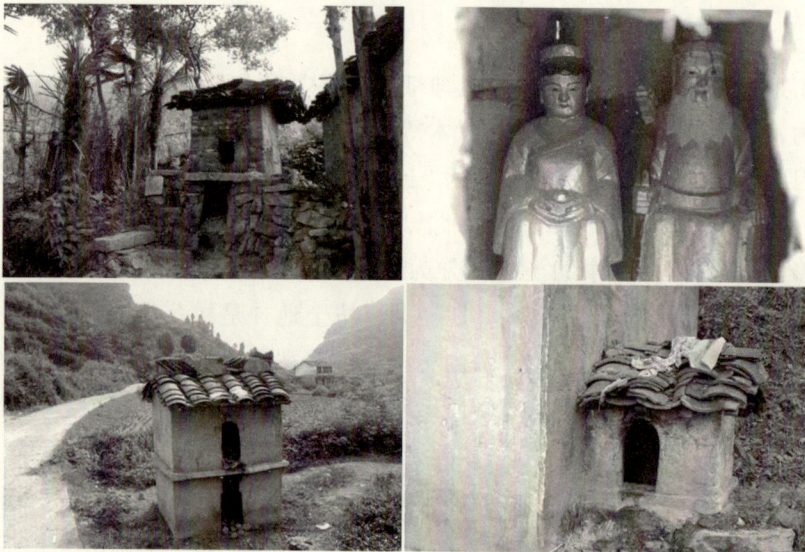

图 12-7　土地庙

明中村人根据土地神的不同主旨,祭祀的时间也有所不同。如山林土地神是进山时敬奉,青苗土地多为农历二月初二日与春播、插秧、薅草与秋收后敬奉;道路土地神是行路经过庙子时敬奉;当坊土地神和家先土地神除逢年过节时敬奉外,平常有所期冀,或求小儿顺利成长,或求子嗣,或祈平安,亦去祭祀。祭祀土地菩萨的方式一般有酒祭和血祭两种。酒祭即以酒为主,配以少量的肉、菜等祭品来祭祀土地菩萨,不需专门的杀牲或禽祭祀,即将土地菩萨当作人一样,供奉美酒佳馔。如农历二月初二日,传说这天是土地菩萨生日,大家不动土,不下田,各家各户都要备办香蜡纸钱、酒食,给土地菩萨贺生。祭祀时,祭品一定要成双,因为土地菩萨包括土地公公和土地婆婆。血祭就是杀一只红公鸡,以鸡为主要祭品,将鸡血泼洒在土地庙的周边,鸡毛沾在土地庙的门墙边或门楣上。如村口玉皇殿旁边的土地庙,门楣上就沾有数根鸡毛,墙角边有数处鸡血印记。据了解,有的村民如遇家中不顺,就会带一只红公鸡去祭拜土地菩萨,先是将准备好的酒、肉以及糖果等摆放在土地庙前的案台上,在香炉里点上三炷香,然后祷告、烧纸钱、奠酒、杀鸡,将鸡血洒在土地庙附近,拔下几根鸡毛,沾点鸡血后贴在土地庙的门楣上。

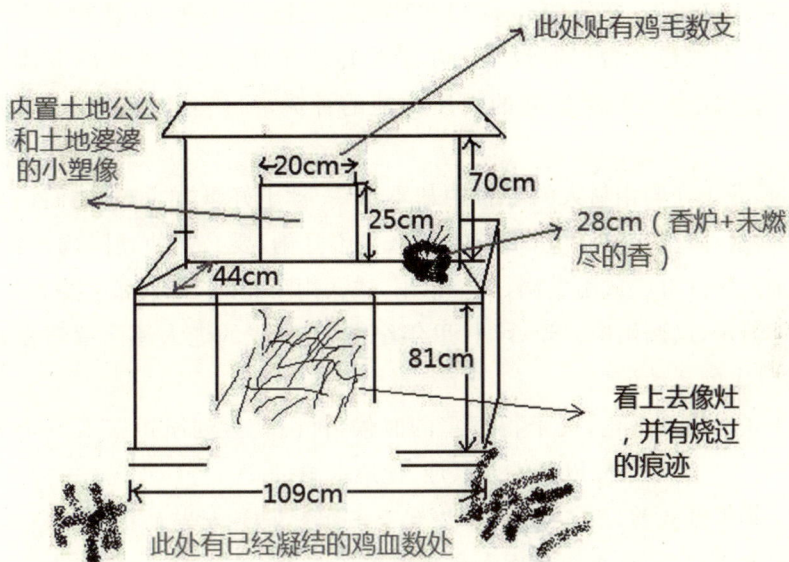

图 12-8　玉皇殿旁边的土地神龛

(五)龙　王

龙王是神话传说中在水里统领水族的王,掌管兴云降雨。据说龙王为众鳞虫之长,四灵(龙、凤、麒麟、龟)之首,骁勇善战,智慧威严,能显能隐,能细能巨,能短能长。秋分潜伏深水,春分腾飞苍天,吞云吐雾,呼风唤雨,鸣雷闪电,变化多端,无所不能。道教《太上洞渊神咒经》中有"龙王品",列有以方位为区分的"五帝龙王"(青帝、赤帝、白帝、黑帝、黄帝),以海洋为区分的"四海龙王"(东海、南海、西海、北海),以天地万物为区分的 54 名龙王名字和 62 名神龙王名字。[①] 人们相信凡是有水的地方,无论湖海河川,还是渊潭池沼以及井、泉之内都有龙王在,认为它不但能降雨除旱,还可以致福却灾,并且象征着地位、富裕与吉祥。在古代,君王都自称为龙之子,秉承了龙的高贵地位与人品,不流

---

① 龙王:好搜百科 http://baike. haosou. com/doc/5578330－5792022. html.

于俗的高尚与威猛庄重。唐玄宗时，诏祠龙池，设坛官致祭，以祭雨师之仪祭龙王。宋太祖沿用唐代祭五龙之制，宋徽宗大观二年（1108年）诏天下五龙皆封王爵，封青龙神为广仁王，赤龙神为嘉泽王，黄龙神为孚应王，白龙神为义济王，黑龙神为灵泽王。清同治二年（1863年），又封运河龙神为"延庥显应分水龙王之神"，令河道总督以时致祭。在崇龙心理和尊王心理的交融互渗影响下，龙王自然成为人们所信仰的无所不能的神灵，往往立庙以祀，以求获得佑护。

不过，龙王在明中村人的心目中却不是一个"干好事"的神。他们认为龙王主管"雨水／降雨"，但它经常使坏，要么是不降雨，要么是使劲降雨，给人类带来灾难。所以每逢风雨失调，久旱不雨，或久雨不止时，大家都会烧香祈愿，以求龙王治水，风调雨顺。至今，村里年纪上了70岁的老人还保留着祀龙祈雨，消除洪灾的活动记忆。

如果长时间不下雨，天干得厉害的时候，村民就会到溪边摆上一个大方桌，放上米、肉、酒等祭品以及香、纸、烛，跪地求雨。

> 那是解放初，天不下雨，整整干了一两个月，连村前的小溪都断水了，吃水都成问题，要走几里地去底坪村挑水吃。实在没有办法了，大家就偷偷（那时说是封建迷信活动，不许搞的）去溪边求菩萨，让龙王下点雨。说巧合吧，后来还真下了点雨。[1]

如果下雨的时间太长了，下得太猛了，田地就要被冲垮了。村里的老人就会拿着五谷到溪水边拜神，燃香烧纸，把五谷洒进溪水里，祈求玉皇大帝下旨捉拿龙王归案，保佑这里不受水灾肆掠。

> 发洪水，是龙王在河水里面过久了，在下面闹事，是龙王要出来或者是要进去。一般说农历六月十八日，是龙王想要出去，就要发大水。记得六十多年前，村里有很多妇女去溪边拜龙神。[2]

在明中村这样的偏远山区，现代化对农业文明的推动还是极其有限的，靠天吃饭的现实，为龙王信仰还预留有一定的空间，已经被凝固成了明中村挥之不去的文化符号。当然，被人们称之为迷信的祀龙祈雨习俗，试图凭借着某种神秘力量去战胜自然，毕竟是反科学的，科技的飞猛发展已使人类有了相对科学的方式去战胜自然。

---

① 据访谈录音整理。访谈时间：2011年9月，被访谈人：蔡姓村民。
② 据访谈录音整理。访谈时间：2011年9月，被访谈人：戴姓村民。

（六）其他自然神祇

在明中村人看来,自然界中处处都有神灵的存在,天有天神,地有地神,还有山神、水神、雷神、桥神等自然神,相信这些自然神是可以保佑人们风调雨顺,五谷丰登,六畜兴旺的。其中天神是有对众神统治和发号施令的至高无上的权威的。而诸神灵的管辖范围往往只在某一特定自然环境中,例如山神主要活动在山侧和山上,桥神只管桥,水神只管水井和河流等等。不在这个自然环境里,神祇就很难发挥职能了。

明中村人认为宇宙万物皆为天神所造,悉由天神所主宰,天在能给人福泽的同时,也能给人灾难。有了天,才有地,无边的大地与厚土化育万物,提供了人们的衣食住行。天地,在明中村人的心中就成为多种神灵为一体的大神,主宰着人间一切祸福兴衰。祭天地有顺服天意,感谢造化之意。所以敬/拜天地是明中村人婚丧嫁娶等重大人生礼仪中必备的一个环节。新娘在出门前,要和新娘的弟弟一起敬天地;亡者灵柩出柩时,"三秀才"也要带着孝子拜天地之后才可以发丧。每逢年节,也需要敬天地。石甜的田野笔记记录道:

> 在 2011 年大年三十上午 11 点,我曾在村口路遇村里一中年男子左手端一只碗(碗里放了米饭,米饭上放了一块肉,肉上插了双筷子),右手拎了个塑料袋(内装一些纸钱和一把香)和一瓶散装白酒。他告诉我,他刚刚从村口路边敬天地回来,接着要到家中神龛前再度祭拜天地以及神龛上所供奉的祖先、神灵。

明中村人崇拜山神。《抱朴子·登涉》中言:"山无大小,皆有神灵。山大则神大,山小则神小也。"在明中村人的眼里,他们周围的高山都有威力无比的山神在支配,山神神职众多,既管理山上的禽兽,又管理山上的庄稼、树木,有的甚至还认为山神是村寨的保护神。

山神的活动空间主要在大山附近,无论上山还是下山的村民,经过山林、悬岩时都不敢高声喧哗,大喊大叫,以免吵到山神。为了取悦山神,有的会放一叠纸钱在路边,或把纸钱放在路边的石壁上,用石块压住;有的还会在纸钱的旁边再放上三炷香和一点干果。特别是怀有身孕的女子或带幼儿的人走山路时,对山神更要虔诚以供,以求得山神管住山中的山鬼、山精,让他们远离,以免他们带来伤害。另外,明中村人修房子上山砍树要祀山神。为使牲畜不被山中野兽伤害,打猎能平安、顺利,也要祭献山神,祈求山神保佑。

明中村人还信奉桥神,认为桥神不仅能保路途平安,还能帮人渡过难关。

图 12-9　敬山神和水神的香纸

明中村及附近的各个自然村，可以见到许多不同材质的桥，如石板桥、木桥、竹桥等。以木桥为多，木桥主要有两种：一种是用木板搭成的简易桥；一种是只用一根原木搭在沟涧上，供行人通行的所谓"桥"。人们为了祈求桥神佑护，或将简易桥两端钉的两根木棍顶部用红色绸带包裹，或在石板桥和原木桥的桥边摆放一些纸钱和三炷香（用石头压着即可）。有的家中如遇小孩子成长中磕磕绊绊太多，为了易养成人，就会找有沟壑的地方择日去搭一座桥。这桥既方便别人通行，也预示着渡掉小孩身上的种种"关煞"，小孩子就会顺利地成长。

明中村人视水为吉祥物，水能赐人生命、五谷与财富。以前村里有共用或独用若干大大小小的水井，人们以为井水长流不断，是因水神将其作为居所。有神就必须敬供。村民们说，去水井挑水，怕惊动水神，就要烧点纸，贴点纸钱给水神。所以水井上方的石壁也常常放有纸钱，或用香插过纸钱，扎在石壁缝里。老人去世时，去井水边"取水"以给亡人洗浴，也要带上香、纸到井边供祭水神，求得水神护佑。还有的家庭小孩子体弱多病，便由小孩母亲手牵小孩到井边叫魂，说"快回来啊，水井菩萨保佑你大吉大利，易养成人"。

此外，明中村人还相信"豕官神"守护家畜，保佑家畜平安。一些人家的牛栏、猪栏大门两侧，贴有符纸。符纸一般贴有 3 张，红色的在中间，两边或黄色或绿色的。符纸的大小，与贴在家门上的红色符纸相同。村民说，这是祈求"豕官神"保佑牛、猪等家畜平安长大，没有什么疾病，也不乱跑。

如此，诸神观念在明中村人的观念中长存，并且在生活中占有一定的地位。这是因为他们相信世间的万物都具有灵性，各种神灵具有超自然能力，能降福于人，也能带来灾祸，通过对它们的祈求中而得到心理的平衡，释放对不可知的灾祸的恐惧感。由此，从一定意义上来讲，祭拜诸神主要在于他们那个无形的精神世界。

三、信巫术

马林诺斯基说："在神圣的领域以内，巫术是实用的技术，所有的动作，只是达到目的的手段。"[①]所以以现在明中村人保存的巫术而言，都有它的实用。至于能控制自然界的风雨以及动植物的巫术，今已不复存在。只在他们的故事中，尚可以找到这种巫术的遗留。当下，明中村人的巫术现象涉及的主要是驱邪祛鬼方面。在明中村人看来，鬼分为两种，一种是家鬼，逝世的祖辈先人都属于家鬼，他们是保佑家宅平安的。而山上、树林里的都是野鬼，这些野鬼是搞破坏的，迷乱人的。遇到野鬼，就需要找师娘来做法术祛除邪怪。村里一

---

① 马林诺斯基著，李安宅译：《巫术、科学、宗教与神话》，北京：中国民间文艺出版社，1986 年，第 110 页。

个 70 多岁的老者讲了这样一个故事：

> 我们潭溪口蔡氏从沅陵县蔡家湾迁来。据前辈传说，我们的太公正贵，从事零提商贩，收废旧，换小广货。一天，从沅陵蔡家湾出发，经过几天辛苦行走，挑着担子来到潭溪口附近的朱雀洞村，正值申时时刻，肚子饿了，人也累了，感觉走不动了。这时一青年汉子走过来说："老哥，我帮你挑一程吧！"说罢，就把我祖公的提子挑起就走，走到小龙潭休息了一会儿。这时，太阳快落山了，那位青年说："同年，我要回去了，你可以到下面（潭溪口）成家了。"我太公说："你不要回去，我们一块走。"那青年说："你走吧，我要回去了。"说罢，就往回走，等我太公挑起担子回头一望，人已不见了。到后来才知是一个财神鬼。后来就流传一句俗话："人行时，鬼挑担。"①

但是死去的人并不都佑护后人的，有的还会给村里或家人带来的负面影响。一位 60 多岁的村民告诉我们，在明中村对面的一座山上，曾经有人死后随便埋了，这之后，村里的鸡就不鸣了，狗也不吠了。大家觉得很反常，搞不清楚是怎么回事，就去请了一个地理先生来看，地理先生看了之后，说是对面山上葬人出了问题，让死者后人给这个死者修一座坟。那家人为了村里着想，就按地理先生讲的在原地修了一座坟。这位报道人总结说，虽然这是在"搞迷信"，事实上那之后村里鸡鸣狗吠的情况的确恢复了常态。

明中村人相信人死之后灵魂仍然存在于天地间，并转化为鬼灵。同时，相信人在活着的时候也有灵魂伴随，人的魂魄在人活着的时候也会由于种种原因而离开人体，灵魂的丢失并不是灵魂自身的逃逸现象，而是被神灵或鬼魅所诱惑。如果灵魂不附体或丢失，便会出现精神萎靡不振、食欲减退、小病不断等症状，久而久之，甚至危及生命。丢魂的大多是小孩子，主要是受到某种惊吓或鬼祟作怪而致，一旦发现失魂，就要举行喊魂、招魂仪式。轻者可以带上香、纸、鸡蛋，将一碗米饭倒在自家门前、村口或三岔路口，进行喊魂。喊魂由女性长辈承担，一边呼唤其名字一边喊："回来了！回来了！"然后将鸡蛋煮给落魂的孩子吃，表示魂已归体，精神康复。重者就需要举行招魂仪式，由"闹沙"（巫师）施法术驱鬼，方可病愈。

据了解，现在明中村一带请"闹沙"（巫师）搞招魂的已经没有了，只有一些

---

① 据访谈录音整理。访谈时间：2011 年 7 月，被访谈人：蔡姓村民。

年过花甲的老人依稀记得自己小时候参与过"闹沙"主持的招魂过程。这是因为"闹沙"已经淡出了人们的视野,当代的招魂仪式大多是请道士来进行的。下面是石甜亲历的小孩招魂仪式:

　　男孩半岁多。据孩子的父母介绍,小孩 2 个多月来,一直精神萎靡不振,老是腹胀,夜晚总是啼哭不止,带到医院去诊治过,却效果不佳,家里老人说小孩子肯定是"失魂"了,要搞一个招魂仪式。

　　孩子的父亲用一个塑料盆子装了一些米,将 1 张 10 元,1 张 20 元,还有几张 1 元面额的钞票卷起插入米中,手中持三炷香,点燃,插在火塘旁边。

　　道士(70 多岁)在一个瓷杯中装满大米,接着用小孩的围兜将杯子罩上,反过来拿着围兜口,再在蒙着围兜的瓷杯口处哈一口气,在香的上空悬空顺时针方向绕三圈,用手画符,在小孩子的身前,左右各自下而上地挥动三次(均没有贴着孩子的身体,而是隔一点距离)。将围兜取下来,查看瓷杯里的米上出现的地图图案后,说:"这孩子是在回来的车上受到惊吓的。"然后,他把瓷杯里的米继续用围兜盖住,包好,在瓷杯口处画符,又在香的上空顺时针方向绕三圈,先在小孩子的背部自下而上地挥动三次,又在小孩子的背部自右向左挥动一次,自左向右挥动一次,在小孩子的头顶顺时针方向画圈三次(每次都没有完全接触到小孩子的身体,而是呈悬空状)。然后把围兜蒙住的瓷杯口,在小孩子的背上按了一下,又在小孩子的额头按了一下(接触到身体,仿佛盖章一样)。最后把瓷杯口上的围兜取下来,展示给孩子的父亲看,米上面已经没有地图图案了,表示已经给小孩受惊的问题解决了。

　　道士接着从瓷杯中抓了一些米,洒在小孩子的身上,再抓了一点点米,放入一个空碗中。小孩子的父亲倒了一点开水进去,等水凉了一点以后,倒掉水,用筷子将泡软了的米碾碎,喂给小孩吃。道士又在围兜上画符后,还给小孩的父亲,告诉小孩的父亲,围兜一直不能摘。[①]

　　除了请道士做招魂仪式外,有的人家在判断小孩子由于某种原因是"丢魂"的情况后,就带上 1 升米和 200 块(元)钱去找邻村的"师娘"(巫婆)做"驱魂"仪式,请师娘将小孩子的魂魄找回来。

---

①　2012 年 8 月 20 日石甜田野记录。

四、神职人员及活动

当地的民间信仰体系，需要专门的供职人员来从事相关活动，负责主持仪式，以及为村民提供相关活动咨询。这类供职人员包括地理先生、师娘和道士先生。事实上，由于社区知识在社区里的传承，一些老人也能说一些关于风水朝向、六十甲子等内容，但是没有专职人员那么专业。

（一）地理先生与看风水

风水又称堪舆、卜宅、相宅、图宅、青乌、青囊、形法、阴阳、地理、山水之术等①，是中国古代方术重要的组成部分。"风水"作为专用名词，始见于我国晋代史籍。郭璞在《葬经》中云："葬者，乘生气也。经曰：'气乘风则散，界水则止，古人聚之使不散，行之使有止，故谓之风水。'"一些工具书对"风水"一词也有不同的解释。如《现代汉语词典》②1988 年修订版的解释是："又称堪舆，旧指住宅基地、坟地等的地理形势。迷信的人认为风水好坏可以影响着一家的祸福盛衰。"《辞源》③给"风水"的定义是："指宅地或坟地的地势、方向等。旧时迷信，据以附会人事吉凶祸福。"可见，风水术实则指导人们选择和处理住宅与坟地的位置、朝向、布局、营建、择日等一系列的主张与方法。中国风水术在长期的历史发展进程中，形成了诸多流派。到南宋时期，风水逐渐形成了两大流派和体系，即江西形势派和福建理法派。这两个流派的理论术语、操作技术等各个方面都有不同的特点。形势派主形势，定向位，强调龙穴沙水的配合，看重分析地表、地势、地场、地气、土壤及方向；理法派则以八卦、十二支、天星、五行为四纲，讲究方位，重视罗盘定向，阳山阳向，阴山阴向，不相乖错，以定生克。明中村一带所流传的风水术，是两派长期相互掺和补充后的二合一的风水术。强调以"天地人合一"为原则，以"生气"为核心，以"藏风得水"为条件，采用"形法"来观察山川形势，运用觅龙、察沙、观水、点穴、定向（以"理法"的罗盘作为操作工具）的"地理五诀"的方法来确定建筑基址及位向布置。

明中村人笃信风水，讲风水观念主要体现宅基地和坟地的选址上以及红白喜事的操办上。

---

① 王其享：《风水理论研究》，天津：天津大学出版社，1998 年，第 11～25 页。
② 《现代汉语词典》（修订本），北京：商务印书馆，1988 年，第 673 页。
③ 《辞源》（修订本），北京：商务印书馆，2001 年，第 103 页。

　　在一些事情上,看风水是我们这里的风俗习惯,不看的话就不敢搞。(20世纪)五六十年代建造房子也是不允许看日子和看门向的。那个时候,政府把地理先生看风水的罗盘都给收走了。看日子和定向都是偷偷摸摸地搞,先提前给地理先生说好,让风水先生找时间从地基路过的时候看一看,可以的就让人捎句话过来。不行的话,再定。究竟讲风水有没有什么效果,大家也都不清楚,但别人搞了,你也要搞,不然的话,自己心里总是不安生。村里越是有钱的人越是讲究风水,为了避免因为风水判断而出现的失误,有的有钱人家在盖房子和选坟地的时候,会找三个以上的地理先生来看地基或坟地,最后听多数人的意见。没钱的人只是在必不可少的环节上讲究风水。[①]

　　村民普遍认为家庭和睦、丰衣足食、人丁兴旺的愿望的实现,除了人的主观努力奋斗之外,还有赖于住宅所选定的风水位置和方向是否吉利。在他们的观念里,日常生活中的祸福相伴,吉凶并存,兴衰同在,为何有的事事遂意,福星高照,长盛不衰? 为何有的诸事不顺,灾祸频仍,家道败落? 其中因由,住宅的风水往往起着重要乃至主宰的作用。所以对住宅风水的选择是慎之又慎,不敢轻意,以免造成家事不宁。

　　我们这建房都是需要看风水的,在以前呢,是有很多讲究的。建新房的第一步是要找地理先生来相地,也就是请地理先生来现场查看要建房的地方的地形地貌,以确定立整座房屋的朝向。最为流行的是"左青龙,右白虎,前朱雀,后玄武",坐北朝南,背山面水,负阴抱阳,藏风聚气。再看动工的日子。对于一座房子地基来说,如果今年它是大利之年,那么就可以盖房子,如果是小利之年,可以盖房子但并不是最优的。若是今年为不利之年,那么就要错过一段时间再盖房子了。具体什么时候动土打地基,还要算日子哪天是吉日,具体到哪一个时辰适宜动土才行。房子建好后,还要请地理先生选定上梁的日子。[②]

　　同时,明中村人相信死后世界的存在,认为人活在这个世界上,居住的房屋即阳宅是不可缺少的最重要的必备之物。人死了,灵魂还在,灵魂还没死,死去的亲人和祖先的灵魂就在身边,看护着子孙后代,自然人死后灵魂居住的地方同样也是至关重要的。相信生者与死者是相连的,死者具有作祟于生者

---

① 据访谈记录整理。访谈时间:2015年8月12日,被访谈人:戴姓村民。
② 据访谈记录整理。访谈时间:2015年8月12日,被访谈人:戴姓村民。

的可能和能力。正如《宅经》言:"墓凶宅吉,子孙官禄;墓吉宅凶,子孙衣食不足。墓宅俱吉,子孙荣华;墓宅俱凶,子孙移乡绝种。先灵谴责,地祸常异,七世亡魂,悲忧受苦,子孙不立,零落他乡,流转如蓬,客死河岸。"[①]

> 葬在好地方就保佑子孙,使子孙得福;葬在坏地方就致祸于子孙,让子孙有灾有难。如下葬日选择的是吉日吉时辰,死者的灵魂就能安宁,后世子孙就能繁荣昌盛。[②]

所以善待死去的亲人,注重墓地的选择,请地理先生相坟地,为其选个良辰吉日下葬是明中村丧葬习俗中必不可少的程序。地理先生相坟地十分讲究五行的相生相克,以龙、穴、沙、水、向相配合的择址理念,用罗盘进行勘察,再根据阴阳五行和死者的生辰八字,祖坟的方位,结合多种因素,择定埋葬的日子与时辰,一般为三日、五日或七日葬。

另外在婚姻大事的具体操办上,也要请风水先生。首先是请先生看男女双方的八字是否相合,若是有八字相冲,便寻找是否有什么解决办法。在解决了八字问题之后,要由先生确定娶亲的日子,女方在什么时间到达男方家中也是由风水先生确定的。

明中村虎溪的2组、4组有专门给人看地、看风水的地理先生,其中有1人名叫马少龙,在周边颇有名望。马少龙已年近七十,家里好几代人都行医,他从小跟着父辈学医,二十岁就能替人看病了。明中村以及周边民众到他家里来看病买药的很多,他家里的药品除了中药、草药外,也备有一些常用的西药。村民讲:"他一些常见病像感冒、痢疾、肠炎腹泻,不比城里面医生差,医治手断脚断什么的,还不用动手术,就用草药医就行了。他样样都在行,会看病,会唱戏,更擅长罗盘看风水。周边死人了的话,大事收殓,都去找他来选日子。"他有三个儿子,两个女儿,除了小儿子在部队外,其余都在怀化工作。他的家境在村里算好的,有人找他看风水,他并不在意给钱多少。以下是我们与马少龙的对话:

> 问:请问您看风水看了多长时间了?
>
> 答:我看风水看了二十几年了。
>
> 问:您是祖传的还是拜师学的?
>
> 答:我自学一点,又跟了师傅学。我的师傅是麻溪铺的,他已经不在

---

① 转引自鸿宇:《中国民俗文化·堪舆》,北京:中国社会科学出版社,2004年,第247页。
② 据访谈记录整理。访谈时间:2015年8月13日,被访谈人:蔡姓村民。

世了。

问：现在村里面建房子啦，出嫁啦，是不是都要找您看风水看日子？

答：看啊，本村，周边村，就是池坪街上的也有人来找我去看的。太远了的地方就懒得去。

问：那请问您是怎么来看那个风水的？

答：哎，看风水不是一件简单的事情啦，看风水要根据生辰八字来，适合什么风水就看什么风水，看山向的来龙去脉，山有二十四个向，东南西北，看罗盘①上的。罗盘可以说是集阴阳二气、八卦五行之理，天星卦象之形，比如去年死了人是南北向，今年是东西向。

具体到看屋场呢，主要是看方向利不利了，不利就不得做房子了。要用罗盘，看宜什么方向，根据住宅的坐向推演其宅的属性，看看属于八卦中的什么卦，如坐南朝北者称为"子山午向"。还要看动土下地的时辰，这个比上梁的时辰都还要重要。无论是修水泥房还是修木房都要看时辰，修庙宇、庵堂更要看日子，就是修灶房、厕所也要看日子。还要选个日子上梁，大家都是"宁可信其有不可信其无"的心态嘛，哪个都不想新房子搬进去，家里不顺畅的。说实话，说房子闹鬼那些是迷信。至于给人看坟地，也要看利哪个方向，比如火丙仁向，日出东方，西方落异星等等。看日子几时埋，要结合死者的生辰八字等，下葬后有的不能马上立碑，要再选日子立碑。

看风水主要是看"利与不利"，不利的话，就搞不得。搬新房子要以子孙的八字为主，结婚要看男女双方的八字，死人要看死人和子孙后代的八字，因为要利子孙，要看阻碍不阻碍子孙。

问：别人找您看风水，一般怎么给报酬的？

答：我以看病为主，有人找上门来的话就帮别人看看风水，不讲什么报酬，一般的别人会给一点利是三十、五十、八十的都有。也有人家不给钱，就送一些米、酒、肉、鸡之类的权当报酬。我呢，也是喜欢看风水，里面名堂太多了，光靠经验还不行，还得不断学习才行。

---

①　罗盘是民间风水先生必备之物，据(清)叶泰《罗经解》清刻本所言，它具有"包罗万象，经纬天地"之意，既能相天——"乘气、立向、消砂、纳水"，又能测地——"测山川生成之纯交，以辨共地之贵贱大小"，还能推时——何时为凶，何时是吉。因其含义繁杂，测技深奥难懂，只有真正有造诣的风水先生方能熟练掌握和使用，以确定准确的穴位和朝向。

可见崇信风水已成为明中村人的一种传统积淀,趋利避害的风水理念已经凝结为明中村人的"一种集体无意识",成为明中村人日常家居生活的重要组成部分。风水以其特有的功效在某种程度上化解了明中村人所面临的人生困厄,使明中村人找到了精神的寄托、灵魂的家园,满足了他们祈求幸福生活的美好愿望。

(二)师娘与过阴

师娘,即所谓沟通阴、阳两界的"仙人"。据了解,目前明中村没有师娘,附近村子有三位师娘,其中一位有六十多岁,另外两位约在五六十岁。她们常常会去明中村的庵堂替人请神,明中村也有人家曾请师娘为小孩子做过招魂法事。通常成为师娘会先经历一段特别的时期表示老祖附身,既非经刻意学习而来,也非世袭而来,即所谓"阴传"。

师娘提供宗教方面的服务时,主要通过汉语称为"过阴"的一种仪式实现与灵界的沟通。村民普遍地认为师娘的这些技能与知识不是通过后天学习而来的,是先天的就具有所需要的特殊知识与能力,并且需要通过后天的发病,即类似于精神病的一种疾病发作为因由才能够展现出来。这与其他西南少数民族中所见的巫婆的情况多有类似。在调查中,有村民这样描述师娘作法的情景:

> 如果请师娘过阴的话,先要摆上香米利市、酒肉糖果等物品,以祭亡人。之后,师娘就头搭一块布帕子,手上拿一块手巾,坐在一条长凳上,喃喃自语,闭目请神。不多久,就双脚颤抖,像腾云驾雾,进入了另一个世界。这时求者问什么,她就能回答什么,而且还能上知几辈人的事,以及什么鬼在捣乱,最后告知求者如何如何化凶为吉、降福免灾的方式方法。

石甜曾在村口庵堂遇到两位师娘,但在作法上似乎与村民的描述有所不同。下面是石甜的田野笔记:

> 2011年7月16日　　　　阴/多云
>
> 　　上午去了庵堂,正好碰上两位师娘,年龄大概不相上下,都在五十多岁。一位着深蓝色上衣,另一位着白色上衣。此前曾听明中村村民讲,她们俩都住在明中村附近,平时在家里种田做家务,常到庵堂里来,只是因缘巧合会请神,周围村子的人遇到什么不顺的事情,就会来找她,请她与菩萨沟通,让菩萨给个明示。
>
> 　　她们告诉我,这个庵堂是2009年修的,这里的菩萨最灵验了。庵堂

里供的这三尊菩萨,一尊是观音,两尊是佛祖。佛祖是男的,观音是"女"的。"以前穷,托毛主席的福,恢复了庵堂。修1尊神,要1000多块(元)钱,中间的这尊菩萨不止1000块(元)钱。我们还想筹点钱修十八罗汉,就美满了,到那时庵堂完全修好了,有人来拍电视就好看得很哩"。谈话正起劲,这时来了三位妇女,其中最年轻的那位抱着一个未满周岁的男孩,年纪最大的一位手里牵了一个四岁的女孩。进庵堂后,她们三人开始依次在神像前跪拜。怀抱男孩的那位妇女在拜完菩萨之后,递给穿白色上衣的师娘70块(元)钱,还有1包绿豆饼;带女孩的那位妇女在拜完菩萨之后,给了10块(元)钱和1包饼干;最后拜菩萨的那位,嘴里念了几遍"求菩萨送个孙子",起身后给了师娘50块(元)钱。

穿深蓝色上衣的师娘对那位求孙子的妇女说:"求子要拜2个菩萨才灵,如果求得孙儿的话就要出500块(元)钱来谢菩萨哦。"那位妇女说:"那是,我一直不顺啊,你就帮忙看看啦。"话毕,这位师娘便坐在神像前的长凳上,闭上眼睛,打了几个哈欠之后,浑身抽搐了一阵子,似乎就进入到所谓"上神"状态,开始念唱"毛主席保佑,修土地庙,你穿衣吃饭都不愁""毛主席保佑,出去打工得保佑",唱词中不断提到毛主席好,毛主席是神,保佑我们不愁吃穿,但是我们需要敬神之类。师娘嘴里叽里咕噜,又念又唱的内容大多很含混,穿白色上衣的师娘就在一旁解说。由于解说时都用瓦乡话,且语速很快,我实在无法明白其意。待解说完毕,师娘就不停地打哈欠,恢复了清醒。

从师娘进入"上神"开始至恢复清醒,整个过程大概持续了近20分钟。师娘作法时不需要蒙头,也不使用玟子之类的法器。后来,求神的妇女告诉我,师娘对她家的事情说得还比较准,她答应师娘等庵堂再"雕神"(修菩萨)的时候会过来,而那位年轻妇女也答应捐100块(元)钱给庵堂"雕神"。

(三)道士先生与办葬

明中村及附近将专门替人办理丧事、超度亡灵的人称为"道士先生",他们都是未完全脱离生产和世俗的民间宗教职业者。遇有丧事,受人延请,即前去操办,并从中获得相应报酬。他们信奉佛教,却又深受儒家和道教文化影响,适应人们"尽孝道"的需求,大多从事"办葬"、"做道场"两种活动,有的偶尔也做"度关"、"招魂"等赶鬼驱邪,祈福消灾的小型法事。平时没有人请去做法事

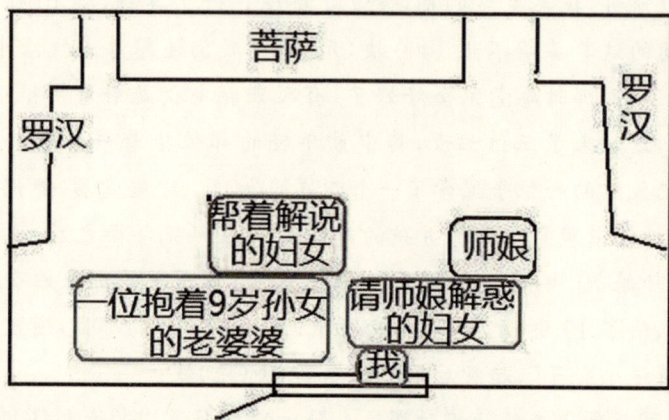

图 12-10　师娘占乩示意图

的时候,大多在家务农,不离俗事。他们往往会与若干帮手组成一个班子,但班子的组成并不是固定不变的,只是相对稳定,掌坛道士与帮手可以是师徒,也可以不是,有的甚至是临时邀约而组成。他们替人办葬时,须布置丧堂,设法坛,按开路、点灯、散花、解结、安位、发丧、下葬等丧葬仪式进行。每一道程序都要念经,所念的经书皆为佛经。道士的服饰为青布衫(下摆齐脚,右开襟,襟口缝白布边子)、青布帽,用来驱恶镇邪的法器主要有令牌(木制,约长五寸)、宝剑、令旗(呈三角形红布镶白布边小旗)、朝简(木制,约长一尺五寸)等,各种打击乐器有唢呐、大锣、云锣、马锣、铙钹、鼓、木鱼各 1,钹 2 付。具体法事与葬仪依其师承而定。

明中村没有道士先生,村里某家如有人过世需要办葬,就会到底坪等邻村去请道士先生。据底坪的一位道士介绍,从事道士职业的,得师徒传授,也就是要跟着师父学习相关知识。他以前是跟岩脚村的马师父(已经去世好几年了)学道出师的。他现在也收了一个徒弟,30 多岁,平时开小货车跑生意,有人请他去做法事的时候他就会带上这个徒弟,帮他背工具支场子,打锣鼓唱帮腔。他说:

我这个徒弟学道士呢,主要是因为他爷爷以前是吹唢呐的,在各种礼仪场合专门吹唢呐。他从小就对这个感兴趣,二十多岁的时候开小货车跑生意,遇到了我,觉得与我很投缘,就跟着我学做道士。已经学了十多年,坛场的规矩、仪式的顺序、文书的格式等都比较熟悉了,很多经文也都能背诵了,只是还没有过职(出师仪式),没有职名,还不能当掌坛。

道士先生大多有一定的文化,谙熟天干地支六十甲子的排列组合,懂老黄历,会使用罗盘(当地的集市上有各种型号的罗盘出售)。当然这些技能和知识的获得都必须依靠后天的学习,还需要拜师学艺。

五、送春牛与历书

(一)送春牛

每年春节过后,明中村人都习惯"春倌"来"送春牛"。"春倌"多是朴实厚道而又稍善言辞的乡民,并懂得一些天文、历法和气象,熟悉农事。每年"春倌"身背褡裢袋,手提一只精制的小竹篮,篮内装有一头木雕的耕牛(乌黑色),若干木刻本农家历或春帖,到村里来"送春牛"。人们便呼着"春倌来了"。村里的小孩更是蜂拥而至,跟在这位"春倌"后面看热闹。"春倌"到各家送春,只能站在堂屋的右边,一般会先说道:"恭禧贺禧,来到贵府把门进,我为主家送牛神。春倌祝贺贵府来年风调雨顺,五谷丰登,一年四季大吉大利。"然后接着唱道:"×月×日立了春,整好犁耙早备耕,若逢立春晴一日,必定是个好年成……三月清明谷雨清,家家门上身子青。一籽落地生万籽,五谷田苗望收成……"一直把二十四节气唱完。有的还会对本年度可能发生的旱、涝、虫灾进行提示,并解答主人提出的一些农事问题。"春倌"唱诵时,主人全家老少站在堂屋左边静听,有的还做记录。"春倌"会送给主人家一本农家历和一张木板刻印的一只春牛图,临走时说:"春倌一年来一回,阳雀一年叫一春。春倌到后年成好,家也发来人也兴。""财神保佑一年顺,财神上门福气高。财神赐你好运道,财神送你金元宝……"这家主人会送给他一升半升米或一些钱作为谢礼,全家人送他出大门,并祝福"春倌"一路顺风。

据村里老人说,"送春牛"的人以前只能是向氏后人,居住在莲花池,没有田地,也不纳税。他们的老祖宗为皇帝立了大功,皇帝封他们为专职的送春官。后来,粟坡乡的坳头、黄狮坪、界溪等村的粟、赵、胡、瞿姓人也送春。

现在来村里"送春牛"的这位"春倌"是沅陵上面春风盖(音)的,也是讲乡话的,但是口音和我们明中村不一样。他呢,大概四五十岁吧,以前是他爷爷来我们这儿"送春"(估计有八十多岁了)。他的"醒豁"(财运)比他爷爷要好些,"送春"用的纸是贵的那种,印刷出来的效果也好一些,因此受到村民的欢迎。每年年后,他都会拿着一只木牛到处走,挨家挨户地

"送春牛",一边走一边"唱春",什么"金牛到你家,你家就富贵""财神进了你家门,保你来年走鸿运""请财神,送财神,财神进了你家门。今天请进财神爷,保你来年走鸿运……"等等。然后从衣兜里拿出一些金粉来,说"给你过点金粉,六畜兴旺百事顺,春满乾坤福满门",还要送给主人家一张约长 30 厘米、宽 24 厘米的"春牛图"和一本历书,俗话讲"来年饭,春历看",主人家都会拿钱给他,大多给十块二十块的,也有大方的人家给五十块的。这历书其实不值钱,在赶场时只卖 1 块多。主要是大家讨个好兆头,图高兴,就多给些钱呀米的,有的人还会给一些鸡蛋和一坨腊肉。①

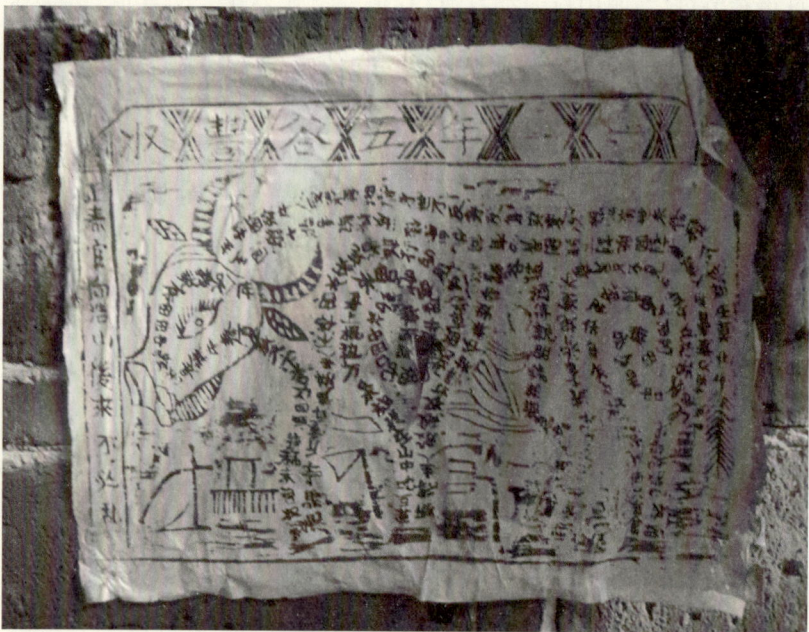

图 12-11　春牛图

对于沅陵向姓人"送春"的相关传说,伍新福先生在《五溪蛮与盘瓠》一文中云:东汉"五溪蛮"首领相单程,就是沅陵县莲花池"瓦乡"人的祖先。人们对相单程被迫投诚很不满,认为"姓相的是卖客",故姓相的后来都改为姓向的了。沅陵县境内流传这样一段顺口溜:"辰州沅陵县,男降女不降。男降雨当春官,女儿挑制花衣裳。……"直到解放初,每年冬春之交,沅陵"瓦乡"人姓向

---

① 据访谈录音整理。访谈时间:2012 年 2 月,被访谈人:戴德超。

的都要外出"送春、报春",收取钱米。并有一条不成文的规定,除姓向的外,不许别姓人做此工作。看来,这些自称"果熊"的"瓦乡"人,就是当年为东汉"沅陵长"诏谕,归附于中央王朝的"五溪蛮"后裔。这部分"瓦乡"人,在方志中,有时就直接被称为"苗民"。①

"春倌"送春的目的是为了提醒乡民莫误农时,做好阳春,并做好与自然灾害做斗争的准备,又通过他们灵巧的嘴巴,把新春的祝福送到千家万户。加之唱词朗朗上口,欢快活泼,浅显易懂,因此深受明中村人的喜爱。

(二)历 书

明中村几乎每家每户都有一份民间坊刻的小历书。据了解,这些民间坊刻印刷的小历书都是在走村串户的个体"行商"商贩手里买的。历书封面为淡黄色,最上方写有时间,下面写着"李馥生氏",右侧写有出版地点"湖南隆回周旺铺下二里裹车圹铺出版",正中间写着"望星楼正宗通书",右方写着授权方,"楚　庆周李尚文馥生氏详/选　男步仪步像　宝铺叔祖/旺业受靖臣公秘传受业刘照青/李奇丰/朱明林仝辑"。该历书从左到右编排,内页第一页包括三个主题"春联精粹、婚联和横批"。在内容上有好些是官版历书不允许编入的,如《二十八宿吉凶表》及阴历每日行事的吉利与否。

> 莫看这本小册子,用处很大呢,有公历、农历和干支历等多套历法,还附加有大量与趋吉避凶相关的规则和内容,可以用来选择出嫁、动土、出行、开张的吉日。②

显然,农村中千百年来按"皇历"安排日程活动(不仅只是依节气安排农事)的传统习惯,并不因为官版历书不再刊载老皇历的内容,就随之消失。相反,传统习惯仍然需要有传统内容的历书来指导日常行事,如历书所载"宜"与"不宜"两个栏目,几乎逐日刊有某日宜"上梁出行",或者某日不宜"安床、动土"等等。这些内容补充了当下农村社会的传统需求,具有一定的市场,因而得以延续下来。下面将历书中的春联精粹、婚联和横批的具体内容辑录如下:

1.春联

　　　　新春富贵年年好,佳岁平安步步高
　　　　和顺满门添百福,平安二字值千金

---

① 沅陵县民族志编纂委员会编:《沅陵县民族志》,北京:民族出版社,2012年,第408页。
② 据访谈录音整理。访谈时间:2012年2月,被访谈人:戴德超。

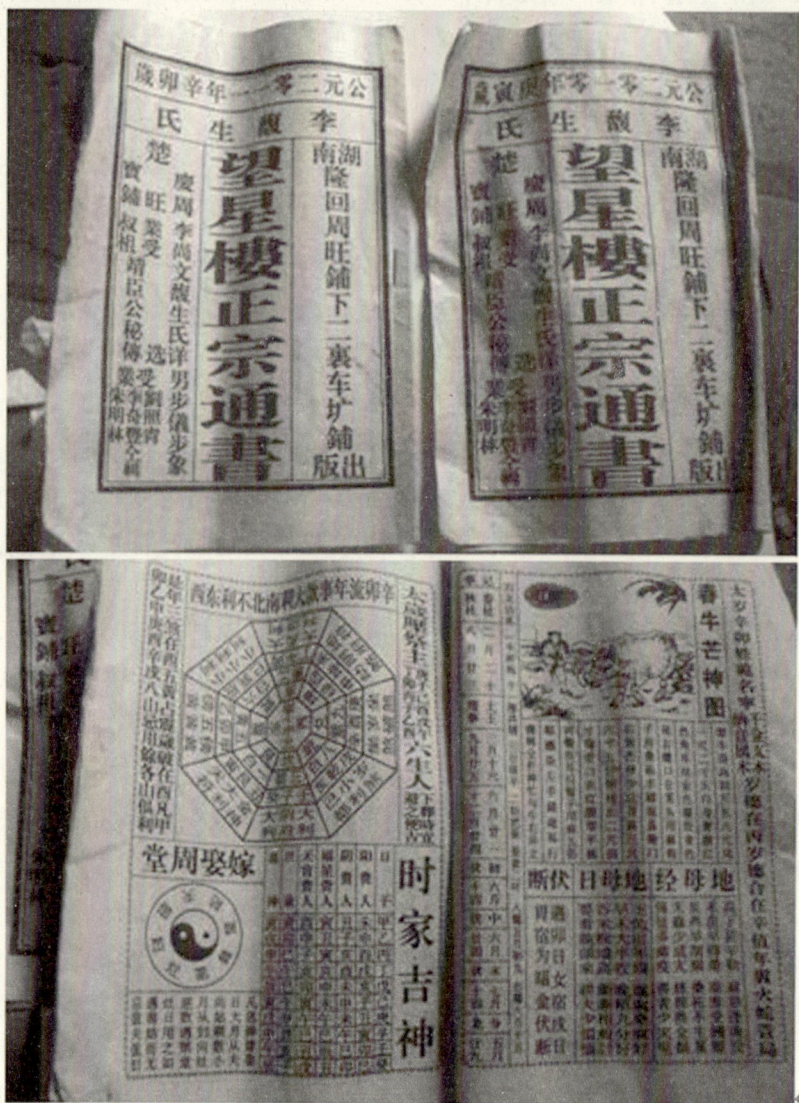

图 12-12　当地人使用的历书

日月光华歌复旦,云霞灿烂乐长春

花开富贵年年乐,什报平安月月欢

九州放彩乾坤壮,七曜争辉天地明

生意兴隆通四海,财源茂盛达三江

国强民富村村笑,政通人和户户欢

门绕清风生紫气，户纳艳阳迎祥光

弘扬民族英雄气，建设中华锦绣春

地灵人杰山河美，柳绿桃红天地新

佳世瑞雪片片玉，新岁春花朵朵金

金樽频添千斗酒，玉阶联发五花砖

春色如意逢盛世，合家安泰庆幸年

天下共歌大治年，强国大计赖改革

一年生计春为首，万事成功志在先

生意如同春意满，财源更比水源长

年年致富年年富，步步登高步步高

家增财富人增寿，春在民间喜在心

新春虎跃山河变，华夏龙腾日月新

百业俱兴年年好，万事皆顺步步高

骏马腾飞传喜讯，骄阳攀峰报佳音

经济全球一体化，国力恒强万年长

神州伟业载史册，中华宏图开新篇

2. 婚联

郎才女貌天作合，花前月下影成双

合欢花开花合欢，双飞燕舞燕双飞

百年佳偶同心结，并蒂红花向日开

紫燕双飞花带雨，夫妻对唱目传情

恋爱心已合，结婚情更浓

芝兰茂千载，琴瑟乐百年

香掩芙蓉帐，烛辉锦绣帏

喜气满华堂，春阳盈大地

瑞气盈门花报喜，新人入户鸟传歌

永结百年恩爱伴，共建温暖幸福家

携手并肩奔富路，齐心合力振家声

天地有情元日暖，新婚惬意百年长

几度新诗题红叶，十分恩爱到白头

凤落梧桐梧落凤，珠联璧合璧联珠

红烛有情燃岁首，洞房无日不春风

伴侣百年无二意，春宵一刻值千金

3.横批

一元复始	一代风流	三阳开泰	四时如意
四季呈祥	四海升平	四季平安	四世同堂
四海同春	五世其昌	五谷丰登	五福临门
门盈五福	六合同春	六事修治	六脉调鸳
十年生聚	百年树人	百事大吉	恩泽千秋
向阳门第	积德人家	幸福人家	春意盎然
鹏程万里	万象更新	万事如意	松风竹韵
门臻百福	柏翠梅香	户纳千祥	丹凤朝阳
春色满园	龙凤呈祥	政通人和	福积泰来
时和岁好	人寿年丰	喜气盈门	春满人间

　　总的来看，信仰活动在明中村人的生活中实际上是不可或缺的一部分，已经融入各种行为和规范之中。在当地的信仰体系里面，神灵包括了关帝、观音菩萨、龙王、玉皇大帝、王母娘娘、托塔天王、山神、树神、门神、土地等等。关公作为历史人物演变而来的神灵，在苗疆中的传播与中原政权向苗疆的扩张密切相关。汉文化中的其他神灵，在苗疆中的传播，亦与中原政权的推进相关。

　　以上这些神祇都出现在瓦乡人的信仰体系中，但是细究下来可以看出，一些神祇来自于道教，例如玉皇大帝、九天司命、龙王；一些神祇属于佛教人物，例如观音菩萨、托塔天王。还有一些神祇是汉族早期神话传说中的人物，例如西王母、太岁等等。这些神祇在当地人的信仰中所管辖的职能基本上相同，即保佑世人平安健康。有时候，村民会在观音面前求子，在土地婆婆面前求平安，在龙王面前求风调雨顺，但是基本功能保持一致，无论这些神祇的出身如何，出处如何。事实上，就民间信仰这方面而言，瓦乡人的文化更多是体现出一种超然的特征，即超出了任何单一民族的文化，而是将各个文化的宗教信仰内容有机地结合在一起，为当地社区发挥保佑平安的作用。

第十三章

结 论

- -

在《谁是苗族》(who is Hmong)这篇文章中,作者 Wayne Carroll(2005)[①]质疑美国官方人口普查数据,认为美国官方在进行人口普查时的依据过于狭窄了,将许多自我认知为苗族的美国苗族排除在官方统计数据之外。Wayne Carroll 进一步提出,只要任何人自认为他/她的种族、祖源或语言是苗族的,那么他/她本人就应当被确认为苗族。与美国苗族不同的是,中国的民族识别从一开始就坚持了"自我认知"与"民族识别"相结合的方式,以"名从主人"的"自愿"原则,按照上报的民族名字做进一步厘清。

在 1950 年后的民族识别中,将一些互相有关联的支系聚在同一个民族名称之下。这一过程被后来建构论学者批评,认为忽略了族群主体的自我认知,而强加给他们一个民族的名称。尤其是对于那些生活在边界地带的民族成员而言,他们的文化从一开始就受到双方的影响;对于瓦乡人来说,就是来自中原的汉文化与来自西南苗疆的苗文化二者的交融。两种强势文化夹糅之下的地方文化呈现出一种全新的面貌,既不完全像汉文化,也不完全是苗文化,而是苗中有汉、汉中有苗,你中有我、我中有你的文化形态。

从衣食住行的风俗习惯来看,瓦乡人喜食辣,以稻米为主食,这符合南方居民的生活习俗。明中村的房屋以木制吊脚楼为主,基脚以石头垒砌而成,再在上面修建明间,其建筑风格也与湘西苗族有所不同。在节庆上,既过汉族的节日,又有当地民间信仰的节日。在服饰上,同样结合了湘西苗族和汉族的风格,头饰是苗饰,裙子则是长裙,而不是湘西苗族的裤装。

---

① Who is Hmong? Questions and Evidence from the U. S. Census by Wayne Carroll,Ph. D. and Victoria Udalova,Hmong Studies Journal,2005,6: 1—20.

从婚姻家庭来看，在恋爱结识环节，瓦乡人的习惯更偏向汉文化一些，讲究未婚男女之间不得有过多往来，与苗族文化中的"游方"自由恋爱的方式不同。在迎娶礼仪中，瓦乡人与苗族在很多程序上是相同的。但婚后的生活，苗族的"不落夫家"与瓦乡人的"从夫居"的方式相反。所以就婚姻与家庭方面而言，瓦乡人的习俗是苗文化与汉文化糅合在一起的产物。但是在明中村的瓦乡人丧礼上，由执事人所主持的仪式，几乎与陕西汉人丧礼相同。明显可以看出，瓦乡人的丧礼文化更多是体现汉文化的内容。

就社会组织与结构而言，明中村的瓦乡人文化中呈现出的是这种宗族关系，即使制定族内规约来约束家族子弟，但也和苗族的"议榔"、"鼓社"和理老制度相去甚远。

从民间信仰的内容而言，苗族的自然信仰、祖先信仰与汉族的早期鬼神传说以及佛教变文结合在一起，既有自然神灵，又有历史人物演变而成的神灵与佛教典籍的人物。更关键的是，对于瓦乡人而言，他们并未刻意地区分每一个神灵所具有的职能，而是笼统地将所有的神灵赋予了保护人间平安的职责，并且将这些神灵通称为"菩萨"，包括"玉皇大帝"这些道教中的人物，也被当地人称为"菩萨"。所以在民间信仰这一方面，瓦乡人的文化体现出的是一种超越了族群界限的特征，并不是某一个民族的文化元素，而是兼容并包地吸收了各个民族的宗教信仰中的内容，糅合在一起的文化特征。

总之，瓦乡人文化并不能被简单地区分为汉族或者苗族文化。由于在沅水上游区域，各个民族在历史空间中你来我往的互动，无论是因为战乱，还是因为经济开发等因素，所带来的结果都是相同的，即给这片土地上的人们以时间和空间来融合苗族、汉族以及其他外来文化元素，进而生发出一种新的"非苗"、"非汉"、你中有我、我中有你的文化，在这苗疆与汉域的边界上繁衍生息。

附 录

一、民间小调

1.四季歌(演唱者:李自桂)

春季到来露满窗啊露满窗

大姑娘窗下绣鸳鸯啊哈

忽然一阵无情棒呀无情棒

打得鸳鸯各一方啊

夏季到来柳絮长呀柳絮长

大姑娘漂泊到长江啊

江南江北风光好吁好风光

怎比青纱起高粱

秋季到来花儿香吁花儿香

大姑娘夜夜梦家乡啊

起来不见我爹娘面呀爹娘面

只见床前明月光啊

冬季到来雪茫茫呀雪茫茫

寒衣我做好送情郎啊

血肉筑成长城长啊长城长

宁愿做当年小孟姜啊

也唱沅陵好风光啊好风光

神州面貌大变样啊

改革开放政策好啊政策好

万众一心奔小康啊

2.采茶歌(表演者:李中宇、金玉珍、张容娥、李玉珍)

(白):今天功夫忙又忙,又要采茶又要插秧

今天天气晴和,我咩我要邀我姐妹一起采茶来

姐妹们嘞——哎——

走，我们一起采茶去啊

（唱）：头遍采茶茶发芽，手提篮儿头戴花儿啊

姐采多来妹采少，采多采少早回家啦啊

二遍采茶正当春，采把茶来绣手绢啦啊

两旁绣的茶花朵，中间绣的采茶人啦啊

三遍采茶茶花香，放下篮儿去插秧啦啊

插得秧来茶又老，采得茶来秧又黄啦啊

清早采茶要露水，晚上扯秧有月亮啦啊

月亮去了有星星，星星去了大天明啦啊

不怕苦来不怕累，下年才有好收成，好收成啦啊

3.十二月花（表演：李自桂、金玉珍，其中一人扮成男性）

问：正月里来正月花啊，正月里开的什么花啊

答：小妹子我告诉你，正月里开的是兰花

问：二月来二月花啊，二月里开的什么花啊

答：小妹子我告诉你，二月里开的是梨花啊

问：三月里来三月花啊，三月里开的什么花啊

答：小妹子我告诉你，三月里开的是桃花

问：四月里来四月花，四月里开的什么花啊

答：小妹子我告诉你，四月开的是金银花

问：五月里来五月花啊，五月里开的什么花啊

答：小妹子我告诉你，五月里开的是石榴花

问：六月里来六月花啊，六月里开的什么花啊

答：小妹子我告诉你，六月里开的是荷花

问：七月里来七月花啊，七月里开的什么花啊

答：小妹子我告诉你，七月里开的是海棠花

问：八月里来八月花啊，八月里开的什么花啊

答：小妹子我告诉你，八月里开的是桂花

问：九月里来九月花啊，九月里开的什么花啊

答：小妹子我告诉你，九月里开的是菊花

问：十月里来十月花啊，十月里开的什么花啊

答：小妹子我告诉你，十月里开的是茶花

问：冬月里来冬月花啊，冬月里开的是什么花啊

答：小妹子我告诉你，冬月里开的是牡丹花

问：腊月里来腊月花啊，腊月里开的什么花啊

答：小妹子我告诉你，腊月里开的是梅花啊

（合唱）腊月里开的是梅花啊

4.五更阳雀（演唱：李自桂、金玉珍）

一更啊阳雀啊叫哎哎啊，听到婆家呀过礼来吓过礼来

双镯呀双盘一呀双边礼呀，双方媒婆压礼来呀压礼来呀

媒公呀骑的呀花花马啊，媒婆骑的海蓬骡呀海蓬骡呀

二更呀阳雀呀叫哎哎啊，妹在房中巧梳头呀巧梳头呀

左边呀梳的呀盘龙鸠呀，右边梳的插花头呀插花头呀

三更呀阳雀呀叫咋咋呀，妹在房中巧戴花呀巧戴花呀

左边呀戴的呀江蒜草呀，右边戴的水仙花呀水仙花呀

江蒜呀丝草呀水仙花呀，一朵莲花缝中插呀缝中插呀

四更呀阳雀呀叫嘻嘻呀，妹在房中巧穿衣呀巧穿衣呀

上身呀穿的呀丝绸柳呀，下身穿的柳丝裙呀柳丝裙呀

丝绸呀柳丝呀丝绸裙呀，花布花鞋脚下行呀脚下行呀

五更呀阳雀叫天明呀，哥哥背妹出房门呀出房门呀

低哭呀三声呀背上轿呀，再哭三声掩轿门呀掩轿门呀

走了呀一程呀又一程呀，不觉来到婆家门呀婆家门呀

左脚呀踏上呀金鞍辔呀，右脚踏的是七仙灯呀七仙灯呀

上前呀三步呀拜香火呀，后退三步拜公婆呀拜公婆呀

四十呀八拜呀拜过了呀，拜个夫妻万年亲呀万年亲呀

拜个夫妻万年亲呀万年亲呀

5.十把阳伞（表演：张容娥、金玉珍；配唱：李自桂）

一把阳伞轻又轻，妹打阳伞上京城

京城里面把舞跳，男男那个女女好开心

男男那个女女好开心

二把阳伞圆又圆，妹打阳伞把郎恋

二人情投又意合呀，恩恩那个爱爱到百年

恩恩那个爱爱到百年

三把阳伞是清明，妹打阳伞绣手巾

鸳鸯绣在手巾上呀，我有那个真心送情人

我有那个真心送情人

四把阳伞四月八，妹打阳伞走人家

分别之时对郎讲呀，十五那个一定来接她

十五那个一定来接她

五把阳伞是端阳，龙船下水闹沅江

妹约情哥把船看啊，知心那个话儿对郎讲

知心那个话儿对郎讲

六把阳伞三伏天，郎走后来妹走前

二人同到长街上，郎买那个新衣送妹穿

郎买那个新衣送妹穿

七把阳伞秋风凉，五谷丰收又在望

妹的谷子打完了呀，又到那个哥家去帮忙

又到那个哥家去帮忙

八把阳伞是中秋，手提月饼哥家游

十五去了十六回，情哥那个再三把妹留

情哥那个再三把妹留

九把阳伞是重阳，重阳煮酒菊花黄

情哥吃了重阳酒呀，夫妻那个恩爱情意长

夫妻那个恩爱情意长

十把阳伞小阳春，阿哥阿妹心连心

夫妻本是同林鸟，大难那个来时永不分

大难那个来时永不分

6.十二月风吹花（演唱：李自桂）

正月好唱风吹花啊，新官出来坐呀旧衙呀哟

新官坐在旧衙内呀，十盘果子九呀盘瓜呀哟

二月好唱风吹花啊，打破旧犁赔呀新耙呀哟

新犁犁地千条路呀，旧耙耙起呀满田花呀哟

三月好唱风吹花啊，三月阳雀叫呀咋咋呀哟

一来叫的春来早呀，二来叫的牡呀丹花呀哟

四月好唱风吹花啊，后门桂竹发了呀芽呀哟

十八姑娘采笋去呀，梳起油头插呀野花呀哟

五月好唱风吹花啊,五月龙船下呀水爬呀哟
二十四对爬船手呀,爬上爬下水呀溅花呀哟
六月好唱风吹花啊,六月太阳像呀火把呀哟
有钱买把乌云伞呀,上遮日头下呀遮花来哟
七月好唱风吹花啊,七月七来鬼呀着急呀哟
家家户户买纸钱呀,家家户户纸呀钱花呀哟
八月好唱风吹花啊,八十婆婆捡呀棉花呀哟
东边捡到西边转呀,腰也驼来我眼呀也花呀哟
九月好唱风吹花啊,九十公公弹呀棉花呀哟
一天弹得三两三呀,三天弹得九呀两花呀哟
十月好唱风吹花啊,十八姑娘去呀纺纱啦哟
一天纺得三两纱呀,三天纺得九呀两纱呀哟
冬月好唱风吹花啊,十八姑娘去呀洗纱呀哟
两边洗得白如墙呀,两边洗得白呀如墙呀哟
腊月好唱风吹花啊,请个机匠到呀你家呀哟
两边织得长柳布呀,中间绣的是牡呀丹花哟
中间绣的是牡呀丹花呀哟

7. 十劝家庭和(演唱:张容娥、金玉珍)

一劝做父亲,做事就莫分心
莫把女儿看得轻哟,莫把儿子当宝贝
绣呀嘛绣鸳鸯呀,莫把儿子当宝贝
二劝做母亲,做事就莫分心
莫把女儿当千金哟,莫把媳妇当外人
绣呀嘛绣鸳鸯呀,莫把媳妇当外人
三劝儿女们,父母要孝敬
世上只有父母亲哟,父母堂前活观音
绣呀嘛绣鸳鸯呀,父母堂前活观音
四劝弟兄们,弟兄要和平
做多做少不要紧,弟兄莫把王来称
绣呀嘛绣鸳鸯呀,弟兄莫把王来称
五劝做哥人,做事莫多心
做多做少不要紧,弟兄都是同娘生

绣呀嘛绣鸳鸯呀,弟兄都是同娘生

六劝做弟人,弟兄要和平

谁要做事不要紧,弟兄合力造乾坤

绣呀嘛绣鸳鸯呀,弟兄合力造乾坤

七劝媳妇们,父母要孝敬

你孝父母有四两,后来儿孙换半斤

绣呀嘛绣鸳鸯呀,后来儿孙换半斤

八劝做女人,好比做客人

哥兄老弟莫得罪,走起娘屋也上进

绣呀嘛绣鸳鸯呀,走起娘屋也上进

九劝全家人,全家要和平

恐怕一日遇了事,讲句公话也要人

绣呀嘛绣鸳鸯呀,讲句公话也要人

十劝见真情,朋友一同心

亲戚朋友莫得罪,红白喜事也要人

绣呀嘛绣鸳鸯呀,红白喜事也要人

8.十杯美酒闹花灯(演唱:张容娥、金玉珍)

一杯子酒呀引郎来,把郎呀引到酒席堂

郎坐东来妹坐西,人人说你好夫妻来哟

二杯子酒呀清又清,开口呀问郎哪年生

郎是正月十五生,妹是元宵闹花灯来哟

三杯子酒呀清又清,酸甜苦味啦情郎端

美酒好喝宽妹心,话又软来酒香甜来哟

四杯子酒呀放喜糖,把郎呀领到妹绣房

夫妻二人坐床上,就像一对好鸳鸯来哟

五杯子酒呀到端阳,端阳啦吃酒放雄黄

郎劝妹来妹劝郎,郎吃呀三杯过端阳哟

六杯子酒呀热阳阳,杨柳呀树下好歇凉

鹅毛扇子扇情郎,扇得呀情郎心中凉哟

七杯子酒呀到新房,夫妻呀二人结成双

如今二人来相会,相会就想夫妻情来哟

八杯子酒呀是中秋,夫妻呀二人进洞房

如今二人来相会,相会就想夫妻情来哟

九杯子酒呀是重阳,重阳米酒呀菊花香

郎劝三杯过重阳,妹吃三杯过重阳哎哟

十杯子酒呀杯杯好,夫妻呀二人共偕老

如今二人同到起,夫妻二人同百春来哟

夫妻二人同百春来哟

9.唱贤文(演唱者:李自桂、李中宇)

正月呀里来啊说书情呀,粉笔呀墙上画麒麟呀啊

画虎呀画皮呀难画骨啦,知人呀知面不知心啦啊

二月呀里来啊说书情嘿,漆木呀板凳拖一根呀啊

在家呀不会呀迎宾客啊,出门呀方知少主人啦啊

三月啊里来呀说书情呀,墙边呀杨柳倒生根呀啊

有心呀栽花呀花不发呀,无心呀插柳柳成荫啦啊

四月呀里来呀说书情呀,白马呀拴在青草坪呀啊

马行呀无力呀皆因瘦呀,人不风流呀只为贫啦啊

五月呀里来呀说书情呀,洪水呀淹到呀姐家门啊

易涨呀易退山溪水呀啊,易反呀易复小人心啦啊

六月呀里来呀说书情啦,六月呀太阳像火焚啦啊

为人呀不做啊亏心事啦,半夜呀敲门心不惊啦啊

七月呀里来呀说书情呀,郎打呀戒子呀送情人啦

郎的呀钱财呀如粪土呀,姐的呀仁义呀值千金啦

八月呀里来呀说书情呀,买本呀诗书呀送情人啦

郎说呀读书呀非用意呀,姐说呀一字呀值千金呀

九月呀里来呀说书情呀,九十呀公公呀进山林呀

山中呀也有呀千年树呀,世上呀难逢呀百岁人呀

十月呀里来呀说书情啦,十月呀又是呀小阳春啊

近水呀楼台呀先得月呀,向阳呀花木呀早逢春啦

冬月呀里来呀说书情呀,情妹呀住在呀半山林啊

穷在呀大路呀无人问呀,富在呀深山呀有远亲啊

腊月呀里来呀说书情呀,姐去呀娘家呀不转身呀

人不啊求人呀一般大呀,水不呀落滩啊一样平啦

水不呀落滩啊一样平啦

10. 八唱共产党（演唱：李自桂）

一唱啊中国共产党，一九二一永不忘

一个那个会议在上海，东方明珠放光芒，放光芒哦依呀呀兹哟

二唱领袖哎毛泽东，推翻官僚与军阀

赶走那个强列与豪绅，建立民主新中国，新中国呀依呀呀兹哟

三唱领导哎邓小平，改革开放主义真

实行那个联产哎承包制，正确道路永鲜明，永鲜明嘿依呀呀兹哟

四唱主席哎江泽民，西部开发气象新

提倡那个三个哎代表好耶，全国上下齐欢腾，齐欢腾嘿依呀呀兹哟

五唱代表哎是指针，勤奋努力那个万事新

入世那个还要哎办奥运，为了和平幸福春，幸福春嘿依呀呀兹哟

六唱民族哎一条心，五十六个姐妹情

共同那个努力搞四化，为了子孙代代兴，代代兴嘿依呀呀兹哟

七唱党的方针好，正确路线民心高

一号那个文件哎是春风哎，人民群众把歌谣，把歌谣嘿依呀呀兹哟

八唱党恩报不尽，正确做人耶不忘本，

吃水那个不忘挖井人，幸福不忘党的恩，党的恩嘿依呀呀兹哟

11. 放风筝（表演：李中宇、金玉珍）

洛阳嘞桥上放风筝啦呀咦哟

一阵狂风来吹起

风筝那放不成啦呀咦哟

啦呀咦哟

风筝那放不成啦呀咦哟

风筝呀一去三五里啦呀咦哟

不知落在杏花村

风筝那放不成啦呀咦哟

啦呀咦哟

风筝那放不成啦呀咦哟

桃花店里出美酒啦呀咦哟

杏花村内出闲人

都是那采花人啦呀咦哟

啦呀咦哟

都是那采花人啦呀咦哟

桃花店里的大姐放风筝啦呀咦哟

啦呀咦哟

杏花村内的大哥们都来比输赢啦呀咦哟

啦呀咦哟

杏花村内的大哥们都来比输赢啦呀咦哟

十八岁的大姐放风筝啦呀咦哟

一放飞到半天云

真的是好怨人啦呀咦哟

啦呀咦哟

真的是好怨人啦呀咦哟

二十岁的大哥随后跟啦呀咦哟

一放飞到云上层

一层高来一层低啦呀咦哟

啦呀咦哟

一层高来一层低啦呀咦哟

张家的大姐放得高啦呀咦哟

李家大哥跟得紧

齐飞那半天云里啦呀咦哟

啦呀咦哟

齐飞那半天云里啦呀咦哟

男男女女放风筝啦呀咦哟

抓住春光好时机

大家都来放风筝啦呀咦哟

啦呀咦哟

大家都来放风筝啦呀咦哟

十七十八放风筝啦呀咦哟

风筝越放越开心

搭到①个年纪轻啦呀咦哟

---

①　搭到：当地俗语，"趁着"之意。

啦呀咦哟

搭到个年纪轻啦呀咦哟

桥头桥尾放风筝啦呀咦哟

高山平原风筝飞

风筝呀迷醉人啦呀咦哟

啦呀咦哟

风筝呀迷醉人啦呀咦哟

二、情　歌

1.十二月探妹节选(演唱者:李自桂、金玉珍)

男:正月探妹闹元宵

我看我的小妹妹生得这样标①

我从你门前过来

妹子我手把你辫子调

你知道不知道

女:小妹子一听急忙开言道

尊一声情郎哥

细听奴根苗呀

奴家本知道呀

哥哥呀爹娘管住了

心头就如刀绞呀

男:二月探妹龙抬头

我看我的小妹妹

你坐在那大门口

抬头看见我来

妹子你板凳是往内拖

为何子不见我

女:小妹子一听急忙开言道呀

尊一声情郎哥

---

① 标:标致之意。

　　　　细听奴家描

　　　　奴家本知道呀

　　　　哥哥呀你的朋友多呀

　　　　知道就又啰嗦呀

男：三月探妹是清明

　　　　我邀我的小妹妹

　　　　一同去挂清呀

　　　　挂清是假意来

　　　　妹子我试试你的心

　　　　你真情是不真情啦

女：小妹子一听急忙开言道呀

　　　　尊一声情郎哥

　　　　细听奴家描

　　　　昨夜得一梦呀

　　　　哥哥呀两手就抱你身呀

　　　　难舍又难分呀

男：四月探妹四月八

　　　　我看我的小妹妹手提那两壶茶

　　　　到了你的家来

　　　　妹子我看看你爹妈

　　　　他在家是不在家呀

女：小妹子一听急忙开言道呀

　　　　尊一声那个情郎哥

　　　　细听奴家描

　　　　今日来得好呀

　　　　哥哥呀爹妈不在家呀

　　　　我陪你去玩耍呀

男：五月探妹龙船扒

　　　　我邀我的小妹妹下街去买花

　　　　鲜花头上插来呀

　　　　妹子你上下是好人才

　　　　妹妹好可爱呀

女:小妹子一听急忙开言道呀

尊一声那个情郎哥呀

细听奴家描

你的人才好呀

哥哥呀别人都不爱呀

我只爱情哥呀

……

2.绣帕子(演唱者:李自桂)

白布帕子四只角,四只角上挑喜雀。

帕子烂了喜雀在,可惜我姐好手脚。

不费心来也费心,桐油点了四五斤。

花针断了四五口,手上刺得血纷纷。

三、佛　歌

(演唱:李自桂)

一拜一朵那个莲花耶开,修起莲台那个等佛耶来

南无生离那个苦离死哎,莲台脚小那个拜观音来

啊哦,阿弥陀佛

观音本是那个三公哎主,二月十九那个子时生来

父王要我那个招驸哎马,我心苦求那个不依尊来

啊哦,阿密陀佛

父王一见那个心怀恨哎,打落冷宫那个受苦刑来

我今一生那个无归路哎,花园发愿那个去修行来

啊哦,阿弥陀佛

正月初八那个起离哎心,白雀寺中那个去修行来

父王一见那个心大怒哎,要把此处那个化成灰来

啊哦,阿弥陀佛

五百尼僧那个都遭哎难,金刚救出那个公主身来

父王一见那个心怀恨哎,七尺红绫那个绞吾身来

啊哦,阿弥陀佛

六月十九那个归阴府哎,地狱层层那个见分明来

我在地狱那个层层走哎,童儿引我那个见阎君来

啊哦，阿弥陀佛

阎君说我那个修善耶女，放我阳间那个转回程来

九月十九那个回阴转耶，师徒相会那个紫竹林来

啊哦，阿弥陀佛

桂枝罗汉那个来指耶引，如来脚下那个讨封赠来

你今本是那个孝义子耶，封你佛主那个镇乾坤来

啊哦，阿弥陀佛

我今不愿那个做佛哎主，不见凡间那个世上人来

大悲大愿那个如来哎佛，救苦救难那个观世音来

啊哦，阿弥陀佛

脚踏莲花那个千叶朵喂，手持杨柳那个一枝春来

左手持杯那个甘露水哎，普渡众生那个到如今来

啊哦，阿弥陀佛

四、九指鞭：送郎上四川

（表演：李中宇、刘梅冬、张容娥、金玉珍）

正月嘛是新年，送郎嘛上四川

心想嘛四川好赚钱，莫去三五年啊

绣呀嘛绣鸳鸯呀，莫去三五年啊

二月嘛天气晴，情郎嘛要出门啊

双手嘛拉住你的手，早去嘛早回程

绣呀嘛绣鸳鸯呀，早去嘛早回程

三月嘛桃花落，小妹子花园坐啊

杉木板凳四只脚，抬头望情哥呀

绣呀嘛绣鸳鸯呀，抬头望情哥呀

四月嘛插秧忙，小妹子个人忙呀

忙到田中小麦黄，越忙越想郎呀

绣呀嘛绣鸳鸯呀，越忙越想郎呀

五月嘛是端阳，龙船嘛鼓声响啊

小妹本想去看船，想郎嘛在心上啊

绣呀嘛绣鸳鸯呀，想郎嘛在心上啊

六月嘛天气热，小妹子绣房歇啊

歇了一夜又一夜,做的是什么蕈啊

绣呀嘛绣鸳鸯呀,做的是什么蕈啊

七月嘛秋风凉啊,新谷嘛打进仓啊

好比七姐配董郎,二人嘛结成双

绣呀嘛绣鸳鸯呀,二人嘛结成双

八月嘛是中秋,小妹子娘家走哦

手提月饼并白酒,祝爹娘要长寿

绣呀嘛绣鸳鸯呀,祝爹娘要长寿

九月嘛是重阳,重阳呀米酒香啊

我把米酒留情郎,望郎嘛早回乡

绣呀嘛绣鸳鸯呀,望郎嘛早回乡

十月嘛小阳春呀,独木啦不成林

单打奴家一个人,打开呀小脚门

绣呀嘛绣鸳鸯呀,打开呀小脚门

冬月嘛雪花飘呀,情郎嘛回来了

夫妻双双把酒饮,二人嘛笑开颜

绣呀嘛绣鸳鸯呀,二人嘛笑开颜

腊月嘛要过年呀,全家嘛大团圆

小妹子敬郎酒一杯,过了个快乐年

绣呀嘛绣鸳鸯呀,过了个快乐年

过了个快乐年

五、花鼓戏:刘海砍樵

(演唱者:李中宇、金玉珍)

刘海(白):小生刘海,家住湖广,常德府人氏,靠打柴为生,供养老母。
今天我卖柴回家,天色不早,我要赶快回家呀

(唱):时才呀上街呀把柴卖呀,换回呀盐米耶奉娘亲啊

天色呀不早赶快呀走呀,莫让啊娘亲哎来担心啦

(白):走啊

(唱):我急急走啦哈我忙忙行喽哦,急急呀忙忙呀赶呀路程呀

三步呀当作呀两步走啦哈,两步呀当作一呀步行啦啊

前面啦来了呀一大姐耶哎,不慌呀那不忙呀迎面来啊

我不想啊和她来碰头呀哎,男女呀碰面呀有麻烦呀啊

大路呀不走啊我走小路哎,各走呀各边啊不相干呀啊

刘海(白):大姐呀,请你让我过去回家去,我老母一人在家,她的眼睛看不见。我要回家去伺候她老人家,请你快点让我过去呀

胡大姐(白):唉呀,大哥啊,我看你还是一个孝子,既然你母亲眼睛又看不见,那我一定要跟你回家,一来把你母亲治眼睛,二来要与你成亲呀

刘海(白):大姐啊,我家里很贫穷,你家住在哪里,姓甚名谁? 我一概都不知,我要回到家里怎么跟我老母亲交代呀

胡大姐(白):大哥,既然要问,亦要听道啊

刘海(白):那就请讲啊

胡大姐(唱):家住啊山后啊十里村

　　　　　　离呀此啊不远有家门

　　　　　　爹爹呀名叫胡九呀喂

　　　　　　配呀妻呀李氏我娘亲

　　　　　　生我喂姐妹人七呀个

　　　　　　我名啦叫做胡秀英啦

　　　　　　我不爱富家爱穷呀汉

　　　　　　因啊此啊耽误到如今

　　　　　　有缘啦千里来相啊会

　　　　　　今啊朝啊遇着大哥人

　　　　　　心想啊与你来成啊婚

　　　　　　愿啊做啊铺床理被人

　　　　　　只要大哥答应呀我呀

　　　　　　每啊日啊打柴养娘亲

　　　　　　夫啊妻啊白发同偕老

　　　　　　一呀心啦跟你回家门

　　　　　　你把啊真情告诉了我

　　　　　　我把真情啦表你心啦

刘海(白):大姐要问就请听啦

　　(唱):家住呀常德武陵境呀

　　　　　丝瓜井旁啊刘家村呀

　　　　　母亲啦年老啊爹已故

无钱娶亲我一人啦哈

大姐呀你真心呀对我

天赐良缘配终身啦啊

人逢啊喜事啊精神爽

月到十五格外明啦啊

大姐呀你随我后面走

夫妻呀双双见娘亲啦

六、灯戏：盘花

（演唱者：李中宇、金玉珍）

男（白）：今天天气晴和，我来到花园走一走，观看满园百花枝繁叶茂，一香无比，好不叫人欢喜开心哟

（唱）：我今那抬头啊观四啦面

满园百花呀开得鲜啦啊

梅花呀它把啊羞愧戴啊

出水呀海棠啊亭亭立啊

正月呀花儿朵朵鲜呀啊

二月呀桃花吐芬芳呀啊

三月呀梨花白如雪呀啊

四月呀海棠那个花似锦呀啊

五月呀石榴花儿红似火呀啊

六月呀蔷薇那个顶上鲜啦啊

七月呀紫荆花儿街前卖哟啊

八月呀桂花那个香满园呀啊

女（白）：我这心中烦闷，不免要到花园走走散心才是。话便如此，便往花园走啊

（唱）：自幼啊未曾出闺呀门啊

鞋弓啦足小啊路难行哎

举目啦抬头啊来观呀看

花园啦之中有一人啦啊

强着啊精神啊往前走啊

要往啦花园走一程啦啊

　　　　三步啦当着两步啦走呀

　　　　走啊上啊前去看分明啦

　　女(白):哟,我当是谁,原来是一个小小的花郎哥,唉呀!花郎哥,你在这里做什么?

　　男(白):啊呀,柳二姐,原来是你呀!今天你怎么到我的花园里来?我是心中烦闷,才想到花园里走一走,散散心。你走什么?难不成是到我花园里偷花来的?

　　女(白):啊呀,大哥啊,你就莫乱讲呢,那我就不是偷花的呢

　　男(白):既然你没偷我的花,那我就要与你猜一段花谜,意下如何?

　　女(白):奴家略知一二,愿意奉陪!

　　男(唱):真龙啦殿上跑白马呀,你猜呀又是个什呀嘛什么花呀啊

　　女(唱):真龙啦殿上跑白马呀,我猜呀是个黄呀黄瓜花呀啊

　　男(唱):这头呀桥下一对龙啊,你猜呀又是个什呀嘛什么花呀啊

　　女(唱):这头呀桥下一对龙啊,我猜呀是一个苦呀苦瓜花呀啊

　　男(唱):十八呀姑娘你踩软索哟,你猜呀又是一个什嘛什么话呀啊

　　女(唱):十八呀姑娘你踩软索哟,我猜呀是一个丝呀丝瓜花呀啊

　　男(唱):十八呀姑娘你着胭脂哟,你猜呀又是一个什呀什么花哟

　　女(唱):十八呀姑娘你着胭脂呀,我猜呀是个冬呀冬瓜花呀啊

　　男(唱):老子呀打儿娘要劝呀啊,你猜呀又是一个什呀什么花啊

　　女(唱):老子呀打儿娘要劝呀啊,我猜呀是个附呀瓠子儿花呀啊

　　男(唱):老子呀打儿娘不劝呀啊,你猜呀又是一个什呀嘛什么花哟

　　女(唱):老子呀打儿娘不劝呀啊,我猜呀是一个杏呀杏子儿花呀啊

　　男(唱):矮子哟婆娘儿又多哟哦,你猜哟又是个什呀嘛什么花呀啊

　　女(唱):矮子哟婆娘儿又多呀,我猜呀是个辣呀嘛辣椒儿花呀啊

　　男(唱):矮子呀头上戴毡帽呀,你猜哟又是个什呀嘛什么花呀啊

　　女(唱):矮子哟头上戴毡帽呀,我猜呀是个茄呀嘛茄子儿花呀啊

　　男(唱):矮子哟头上巴豆渣哟唷,你猜哟又是个什呀嘛什么花呀啊

　　女(唱):矮子呀头上巴豆渣哟唷,我猜呀是个韭呀嘛韭菜儿花呀啊

　　男(唱):对面呀坪上满坪黄哟哦,你猜呀又是个什呀嘛什么花呀啊

　　女(唱):对面呀坪上满坪黄哟哦,我猜呀是个油呀嘛油菜花呀啊

　　男(唱):这边哟打锣那边响哟哦,你猜呀又是个什呀嘛什么花呀啊

　　女(唱):这边呀打锣那边响哟哦,我猜呀是个艳呀嘛艳山花呀啊

男（唱）：今日哟煮饭你明日吃呀啊，你猜呀又是个什呀嘛什么花呀啊

女（唱）：今日呀煮饭你明日吃呀啊，我猜呀是个现呀嘛现饭儿花呀啊

男（唱）：那头呀脚踩怕有情啦啊，你猜呀又是个什呀嘛什么花呀啊

女（唱）：那头呀脚踩怕有情啦啊，我猜呀是个枇呀嘛枇把花呀啊

男（白）：啊呀，二姐啊，我不圆了，我要走了

女（白）：啊呀，要走啦，慢点、慢点，我还有盘点的啦

（唱）：头上戴的是什么花呀啊，头上戴的是金毡花呀啊

　　　脸上照的是什么花呀啊，脸上照的是胭脂花呀啊

　　　身上穿的是什么花呀啊，身上穿的是大红花呀啊

　　　裤上绣的是什么花呀啊，裤上绣的是大头花呀啊

　　　脚下踩的是什么花呀啊，脚下踩的是石棉花呀啊

　　　洗得脱的是什么花呀啊，洗得脱的是印子花呀啊

　　　外面戴的是什么花呀啊，外面戴的是萝卜花呀啊

　　　花花花花花花花

七、神话：蒲天大水[①]

从前，在一处无名的山谷里住着一户六口之家，老头子早已病故，留下他的三个儿子和老伴。他的老伴已八十多岁，常年害病。他的三个儿子对老娘百般孝顺，要星摘星，要龙肉下海捕龙。兄弟之间相互团结，整个家庭十分和睦。老大叫长脚鹿，他能跨山跳海，功力非凡；老二名唤顺风耳，能听千里之外的音响；老三由于眼睛明亮，万里之外一眼清清楚楚，因而唤作千里眼。老大的妻子也已死去，只留下两个六七岁的小孩，大的是女孩，小的是男孩。

一天，多病的老婆婆把她的三个儿子叫拢来，说道："儿，我很想一样肉吃，就是你们不得。"

"娘，是什么肉，你说吧，我们一定能得。"

"哎，就是那吹风下雨的。"

"雷公！"

雷公，天上的雷公！我们在地上，他在天上，要抓住他，这也确是一件难事。于是长脚鹿、顺风耳、千里眼三兄弟，为让娘吃上雷公肉，天天策划到天

---

① 沅陵县民间文学集成办公室编：《中国民间故事集成湖南卷·沅陵县资料本》，沅陵县印刷厂印装，内部发行，1987年，第3～7页。此故事盛传于明中村，故辑录于此。

亮。九十九天过去了,第一百天的黑夜又到来。长脚鹿、顺风耳、千里眼同时提出了一个想法,决定第二天行动。

天刚亮,三兄弟各干着自己的事情,烧火的烧火,做饭的做饭,挑水的挑水,喜笑颜开,家里好不热闹!一会儿,一桶热气腾腾的米饭,从灶上抬了下来,那饭真是香甜可口,但他们没有吃一口,只是把饭放着。而老大、老二、老三却不时走出家门,抬头看看天上。

天已大亮时,三兄弟把那桶饭抬到家门口的阳沟边(即家门口的污水沟),又迅速地把饭倒进了沟里,脱掉鞋子,把那雪白的饭就像踩瓦泥一样的踩。他们踩呀,踩呀,边踩边嘻嘻哈哈。

正当长脚鹿、顺风耳、千里眼三兄弟大笑时,天上雷公的巡逻夜叉发现了他们三兄弟不爱惜粮食,马上把所见的一切报告了雷公,雷公一听大怒,带领天兵天将,抵达南天门时,雷公又转念一想,清除下面几个奢侈之人,何必带领天兵天将。于是舍弃天兵天将,只身和巡逻夜叉打开南天门,腾云驾雾直飞长脚鹿家上空。

这时,千里眼正观察天上的动静,脸转向南天门时,只见乌云直向他家上空涌来,于是叫二位兄长注意,做好准备。

巡逻夜叉见前面就是长脚鹿三兄弟的家,他们三兄弟还在眉飞色舞地踩饭时,对雷公说道:"老爷,看,他们三兄弟还在糟蹋粮食。"

雷公一看,顿时吼道:"大胆顽民,竟敢如此嚣张,视粮如泥,我现在要捉拿你们到天上问罪!"

在这千钧一发之际,长脚鹿大展法力,迅猛蹬腿,腾空而起,雷公还没来得及呼叫,已被长脚鹿拦腰抱住。巡逻夜叉见势不妙,马上逃去。长脚鹿返身下来,三弟兄一看,见抓得只大公鸡,他们肯定,这一定是雷公的原身。于是喜不自禁地轮流看了一遍,马上去到他们母亲的床边。

"娘,雷公抓得啦!抓得啦!"

"到哪里?到哪里?"

老大把鸡递给他娘,他娘看呀摸呀,摸摸又看看,看看又摸摸。老人最后含着泪花说:"儿呀,这太瘦了,养几天,把它养肥起来,大家都吃点。"

于是老大就把鸡关在仓里,让它吃饱,并叫他的儿子和女儿看守,他们三兄弟上山打猎去了。雷公见长脚鹿三兄弟上山去了,于是想出脱身之计。

"两位好孩子,我渴得很厉害,请拿点水喝吧!"

"我爹说了,不许你叫,要水等我爹回来。"

"哎，伢子，等你爹回来，我会渴死，还怎么会养肥呢？"

这两个小孩一听这话，心里也拿不稳，怕他死，只好打开一点门缝，女孩儿叫弟弟端水去。雷公看自己第一步成功了，于是继续想第二步办法。雷公在身上揉了几揉，得了一颗南瓜子。

"好伢子，我这有一颗南瓜子，请你把它种到屋那边去"，于是小女孩叫小弟弟看守雷公公，拿着瓜子走了。

"伢子，现在去看看生出来吗"? 雷公对女孩子说。女伢子跑去一看，果然生出来了。

"好伢子，快去看牵藤了没有？""牵藤了"。

"好伢子快去看看开花了没有？""开花了"。

"快去看结瓜了没有？""结瓜了"。

"好伢子，快去看看南瓜有多大了。""有胡桶（以前扳谷用的桶）那么大了"。

"现在我告诉你，如果明天下起大雨来，你们两姐弟就把南瓜切个口子，住进里面去，然后把口子封上。多谢你们，我走了"。于是化成一股青烟上天去了。

顺风耳能听千里之外的一切响声，雷公和他孩子的对话怎么没听到呢？原来雷公知道老二能听千里之外的响声，于是施展了隔音的神法。因此，顺风耳的耳就不灵了。

长脚鹿三兄弟从野外打猎回来，见两个小孩子长哭，间是什么原因，原来是雷公跑了，他们真气极了。他们猜想雷公上天后必然要报复，于是叫老二注意雷公的言谈。

果然，雷公上天后，就命令四海龙王涨蒲天大水。这个消息被顺风耳听到了，于是他们三兄弟就砍竹子扎木排。木排刚扎好，就乌天黑地，雷声轰炸，雨如流水下倾。三兄弟还没来得及救出娘，一浪过来就封了大门，再一浪，水就上了屋顶。于是整个大地一片汪洋，淹没了陆地上的一切。朝水面望去，无一个出头显现出来，慢慢地头顶着天顶了。此时，雷公打开了南天门。看下面完全是一片漫天的汪洋大海，大笑不止。这一切，被木排上的千里眼看见了，于是对大哥长脚鹿说道："大哥，雷公在那儿。"长脚鹿顺着小弟，指的方向一跳，一脚蹬上南天门，雷公脸如死灰，大声呼叫饶命。随从落荒逃走，他们三兄弟拖着雷公，直奔玉皇大帝那里。评理结果，他们三弟兄都在天上做了大官，罚雷公每天中午站几小时。这就是后来夏秋两季难得下雨的原因。长脚鹿当了大官以后,立即把四海龙王找来,命令他们立即把蒲天大水收了。

再说长脚鹿的两个小孩,当雨一开始下,他们姐弟就按雷公的吩咐做了,任南瓜在水上漂流。龙王收水后,他姐弟二人才落在一个尖尖的山顶上。他们望去,大地是一片淡黄,处处泥沙堆积,没有一只鸟。除了他姐弟俩,一切有生命的东西都不存在了。这时从天上飘下一只狗,一动不动地站在他们的面前。狗的口里咬着一张纸,狗尾巴上有两颗稻谷。姐姐把纸取来一看,上写姐取名罗神娘,弟取名罗神公。

又是几年过去了,罗神娘已十六岁,罗神公十五岁。一天,风和日丽,他们发现一副磨子。姐姐说:"这世上只有我们两个人,我们结婚吧。""姐,这怎么能行呢?""弟,能行不能行,这好办,这有一副磨子,各拿一半,你站在那个山头,我站在这个山头,我们一齐把它滚下,如果磨子合了,我们就……"

罗神公没法,只好依着姐姐。他们一齐滚下磨石,下来一看,磨石果然合了。他们结婚了。结婚后,他们把狗尾巴上的两颗谷子种在稻田里,得到了好收成。

后来,罗神娘有了孕,产下来却是一粒血球。罗神公拔出刀,把这颗血球砍成了八十八坨,东一坨,西一坨,抛向四面八方,并说道:"丢过沟,姓刘;丢过路,姓赵;丢过渠,姓徐……"当抛到最后两坨时,罗神公又说道:"管你姓张也好,姓李也好。"这就成了现在姓张和姓李的在世上最多的原因。

第二天,抛出去的肉球都化成了人,从此,世界上又有了人。

口述者:张氏,女,沅陵县池坪乡
　　　　谢村四生产队,78 岁,盲人
记录者:石如华(都是果熊人)
搜集时间:1986 年 2 月

跋

　　我在荔溪乡工作了 8 年多，从来没有想过会有大学教授、博士生来做调查研究，还写成了书。村落既是地理的标志，也是人们休戚与共，繁衍生息的家园，它传递着传统社会的历史、文化、经济、社会态度、审美以及人地关系等多种重要信息。但由于时代变迁演化，加之长时间的缺乏书面记载，口头述说的不断消失，使得不少村落的许多重要信息要素之间的网络经纬等，出现了很多失忆。在这种背景下，村落志以基本的学理知识为体系，沿着村落固有的文化生态，忠实而全面地记录村落的方方面面，并对这些记忆进行一定文化上的诠释，显然是一件令我们求之不得的有价值、有意义的事情。

　　明中村是荔溪乡的一个行政村，下辖 17 个村民小组，距乡政府约 8 公里，距沅陵县城 30 多公里。虽然这里的明清大院和周边美丽的田园风光，已经吸引了不少摄影爱好者的注意，但依然可以说是"藏在深闺人未识"。尤其是明中村的历史、风俗习惯等，外界更是知之甚少。因此，对这个村落的历史概况、自然山水、村人村事、生活习俗以及乡民文艺等方面的资料进行系统整理和研究，自然会大大提高明中村的知名度。

　　明中村是一个瓦乡人长期聚居之地，瓦乡人虽然被识别为苗族，但自我并不完全认同苗族及其文化，其文化更多的是受到汉族文化的影响，是苗疆汉地长期互动中所形成的一种地方文化，"非苗"亦"非汉"。明中村就是在这样特殊的地缘环境形成了自身的村落民俗文化，在整个瓦乡人聚居地具有典型性，值得描写与研究。以民间信仰为例，村民既供奉全国流行的关帝，又祭拜观音菩萨、龙王、玉皇大帝、王母娘娘、托塔天王等神祇，还信奉山神、树神、门神、土地等等。诸如此类的民俗现象，以及村落的诸多自然历史文化，在这部村志中都得以记录。

　　这本书就是在对明中村的田野调查基础上撰写而成的,既有对地方文献、口碑资料等进行较翔实的调查考证,又有对村落族群生活常态以及社区文化变迁细致有趣的描述,使明中村立体性综合性的文化展示在我们面前。书中的许多资料都是找到村里有丰富生活经历和知识积累的老人进行调查得到的,透过那些田野考察中所记录的人和事,让我们看到了作者与村民的互动与交流,并带给我们许许多多来自田野的文化信息以及强烈的心灵共鸣,从而跟随作者一起行走在文化的田野上。我虽然只是浏览了一遍,但已经深深感受到了明中村浓郁的历史人文精神、民众的日常生活和信仰世界,深深地感受到了作者对村落文化的眷眷之情以及前景的忧虑。

　　在物质文明快速发展的今天,但愿我们没有忘记历史,更没有忘记守护自己的精神家园。当村落文化被认为是具有资源优势,成为必然要开发的对象,同时又希冀借助文化旅游产业来保护村落文化之时,书写村落显然就成为结合社会发展来保护文化的积极和务实的态度。明中村作为瓦乡人村落文化的典型,一方面承载着发展旅游以振兴地方经济的重任,另一方面又不可避免地在现代化大潮剧烈的冲击下面临着毁坏。如何保护与发展明中村这个古村落,使其彰显自身独有的魅力,已经成为人们关心关注的问题。也许正是基于此,作者才急迫地选择明中村来书写,而这种书写,不仅不妨碍对于这一区域整体文化特征的把握,而且还会使这一区域文化赋予巨大的生命力和丰富的意义。因为古村落真正的保护发生在我们当代人和子孙后代的内心中,在实际生活的作为中,他们所选择的生活方式、世世代代休养生息的环境都离不开对于村落文化的拥有。

　　本书内容丰富,资料翔实,记事清楚,朴实真切,感谢刘冰清教授和石甜博士,为瓦乡人村落文化的研究保存了非常珍贵的材料。

　　是为跋。

戴德伟

2016 年 5 月 29 日

后 记

　　我的民族身份是苗族，但无论是去湘西还是黔东南一带的苗族村寨做调查，都听不懂当地的苗话，为了与当地的苗族同胞交流，每每只能请一个本地向导做翻译。所以总是在某些场合被某些学人说成是"假苗"，每及于此，我都会说自己是苗族，同时辩解道：我是一个瓦乡人！我不仅能听懂瓦乡话，还能讲一些瓦乡话。久而久之，就有苗族同仁称我为"瓦乡苗"。确实，从出生一直到读完初中，我就生活在瓦乡人聚居地——湖南省沅陵县的麻溪铺镇。这里是著名作家金庸的武侠小说《连城诀》中多次提到的地方，也是电视剧《血色湘西》中故事的主要发生地。

　　在广西民族大学徐杰舜教授的大力支持下，他让他的助手石甜来协助我完成明中村的调查任务。石甜是一个特能吃苦的重庆姑娘，从香港中文大学人类学系硕士毕业后，便师从徐杰舜教授。当她听说是到瓦乡人聚居的核心区域做田野调查，便欣然应允。也可能由于她的苗族身份，使她对明中村的调查更充满了激情。

　　自从2011年我带着石甜到明中村考察，一晃数年。石甜曾先后三次进入明中村，累计进行了近三个月的田野调查。她克服了语言、生活等种种困难，搜集了大量的第一手资料，终于在2013年完成了明中村田野考察报告初稿，并于2014年对初稿进行了修改。此书就是在石甜的调查报告基础上，于2015年再度进行调查和增补完成的。

　　以下是2014年7月石甜于上海交通大学读博期间，就明中村调查写下的体会和感悟：

　　　　在湖南省沅陵县荔溪乡的田野调查已过去三年多时间了。初次进入瓦乡人的生活,语言不通的情况下,战战兢兢,唯恐弄错每一个概念的含义。田野中收获满满,更重要的是收获了满满的情谊。没有荔溪乡党委书记戴德伟的帮助,此次田野调查是无法成行的。在明中村,我所借住的房东爷爷、奶奶一家,以最真诚的待客之道款待我,虽然我再三说不用太麻烦,老奶奶每次做饭时都为我单独煮两个荷包蛋。明中村的蔡支书热忱待客,慷慨地将我介绍给他的家族,我也得此机会见识当地的婚俗习惯。

由于打工潮的影响,明中村的大部分年轻人都外出打工,以前的一些仪式习俗都逐渐被淡化,中秋节等节日也只是简单度过。因此,我趁春节前后外出打工还没有开始时又回到明中村,记录了红白喜事的礼仪。也正是对婚丧嫁娶礼仪的观察,让我更怀疑"汉"或"苗"的简单二元区分。

返回学校之后,拜读了《喊礼》和《愿傩回归:当代还傩愿重建研究》两本书,窃以为这两本书的差异恰恰反映出瓦乡人的特殊性,即生活在汉族与苗族聚居地之间的群体。在《喊礼》一书中,作者强调湘西地区婚丧礼俗中的内容是汉文化的继承和延续。但《愿傩回归:当代还傩愿重建研究》一书的作者又强调傩愿习俗是"遗存"。而在我的田野调查中,发现瓦乡人各类习俗均有"融合"的特点,既有汉族的风俗,也有苗族的文化,很难进行百分比计算。遗憾的是,即使我的田野点离上述两本书所描述的地点不远,但没有"还傩愿"仪式,很难去进行对比到底谁更"苗",谁更"汉"。我认为族群认同本来就是一个复杂的、进行中的情感,简单的二元对立并不能客观地反映事实。事实是在湘西这片土地上,苗族和汉族人民长期毗邻而居,虽有战乱冲突,但亦更多的是互相学习借鉴。

另外,虽然我不满意"瓦乡人"这个被学者建构出来的名词,但似乎也没有其他更好的替换词,当地人的自称分类是"讲乡(话)的"和"讲客(话)的"。历史上不乏外界用词被接纳和吸收的例子,或许"瓦乡人"一词以后也会成为自称的标签。

石甜博士的体会和感悟是真切而深刻的,她为本书付出了大量心血。这本书能完成,要感谢湖南省民委原副主任田代武先生和湖南省民族研究所原所长朱朝晖先生的大力支持;感谢荔溪乡原党委书记戴德伟、乡长李德周,为我们田野调查工作提供了诸多便利,并为此书的出版提供了支持;感谢戴德超夫妇给予石甜很多的照顾和温暖;感谢戴德鑫、戴士勇等人为我们的调查提供了大量的帮助！

　　明中村的美丽和村民的朴实热情，使我们至今难以忘怀。感谢明中村的村干部和村民！

　　感谢唐世兴先生为本书无私提供了大量珍贵的照片！

　　本书的出版得到了三峡大学、湖南省民委、荔溪乡政府和怀化左右商贸有限公司的资助，得到了三峡大学同仁的关心和帮助，在此诚表谢意。感谢厦门大学出版社薛鹏志先生对本书所付出的辛劳！

　　最后，要特别感谢徐杰舜教授给予的无私帮扶！本书应该是我们多年来亦师亦友的一个美好记忆。

　　我出生在沅陵，成长在沅陵，大学毕业后又在沅陵工作了六年，能够为自己家乡的文化建设添砖加瓦，心中是感到欣慰的。

刘冰清

2018 年 3 月 18 日于三峡云居